平时 30%
考试 70%

21世纪高等教育审计精品教材

CAE 首席审计执行官

内部审计

Internal Auditing

1、谁来审计
2、审计什么
3、审计职能是什么
4、审计特征是什么（属性）
5、审计目标是什么（宗旨）
6、审计依据是什么（标准）

王宝庆　张庆龙　主

单选：1'×20
多选：2×10
判断：1'×10
简答：5×5
分析：2×2

内部控制（不相容职务、提出建议
内部审计职能理解

闵慧
20140531?4
会计学院 审计一班
18883309554

内审人员所在公司 生产部

东北财经大学出版社
Dongbei University of Finance & Economics Press
大连

图书在版编目（CIP）数据

内部审计／王宝庆，张庆龙主编．—大连 ：东北财经大学出版社，2013.6（2016.2 重印）
（21 世纪高等教育审计精品教材）
ISBN 978-7-5654-1174-8

Ⅰ. 内…　Ⅱ. ①王… ②张…　Ⅲ. 内部审计-高等学校-教材　Ⅳ. F239.45

中国版本图书馆 CIP 数据核字（2013）第 083825 号

东北财经大学出版社出版
（大连市黑石礁尖山街 217 号　邮政编码　116025）
教学支持：（0411）84710309
营 销 部：（0411）84710711
总 编 室：（0411）84710523
网　　址：http：//www. dufep. cn
读者信箱：dufep @ dufe. edu. cn

大连永盛印业有限公司印刷　　东北财经大学出版社发行

幅面尺寸：170mm×240mm　　字数：282 千字　　印张：14
2013 年 6 月第 1 版　　2016 年 2 月第 7 次印刷

责任编辑：王　莹　王　瑜　　责任校对：惠恩乐　毛　杰
封面设计：张智波　　版式设计：钟福建

定价：28.00 元

董事会和监事会对内审职能要求：检查、评价和提供咨询的活动
高级管理层——————：检查、评价和咨询.

前　言

为适应高等院校审计学专业本科教学要求，我们根据中国内部审计准则和国际内部审计专业实务框架，组织相关院校审计学专业教师编写了这本《内部审计》教材。

《内部审计》教材首先介绍了《萨班斯—奥克斯利法案》与影响、审计关系、内部审计工作规范体系；然后介绍了内部审计特征、内部审计人员的职业道德和职业能力、行业协会和内部审计机构；接着对内部审计的主要工作、管理方法、自我评价进行了深入浅出的讲解；最后对舞弊审计、经济效益审计和风险管理审计等相关领域和新兴领域进行简要介绍，以拓展读者的视野。

全书由王宝庆教授和张庆龙教授主编。教材编写具体分工如下：第 1 章、第 2 章、第 6 章由浙江工商大学王宝庆教授编写；第 3 章由浙江财经学院陈东副教授编写；第 4 章由嘉兴学院刘勇副教授编写；第 5 章、第 7 章由浙江工商大学马笑芳副教授编写；第 8 章由温州医学院审计处高级审计师戴向龙、蔡凌伟编写；第 9 章、第 10 章由北京国家会计学院张庆龙教授编写。

特别感谢浙江嘉兴内部审计协会、绍兴内部审计协会、新昌内部审计协会、宁波方太集团公司审计部、浙江日发数码精密机械股份有限公司审计部、浙江上峰集团有限公司审计部、浙江长海包装集团审计部及相关人士，他们为本教材的编写提供了非常优秀的实务案例。

书中不足之处，敬请各位同仁批评指正。

编　者
2013 年 1 月

内、外部审计

- 联系：掌握基本的审计技术　审计结果可能存在相互借鉴
- 区别：1、独立性
  2、审计目标
  3、关注的重点领域
  4、业务范围
  5、审计标准
  6、专业胜利能力标准

目　录

IIA：国际内审协会 IPPF：国际职业

第 1 章　公司治理与内部审计

学习目标

通过本章学习，明确公司治理的含义与模式，明确内部审计在公司治理结构中的地位，正确把握《萨班斯—奥克斯利法案》的立法精神，了解内部审计工作规范体系的基本情况。

1.1　公司治理概述

1.1.1　公司治理体系

公司治理又称公司治理结构、公司督导机制，是一个颇具争议的领域。

吴敬琏指出，公司治理是指所有者、董事会和高级执行人员三者组成的一定制衡关系。

OECD 提出，公司治理是一种据以对工商业公司进行管理和控制的体系。它明确规定了公司各参与者的责任和权力分布，诸如董事会、经理层、股东和其他利益相关者，并且清楚说明了决策公司事务时应该遵循的规则和程序。同时，它还提供了一种结构，使之用以设置公司目标，也提供了达到这些目标和监控运营的手段。

一般而言，公司治理分为治理结构（股权结构、资本结构和治理机构设置）和治理机制（用人机制、监督机制和激励机制）。

具体地说，公司治理研究应考虑以下内容：①公司治理的定义；②公司治理中的法律、制度和文化；③公司治理体系；④公司治理模式；⑤公司治理的激励机制；⑥公司控制权市场；⑦公司治理中的信息披露。

公司治理体系图如图 1-1 所示。

1）内部治理

内部治理（制衡与激励）包括：

（1）股东大会：最高权力机关，决策重大问题；

（2）董事会：执行股东大会决议、制定公司战略并监督其执行、选好经理班子、执行董事（内部董事）、非执行董事（外部董事）、独立董事（独立于经理层又独立于大股东）；

（3）执行系统：经理层、CEO。

2）外部治理

外部治理主要来自于市场与政府。主要包括：来自于产品市场的治理，即横向竞争与纵向约束；来自于劳动力市场的治理，即禁止签订带有奴役性的契约；来自于经理市场的治理，即业绩考核与潜在竞争对手给在位经理提供很强约束；来自于

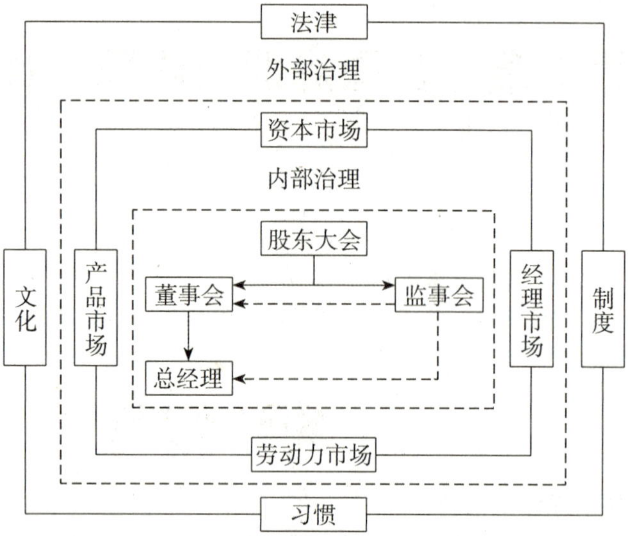

图 1-1　公司治理体系图

资本市场的治理，即借贷市场、股票市场。

当企业经营不善时，产品市场会对企业产品在市场上的表现迅速作出反应，并直接影响到企业财务状况。接着证券市场会迅速披露企业财务状况变化情况，并直接影响到企业的股价和信用评价。股价下跌很容易使企业成为并购的目标，而发达的借贷市场迅速作出反应，为潜在的收购者提供融资服务。一旦收购成功，新的股东将改组董事会和经理层，原来的董事和经理将面临被解雇的命运。这时候，经理市场、独立董事市场不仅会迅速提供所需人才，还会重新评价被解雇人员的人力资本，使不称职的独立董事和经理的名誉和未来收入一并贬值。

1.1.2　公司治理模式

1.1.2.1　英美模式（单层董事会）

在英美模式下，董事会由执行董事和独立董事组成；董事会下设特定职能的委员会：执行委员会、审计委员会、报酬委员会、提名委员会。

美国公司治理结构模式如图 1-2 所示。

1）CEO 体制

在 CEO 体制内，传统“董事会决策、经理层执行”受限；CEO（首席执行官）是人力资本地位的崛起，一般由董事长兼任；CEO 体制下的执行系统除 CEO 外基本上由非董事人员构成，对其监督由独立董事完成；CEO 体制与董事会的构成和运作模式密切联系；CEO 下设 COO（首席营运官）、CFO（首席财务官）、CTO（首席技术官）、CIO（首席信息官）；CEO 既行使董事会部分职权又拥有总经理全部权力，实现了公司决策层与执行层的有效联结。

2）英美模式特点

（1）董事会既具有监督职能又有决策职能；

（2）独立董事在董事会中占绝大多数；

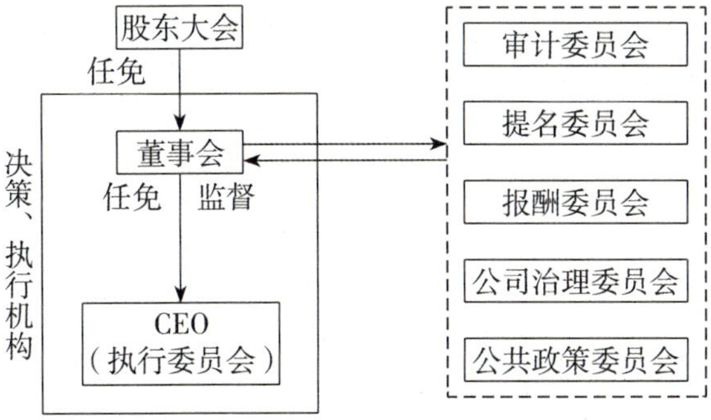

图 1–2　美国公司治理结构模式

（3）不设监事会，监督职能主要由审计委员会、报酬委员会和提名委员会履行；

（4）股权结构分散化、社会化，机构投资者大量出现；

（5）企业在资本市场上融资方式多样化；

（6）资本市场的法律比较完善；

（7）英美是个人主义和自由主义的发源地。

1. 1. 2. 2　德国模式（双层董事会）

在德国模式下，在董事会之上设立监事会，监事会成员全部由非执行董事组成，董事会成员全部由执行董事组成；监事会成员由股东代表和员工代表构成，各占一半，各选代表；监事和董事不能兼任，监事会具有任命和监督董事会成员的权力，监督权和执行权从机构上明确分开；德国历史上曾经是工人民主运动的发祥地，工人历来有参与企业管理的意识和传统习惯。

德国公司治理结构模式如图 1–3 所示。

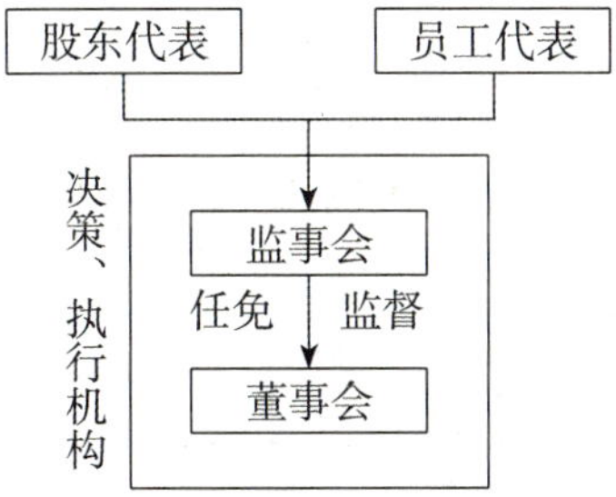

图 1–3　德国公司治理结构模式

1. 1. 2. 3　日本模式（复合结构）

在日本模式下，法定审计人既不是公司外部的独立审计人，也不是公司内部审计人，通常由几个人组成；法定审计人会是作为股东委托的对董事进行监督的机构；法定审计人通常由公司退休的董事或员工担任，主要弊端是：只具形式，不具内容；员工在参与公司治理方面的一个显著特征是利用终身雇佣制度、年功序列工资和内部晋升保护员工职业安全；以法人相互持股及主银行制为特征，股权高度集中，市场发育程度不高；日本文化强调一致性和集体性：集体决策、合理化建议、全面质量管理、工作团队等。

日本公司治理结构模式如图 1-4 所示。

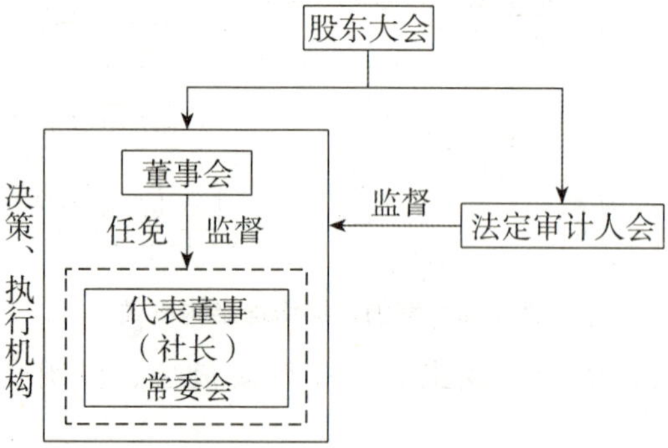

图 1-4 日本公司治理结构模式

1.1.2.4 家族模式

在家族模式下，企业所有权主要由家族成员控制；企业主要经营管理权掌握在家族成员手中；企业决策家长化；经营者有家族利益和亲情的双重激励与约束；企业员工管理家庭化；来自银行的外部监督弱化；政府对企业的发展有较大约束；儒家文化：和为贵、仁者爱人、任人唯亲。

家族公司治理模式如图 1-5 所示。

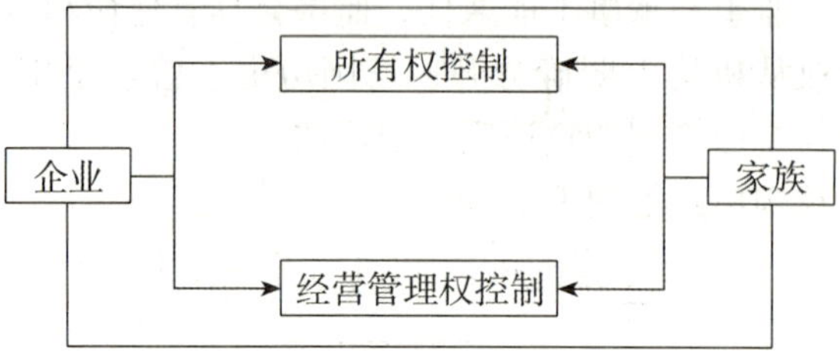

图 1-5 家族公司治理模式

1.1.3 我国公司治理现状

总体来看，我国公司治理呈现以下特点：

（1）在我国现行的公司治理制度中，对董事会和监事会的规定，混合了英美德日的一些做法，在发展变化中；

（2）上市公司设立监事会的同时，又建立独立董事制度，突出英美特点；

（3）国有大型企业实行外派监事会制度，强化监事会对董事会的监督评价，带有德国色彩；

（4）大量非国有公司，董事会和监事会是两个平行机构，接近日本模式。

我国公司法人治理结构如图 1-6 所示。

基本认识如下：

第一，董事会的职能是对管理层的决策进行监督，监督的重点是决策的科学

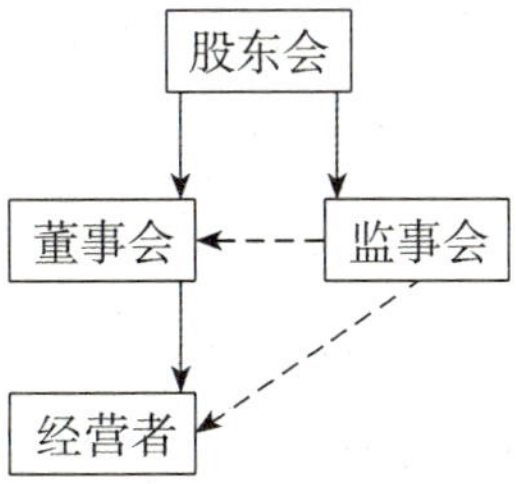

图 1-6 我国公司法人治理结构

性，即监督“风险经营决策”。

第二，监事会应该定位于保护除控股股东以外的其他利益相关者，包括中小股东、职工群众和银行利益，监督重点是决策的正当性，即监督决策的制定程序和执行结果不会对除控股股东以外的其他利益相关者造成损失。实践中着重对员工福利、利润分配、重大投资等特定决策进行监督，即监督“正当经营决策”。

第三，审计委员会的主要职责包括领导内部审计工作、与外部审计师的协调、检查财务报告和经营活动的合规性。

第四，内部审计部门应当对内部控制制度的完整性、合理性及其实施的有效性进行检查和评估；对会计资料及其他有关经济资料，以及所反映的财务收支及有关的经济活动的合法性、合规性、真实性和完整性进行审计；以业务环节为基础开展审计工作，并根据实际情况，对与财务报告和信息披露事务相关的内部控制设计的合理性和实施的有效性进行评价。

1.2 《萨班斯—奥克斯利法案》及其影响

1.2.1 概况

2002 年 4 月 24 日美国众议院以 334 票赞成、90 票反对的绝对优势通过了由众议院财务服务委员会主席、共和党人奥克斯利（Oxley）提交的第 3763 号法案《公司与审计的责任、义务和透明度 2002 年法案》。6 月 18 日，参议院银行委员会也以 17 票赞成、4 票反对的结果，批准将该委员会主席、民主党人萨班斯（Sarbanes）提交的《公众公司改革和投资者保护 2002 年度法案》送交参议院表决通过，这两个法案合称《萨班斯—奥克斯利法案》，以下简称 SOX 法案。该法案旨在结束低道德标准和虚假利润时代，是继 20 世纪 30 年代大萧条以来，美国政府制定的范围最广、措施最为严厉的公司责任法律，基本奠定了后安然时代审计发展、公司治理和证券监管的框架。

1.2.2 法案基本要点

（1）会计准则的制定：由以“规则”为基础转为以“原则”为基础。

（2）财务报告改进：提高财务信息披露的透明度和及时性。

（3）会计监管：由行业自律变为由公众会计监督委员会管理（PCAOB）（准政府监督管理）。

（4）注册会计师（CPA）审计：审计独立性的强化和非审计服务业务的限制（建立向审计委员会报告制度、建立审计合伙人定期强制轮换制度、建立 CPA 回避制度、限制 CPA 业务范围不得向审计客户提供非审计服务）。

（5）其他改革项目：

①关于会计责任（上市公司公开披露的信息中附有首席执行官和财务官的承诺函。如果有不当行为而被要求重编会计报表，则这二人应赔偿公司 12 个月内从公司收到的所有奖金、红利、其他权益性报酬、买卖该公司证券实现的收益。严重违规将受到严厉刑事处罚）。

②关于公司与其管理层及主要股东的经济行为及其披露的监管。

③关于注册会计师定期轮换制与会计师事务所更换的监管（为同一客户连续提供审计服务不得超过 5 年，否则为违法）。

④关于采用更有效的审计复核制度（会计监察委员会独立复核）。

⑤关于非审计服务的禁止（禁止 CPA 为同一审计客户提供财务信息系统设计与执行服务、评估服务、内部审计外包服务管理职能或人力资源服务等）。

⑥关于注册会计师任职的限定（CPA 跳槽去被审计公司工作，担任首席执行官、财务官等重要岗位时间不足一年的，该事务所不得担任该公司审计工作，即冷冻期一年）。

⑦关于会计师事务所业务的报备制度（从事上市公司审计业务的事务所，必须将成立的会计监察委员会进行注册，必须定期进行更新，否则为非法执业）。

⑧关于审计工作底稿的保存（至少 7 年）。

⑨关于缩短财务报告的期限（年报第一年为 90 天、第二年为 75 天、第三年为 60 天，季报第一年为 45 天、第二年为 40 天、第三年为 35 天）。

⑩关于提高中期报告的审阅要求。

⑪关于完善上市公司内部控制及其评价制度。

⑫关于审计委员会制度。

⑬关于向监管部门报告公司和审计师间的会计分歧制度。

⑭关于增进跨国监管合作。

⑮关于提高对证券犯罪的惩罚力度（对首席执行官和财务官编制违法违规财务报告，处最高 500 万美元罚款或 20 年监禁；对伪造记录、破坏审计记录的，处以罚款，或 20 年以下监禁，或并处；对欺骗行为获取资产的，处以罚款、或者 25 年以下监禁，或并处；对打击报复的，最高处 10 年监禁）。

1.2.3 《萨班斯—奥克斯利法案》对内控、内审之影响

SOX 法案内部控制规定：

第三号：强制公司设置审计委员会及强化高级管理阶层——执行长及财务长对于财务报告应负的责任。

301 条款规定：每一审计委员会必须：（1）建立程序以完成处理抱怨事件必要的协商及解决方法；（2）处理审计人员或预警者提出之可疑事件之信息。

302 条款规定：公司执行长及财务长必须签证年报及季报，并必须签证财务报表及报告表达期间公司的营运结果及财务状况。

第四号：财务揭露之强化。加强资产负债表外交易等的披露，并禁止公司贷款给董事及管理阶层。

404 条款规定：（1）要求企业之管理阶层每年声明其对建立及维护与财务报告相关之适当内部控制制度之责任。（2）执行评估以确认企业与财务报告相关之内部控制制度之适切性。

纽约证交所已经规定每一家上市公司必须设置内部审计功能。

SOX 法案内在逻辑思路是：提高上市公司财务报告及信息披露的及时性与准确性，可以有效地保护上市公司投资者的利益；而强化公司责任，提高审计师独立性和明确公司高管和审计委员会对实施财务报告内部控制负有责任等举措，将有助于提高上市公司财务报告信息披露的质量与可靠性。即：加强内部审计与内部控制→提高信息准确性与及时性→保护投资者利益。

在安然和世通这两个财务丑闻案件中，一个有趣的现象是：安然公司的首席审计执行官（CAE）理查德·科西正面临诈骗、洗钱、内部交易、虚报公司盈利和做假欺骗审计人员等共 34 项罪名的指控，检控方正在力争与其达成认罪协议，以便为指控公司两名前高管肯尼思·莱（安然创始人，但 2006 年 7 月 5 日戴罪辞世，享年 64 岁。虽然刑事责任难以追究，但民事责任仍将承担）和杰弗里·斯基林（前首席执行官）提供更加有力的证据；而世通公司前内部审计主管辛西亚·库珀却因世通案件中的突出表现——对 38.5 亿美元费用违规列入资本化支出项目的揭示和向公司审计委员会报告，不仅解脱了其自身的责任，而且使内部审计的作用得到了公众和监管部门的充分肯定，成为美国时代周刊 2002 年度风云人物之一。

1.3 审计关系

1.3.1 审计关系概述

审计分为内部审计和外部审计，内部审计有审计委员会和内部审计机构，外部审计有民间的会计师事务所和国家审计部门。审计外部关系，涉及股东和其他投资者、债权人、国家监管部门、外部独立审计师、社会公众、大众媒体等；审计内部关系，涉及董事会、首席执行官、财务总监、各个被审计单位等。审计关系图如图 1-7 所示。

1.3.2 审计委员会

审计委员会是董事会下设的一个专门议事机构，其基本职责在于促进公司对外进行充分公允的信息披露，实现对公司经营权的制衡和监督。投资者以充分公允的信息，对公司经营行为的适当性做出合理判断，并做出理性选择。

审计委员会代表的是股东利益，代表股东对公司管理层履行监督职能，减少因信息不对称而带来的公司管理层“内部人控制”现象。审计委员会并不进行审计监督工作，而是依靠工作程序来保证内部审计和外部审计的独立性、客观性和有效性。审计委员会是从公司董事会内部建立起一个对公司的内部审计、外部审计、会

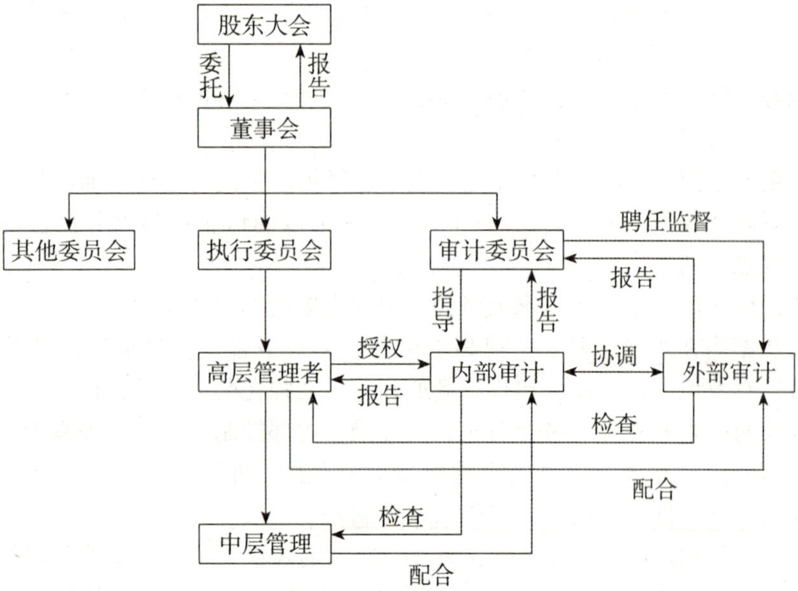

图 1-7　审计关系图

计信息质量、对外信息披露的控制机制。审计委员会成员一般由独立董事担任，具有丰富经验和专业财会知识。设立审计委员会的根本目的是为了加强对上市公司财务信息的监督，提高公司对外信息披露的质量。

目前，我国法规明确规定审计委员会的主要职责是：提议聘请或更换外部审计机构；监督公司内部审计制度及其实施；负责内部审计与外部审计之间的沟通；审核公司财务信息及其披露；审查公司内部控制。

1.3.3　内部审计机构

公司内部审计职能部门是在管理层的领导下，具体开展内部审计监督工作，防范舞弊与风险，提高经济效益，实现公司战略目标，并积极配合审计委员会的工作，与外部审计机构协调沟通。

内部审计机构应向董事会或最高管理层报请批准的事项包括：内部审计章程；年度审计计划；人力资源计划；财务预算；内部审计政策的制定及变动。

内部审计机构应与董事会或最高管理层保持有效的沟通，除了向董事会或最高管理层提交项目的审计报告之外，还应当定期提交工作报告。内部审计机构应定期向董事会或最高管理层提交工作报告，一般每年至少一次。

内部审计机构的工作报告应概括、清晰地说明审计工作的开展以及本机构各类资源的使用情况，具体包括以下主要内容：年度审计计划的执行情况；审计项目涉及范围及审计意见的总括说明；对组织经营活动和内部控制的总体评价；审计中发现的差异和缺陷的汇总及其原因分析；重要的审计发现和建议；财务预算的执行情况；人力资源计划的执行情况；内部审计工作的效率和效果；董事会或最高管理层要求或关注的其他内容。

1.3.4 关于监事会

我国公司法规定监事会行使下列职权：

（1）检查公司财务。

（2）对董事、经理执行公司职务时违反法律、法规或者公司章程的行为进行监督。

（3）当董事和经理的行为损害公司利益时，要求董事和经理予以纠正。

（4）提议召开临时股东会。

（5）公司章程规定的其他职权。

（6）列席董事会会议。

1.3.5 本书观点

由此可见，监事会、审计委员会、内部审计部门之间，确实存在职责不清和职能重叠之处，故提出以下思考：

第一，董事会对股东大会负责，其职能是对管理层的决策进行监督，监督的重点是决策的科学性，即监督“风险经营决策”。

第二，监事会对股东大会负责，应该定位于保护除控股股东以外的其他利益相关者，包括中小股东、职工群众和银行利益，监督重点是决策的正当性（因为目前管理层和控股股东控制董事会导致其他利益相关者利益受损），即监督决策的制定程序和执行结果不会对除控股股东以外的其他利益相关者造成损失。实践中着重对员工福利、利润分配、重大投资等特定决策进行监督，即监督“正当经营决策”。

第三，审计委员会应该对董事会负责，主要职责包括领导内部审计工作、与外部审计师的协调、评价外部审计、检查财务报告、监督经营活动的合法合规性、关注诉讼案件、监督高级经理层的报销和津贴等方面。

第四，内部审计部门对总经理负责，服从于经营管理层的需要，开展多种多样的经营审计和管理审计，为实现经营目标服务。

1.4 我国内部审计工作规范体系

我国内部审计工作规范体系，是由政府相关部门和内部审计协会制定的一整套权威性标准，以规定内部审计人员在提供审计服务时应具有的资格和素质，应遵循的行为准则，是衡量内部审计人员服务质量的基本判定标准。

目前发布的规范体系有：

（1）《审计署关于内部审计工作的规定》，明确了内部审计人员、内部审计机构、内部审计协会的基本职责范围。

（2）各省、自治区、直辖市以地方人民政府令的形式，发布的地方内部审计工作规定。

（3）《内部审计基本准则》，由中国内部审计协会制定，是内部审计准则的总纲，是内部审计机构和人员进行内部审计时应该遵循的基本规范，是制定内部审计具体准则、内部审计实务指南的基本依据。

（4）内部审计具体准则，由中国内部审计协会制定，是依据内部审计基本准则制定的，是内部审计机构和人员在进行内部审计时应当遵循的具体规范。具体有：《审计计划》、《审计通知书》、《审计证据》、《审计工作底稿》、《内部控制审计》、《舞弊的预防、检查与报告》、《审计报告》、《后续审计》、《内部审计督导》、《内部审计与外部审计协调》、《结果沟通》、《遵循性审计》、《评价外部审计工作质量》、《利用外部专家服务》、《分析性复核》、《风险管理审计》、《重要性与审计风险》、《审计抽样》、《内部审计质量控制》、《人际关系》、《内部审计的控制自我评估法》、《内部审计的独立性与客观性》、《内部审计机构与董事会或最高管理层的关系》、《内部审计机构的管理》、《经济性审计》、《效果性审计》、《效率性审计》、《信息系统审计》、《内部审计人员后续教育》等。

（5）内部审计实务指南，是依据内部审计基本准则、内部审计具体准则制定的，为内部审计机构和人员进行内部审计提供的具有可操作性的指导意见。具体有：《建设项目内部审计》、《物资采购审计》、《审计报告》、《高校内部审计》、《企业内部经济责任审计指南》等。

（6）《内部审计人员职业道德规范》，由中国内部审计协会制定，规定了内部审计人员应有的职业品德和执业能力要求。

关键概念

公司治理　审计委员会　内部审计机构　审计关系

本章小结

公司治理是所有者、董事会和高级管理人员之间组成的制衡关系，内部审计是公司治理的重要组成部分并在其中扮演着重要角色。英美公司治理模式、德国公司治理模式、日本公司治理模式都是在自己国家特有的历史背景下形成的。SOX 法案的出台，对公司治理和内部审计产生巨大影响。我国公司治理模式是综合的和具有中国特色的，因而其内部审计也有自己的特殊性。正确处理好各种审计关系，严格执行内部审计准则，是每一个审计人必须要做到的。

阅读案例

浙江日发数码精密机械股份有限公司内部审计实践①

浙江日发数码精密机械股份有限公司（简称“日发数码”）成立于 2000 年，位于浙江省新昌县省级高新技术园区的日发数码科技园。日发数码是浙江省机械行业的骨干企业、原国家机械部数控机床重要制造基地、国家级 CIMS 工程示范企

① 本案例由该公司内审部黄林军同志提供，浙江新昌内部审计协会会长陈茂璋先生推荐。

业、国家级高新技术企业。2010 年 12 月 10 日，日发数码在深圳证券交易所成功上市，公司股票代码 002520。

公司专业生产各类数控机床，引进德国、日本的设计理念和制造技术，产品数控化率 100%，行业排名第一。公司主要产品包括立式数控车床、卧式数控车床、立式加工中心、卧式加工中心、龙门加工中心、数控落地镗加工中心、轴承磨床、数控磨床等 8 大系列 126 种规格。产品广泛应用于汽车、航天航空、工程机械、石油化工、冶金等行业。公司经过十多年的发展，目前已进入了全国普及型数控机床前五强，多次被中国机床工业协会评为“中国机床行业综合经济效益十佳企业”、“中国机床行业数控产值十佳企业”，被中国轴承工业协会评为“优秀轴承工艺装备制造企业”。公司贯彻“您只要提出要求，其余让我们来做”之营销理念，全面推行交钥匙工程和完善的售前、售中、售后服务体系，协助客户实现数字化工厂的梦想，确保使用“RIFA ”数控机床的每位用户日日发达。

一、机构设立与审计理念

公司于 2008 年 7 月设立了内审部，内部审计工作从 2009 年开始全面开展，至今已累计完成内部审计项目 45 项（其中优秀内审项目 1 个）；内审队伍逐渐壮大，现有内审员 3 人。内审部在公司董事会及审计委员会的领导下独立开展内部审计工作，并直接向公司董事长汇报工作，具有很强的独立性。公司以“独立、客观、廉洁、服务”八字方针作为内部审计文化。公司在 2010 年度和 2011 年度已连续两次被评为绍兴市内部审计工作先进单位。

树立正确的内部审计职业理念，是内部审计工作得以发展的重要保障。审计人员经过三年多的实践，已树立了“一个宗旨、两个认识、三个不能、四种意识”的内部审计职业理念。“一个宗旨”就是内部审计旨在改善组织管理、降低组织风险、增加组织价值、实现组织目标。“两个认识”就是内部审计人员一要认识到做好内部审计工作必须具有敬业精神，二要认识到内部审计不在于揭示和追究，而在于建议和改善。“三个不能”就是在审计工作中不能以情面代替审计原则，不能以习惯代替审计流程，不能以信任代替相互监督。“四种意识”就是审计人员必须要树立风险意识、廉洁意识、服务意识和创新意识。

二、内部审计工作特点

公司内审部直属董事会领导，内部审计工作受公司董事长直接领导，直接向董事长汇报内审工作，内审工作的独立性很强，审计范围很广。

内审部注重风险控制审计和管理审计，已确立了以风险为导向、以控制为主线、以治理为目标、以增值为目的风险导向型内部审计模式。

公司注重内部风险管理审计，主要采用以事前风险防范和事中风险控制为主，前移了风险控制审计的工作重心，内审部更加注重企业风险的事前防范和事中控制。公司注重合同审计，特别重视对合同签订前的风险审计，并将合同风险审计作为签订合同的必经程序。

前移风险控制的工作重心，参与销售、采购、投资、技术合作、工程建设等重要合同签订之前的合同风险评审。参与公司重大采购项目、工程建设项目招投标过程的监督。参与公司重大投资项目实施之前的尽职调查和风险评估。

在充分发挥内部审计的监督和评价职能基础上，更加突出内部审计的咨询和服务职能。

三、开展风险管理审计的主要方面

1. 重抓销售风险的控制

销售事前：内审部加强了对所有销售合同的风险评审和赊销客户的信用评估。销售事中：内审部利用 ERP 系统和 OA 系统不定期地对销售合同的签订生效、发货签收凭证、货物验收凭证和货款回笼情况进行监督检查，并每月定期对销售应收款进行对账和风险评估。销售事后：内审部每月定期对逾期应收款的催讨计划和坏账处理方案进行监督审计，并向董事长和营销部经理提交逾期应收款的分析报告。内审部通过对销售风险的事前、事中和事后控制，使公司近三年销售坏账率均被控制在万分之五以内。

2. 加大管理审计，为企业增值

加大对工程服务部的售后服务管理审计，提高了公司的售后服务质量和用户的满意度，从而增加了老客户的后续订单。加大对物资采购中的供方管理、采购招投标和采购价格的审计，降低了公司采购成本（5% ~ 10%），提高了采购物资的质量，从而提升了机床的材料成本增值率和品质。加大对工程服务物资、生产物资和废旧物资的管理审计，减少了公司的物资流失和浪费，三年累计查出物资浪费约 330 万元，增加经济效益 168 万元。

3. 增强审计的咨询服务职能

内审人员应向决策层提交全面客观的调查报告、分析评估报告和审计报告，首先应为公司决策层的决策服务，让内部审计成为企业领导的第三只眼睛。审计人员应针对存在的问题向被审计单位提出合理的审计建议和改进意见，并将被审计单位“敢怒不敢言”的意见和建议真实地反馈到企业决策层，让内部审计成为企业内部沟通的桥梁，从而为改善被审计单位的管理服务。审计人员通过座谈、培训等形式向企业相关业务人员和职能部门传授企业经营业务中的风险防范知识和反腐知识，从而让审计为提高企业的风险防范意识和反腐意识服务。

4. 积极开展合同审计

合同审计是指内部审计机构和人员对合同的签订、履行、变更、终止过程及合同管理进行独立客观的监督审查和评价。开展合同审计有助于完善合同条款，防范合同风险。有助于强化企业内部风险控制机制，增强相关业务部门的责任意识。有助于确保合同的合法性和规范性，避免或减少合同纠纷，维护合同当事人的合法权益。

四、日发公司合同审计实例

合同审计的重点有：合同签订前的审计、合同履行过程的审计、合同日常管理的审计。企业应按合同类型制定相应的合同评审流程。

日发销售合同评审流程如图 1–8 所示。

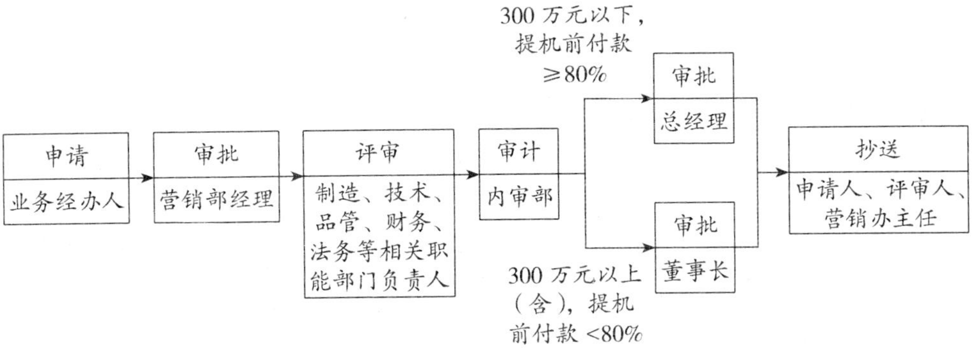

图1-8 日发销售合同评审流程

（一）合同签订前的审计

1. 合同签订前审计的主要内容

（1）审查签订合同的必要性；

（2）审查合同的合法性、合规性和合理性；

（3）审查合同条款内容的真实性、完整性和规范性；

（4）审查对方合同当事人的资信状况和履约能力。

2. 实例

买卖合同

买方：上海××公司　　合同编号：SHQZ-ZJRF-20110615

卖方：浙江××公司　　签订地点：上海市奉贤区　签订时间：2011/06/15

1. 产品名称、型号规格、生产厂家、数量、金额、交货时间。

产品名称	型号规格	生产厂家	单位	数量	单价	合计金额	合计金额（大写）	交货时间
立式数控加工中心	RFMV60		台	10	32万元	320万元	叁佰贰拾万圆整	2011.8.15前

2. 质量标准：符合国家标准及《技术协议》。
3. 卖方对质量负责期限：质量“三包”，质保期为1年。
4. 包装标准：符合防潮、防湿、防震、防锈等要求，适合于吊运、装卸及长途内陆运输等。
5. 交货地点：卖方交货到买方使用地或买方指定地点。
6. 运输方式及费用负担：卖方负责将设备运到买方使用地或买方指定地点，运输费由卖方承担。
7. 检验标准、方法、地点及期限：按约定的质量标准在卖方现场进行预验收，在买方现场进行终验收。终验收合格之后，设备存在的有关质量问题，买方仍有权根据《技术协议》或《产品质量法》等要求卖方按合同总额5%以上的金额支付违约金。
8. 设备安装与调试：卖方负责安装调试，买方应配合。
9. 设备所有权：自终验收合格，双方签署终验收报告之时起转移。
10. 结算方式及时间：承兑汇票结算。合同签订后买方支付合同总额20%定金，预验收合格提货时付40%，终验收合格后付30%，质保期满后付清余款10%。
11. 违约责任：若设备延期交货，违约金每天按合同总额3‰计算；若给买方造成损失的，由卖方承担全部损失。其他违约责任执行合同法的有关规定。
12. 合同争议的解决方法：发生争议，由双方协商解决；协商不成的，依法向合同签订地人民法院起诉。
13. 合同生效及有效期：双方签章并收到20%定金后合同生效，有效期自双方签章之日起至合同内容执行完毕止。
14. 其他约定事项：（1）若对设备质量无异议，双方应签署终验收报告。（2）本合同及附件即双方确认的《技术协议》一式二份，双方各执一份，具有同等法律效力。（3）卖方应根据买方的要求开具17%的增值税发票。（4）未尽事宜，双方协商后作出补充协议。

买方	卖方

3. 实例分析

1）卖方风险

（1）生效时间不确定，但交货时间约定太死，容易造成交货延期。

（2）交货地点不明确，影响合同实际履行。

（3）验收时间不明确，影响货款及时回笼。

（4）所有权转移时间不合理，延长了卖方承担货物风险的时间。

（5）货款支付时间不明确，容易造成货款延期支付。

（6）违约责任约定不公平，质量问题的违约责任不合理。

（7）合同纠纷管辖约定对卖方不利。

2）买方风险

（1）合同金额中没有注明是否含税和安装调试费用。

（2）质保期起算时间不明确。

（3）售后服务要求及违约责任没有具体约定。

（4）运输费中没有注明是否含卸货时的吊车、叉车费用。

4. 合同条款的审计要点

（1）审查合同条款内容是否符合国家法律、法规的强制性规定，是否损害国家利益和社会公共利益，是否存在以合法形式掩盖非法目的情形；（合同无效）

（2）审查合同中是否存在重大误解、显失公平条款；（可撤销）

（3）审查合同内容是否符合本企业规章制度的要求；

（4）审查合同价格确定的依据，是否符合招标竞价或比价结果；

（5）审查合同中的质量要求及质保期是否与本企业产品相符；

（6）审查履行方式和履行地点是否与实际相符，是否存在风险；

（7）审查结算方式是否符合本企业结算规定，货款是否有风险；

（8）审查违约责任的约定是否明确，是否公平合理；

（9）审查合同纠纷管辖约定是否公平合理。

（二）合同履行过程的审计

1. 合同履行过程审计的主要内容

（1）审查实际履行合同的主体是否与合同上约定的当事人一致，有无代为履行现象。

（2）审查合同双方当事人是否按合同的约定履行自己的合同义务。

（3）审查双方当事人在合同履行过程中是否存在违约行为，对违约行为的处理是否及时、正当。

（4）审查合同履行过程中是否存在合同变更、补充和提前终止的现象，理由是否正当，手续是否完备。

2. 实例

乙公司是甲公司合作多年的铸件供应商。2011 年 2 月 22 日，甲、乙双方代表在甲方签订了一份铸件采购合同，合同约定：甲方公司向乙公司订购机床铸件 510

吨，价格按7 800元/吨计算，合同范围内价格不变；具体交货时间和数量按甲方的通知履行，如乙方延期交货，按1 000元/天支付违约金；合同签订后甲方先支付定金120万元（定金在乙方履行供货义务后按到货款的30%冲抵），其余货款在货到验收合格并收到全额增值税发票后一个月内支付；合同经双方代表签字和单位盖章后生效。当天，甲公司在合同上签字盖章后交乙公司代表带回公司盖章，并且将120万元银行承兑汇票作为定金支付给了乙公司。

2011年7月，甲公司内审部在对采购合同履行情况进行审计时发现：在乙公司盖章后回寄的采购合同中，乙方已单方面将数量510吨改为150吨，将定金改为预付款；由于铸件价格上涨较快，甲方不同意价格调整，乙公司实际向甲公司供应150吨铸件后就终止了供货；甲公司采购部一直没有追究乙公司的违约责任。审计后，甲公司及时通过诉讼要求乙公司继续履行合同并承担违约责任，最后双方和解并继续履行合同。

3. 实例分析

关于采购合同履行情况的审计要点：

（1）加强对采购合同原件及补充协议、变更协议的审核，审查合同上的签字盖章是否符合要求，在合同履行过程中内容是否有补充或变更，变更的手续是否完备。

（2）审查供方是否按合同约定履行供货义务（包括供货的时间、数量、价格、质量、方式）。

（3）审查供方在合同履行中是否存在违约行为，需方对供方的违约行为是否采取了合理的救济措施。

（4）审查采购价格和货款支付是否符合合同约定。

（5）审查采购合同是否完全履行完毕。

（6）审查采购人员在合同履行中是否存在失职或违规行为。

（三）合同日常管理的审计

1. 合同日常管理审计的主要内容

（1）审查企业是否设有专门的管理机构对合同和合同印章进行规范管理。

（2）审查合同上双方的签字、盖章是否符合要求。

（3）审查企业是否已建立完善的合同管理制度，合同管理制度的实际执行情况如何。

（4）审查合同的归档和保管工作是否规范。

2. 合同审计的主要方法

1）合同风险评估分析法

（1）分析评估合同风险发生的可能性和概率。

（2）分析评估合同风险发生后对企业的影响程度。

（3）分析评估企业对合同风险的承受能力和控制能力。

当风险难以量化或者定量评估数据难以获取时，一般采用定性分析法。

2）合同风险与收益权衡法

（1）当风险大于收益时，可以根据风险的可控性和企业的风险承受能力来选择签订合同。

（2）当风险小于收益时，可以先签订合同，再采取控险措施。

（3）当风险与收益相当时，可以在风险可接受范围内签订合同。

总之，风险管理审计是企业现代内部审计的重要组成部分，通过有效的风险管理审计可以提升企业的内部风险控制和科学治理。合同审计是企业风险管理审计的重点，合同签订前的审计又是合同审计的重点，有效的合同审计有利于防范和降低企业的经营风险。

亲爱的读者，从该案例的学习中，您对内部审计有何认识？

第2章　内部审计特征

学习目标

通过本章学习，正确把握内部审计的基本特征，内部审计与政府审计和民间审计在技术方法层面的区别，从而正确指导内部审计实践。

2.1　政府审计与民间审计特征比较

2.1.1　政府审计特征

政府审计是由政府审计机关代表政府依法进行的审计，主要是监督检查各级政府及其部门的财政收支及公共资金的收支、运用情况。政府审计的目标是对单位的财政收支或财务收支的真实、合法和效益依法进行的审计；审计的依据是《中华人民共和国审计法》和政府审计准则；政府审计履行职责所必需的经费列入财政预算，由本级人民政府予以保证；审计机关有权就审计事项的有关问题向有关单位和个人进行调查，并取得有关证明材料，有关单位和个人应当支持、协助并如实提供证明材料；对违反国家规定的财政、财务收支行为，可以在法定职权范围内作出审计决定或向有关主管部门提出处理、处罚意见。

美国政府审计准则将审计工作类型分为财务审计、鉴证业务和绩效审计。

（1）财务审计主要是对被审计单位的财务报表是否遵循了一般公认会计原则，在所有重大方面公允表达提供合理的保证。

（2）鉴证业务主要是对鉴证事项或与鉴证事项有关的陈述进行检查、审核或执行商定程序并报告其结果。鉴证业务的对象有多种形式，包括历史的或预期的业绩或状况、物理特征、各个历史事件、分析、系统和过程或行为，覆盖广泛的财务或非财务问题。

（3）绩效审计是指对照客观标准，客观地、系统地收集和评价证据，对项目的绩效和管理进行独立的评价，对前瞻性问题进行评估或对有关最佳实务的综合信息或某一深层次问题进行的评估。

我国政府审计增加了经济责任审计，突出表现在党政领导干部任期经济责任审计和国有企业及国有控股企业领导人员任期经济责任审计，把对事的审计转向对人的审计。

2004年7月7日，具有83年历史的美国审计总署（以下简称审计总署）正式改变机构名称的用词，英文缩写为GAO，全称则从GENERAL ACCOUNTING OFFICE（直译为总会计办公室）变更为GOVERNMENT ACCOUNTABILITY OFFICE（直译为政府责任办公室）。这一措辞上的变化是美国审计总署近年来工作内容转变的结果，反映了美国审计总署未来的发展方向。

2.1.2 民间审计特征

民间审计是由经政府有关部门审核批准的注册会计师组成的会计师事务所进行的审计。会计师事务所不附属任何机构，自收自支、独立核算、自负盈亏、依法纳税，在业务上具有较强的独立性、客观性和公正性，并为社会公众所认可。民间审计的目标是注册会计师依法对被审计单位会计报表的合法性和公允性进行审计；审计的依据是《中华人民共和国注册会计师法》和独立审计准则；审计收入来源于审计客户，由注册会计师与客户协商确定；对审计过程中发现需要调整和披露的事项只能提请被审计单位调整和披露，没有行政强制力，如果被审计单位拒绝调整和披露或审计范围受到限制，可以出具不同类型的审计报告；注册会计师审计通常是定期审计，每年对被审计单位的会计报表审计一次；独立性较强，是为需要可靠信息的第三方提供服务，不受被审计单位管理当局的制约；委托人和会计师事务所之间是双方自愿选择，没有强制性。

随着信息时代的到来，知识经济的崛起，民间审计业务范围一直在不断丰富与发展，努力为社会提供多元化、全方位的专业服务，以进一步增强可靠性与相关性。多数国家民间审计已触及社会经济生活的各个方面，主要包括：

（1）会计报表审计，评价会计报表的公允性、合法性。

（2）鉴证服务，就是通过评价某一对象在所有重大方面是否符合既定的标准，以增强有关对象信息的可信性，包括电子商务鉴证、信息系统鉴证、风险评估鉴证、绩效评价鉴证、养老工作鉴证等其他鉴证。

（3）税务服务，包括税务代理和税务筹划。

（4）管理咨询，包括对公司治理、信息系统、经营效益、人力资源等提供专业意见与建议。

（5）资产评估，是对资产现时价值的评估，主要涉及存货和不动产、企业兼并与合并业务。

（6）会计服务，包括代理记账、编制报表和法务会计服务。

2.2 内部审计特征

2.2.1 内部审计“两面观”

目前，外行看审计，还是有很大的误区，认为审计就像是魔鬼。审计就是查会计，审计就是找舞弊，审计就是挑毛病，审计就是抓小偷。如果审计挑不出毛病、找不到舞弊就不是审计，审计工作就没有业绩。特别是每年的年底，“防火防盗防审计”的气氛异常浓厚。实际工作中，管理当局往往把内部审计不自觉地分成三种类型：看门狗（watchdog、housedog）、猎犬（hunting dog）、宠物狗（pet dog）。亲爱的读者，您喜欢哪一种呢？您所在的单位又是属于哪一类？

而内行看审计就不同了，审计人自己总感觉“里外不是人”“三百六十行，最难看的脸是审计人的脸”“世界上说话最难听的人是审计人”“做人难，做女人更难，做审计难上加难”等。为什么？内部审计的标准难找，内部审计的责任难以界定，内部审计的关系难处理，内部审计的技术方法变幻莫测，内部审计的管理方式需要与时俱进，内部审计职业本身对审计人员的素质要求比对国家审计人员和民间审计人员更高。其实，内部审计是一个充满挑战的职业，是一个激动人心的职业，每一次审计工作都是全新的旅程，每一个审计项目都是全新的考验。内部审计有“道”亦无“道”，内部审计，需要我们在实践中不断创新。

2.2.2　理论分析

国际内部审计师协会认为：内部审计是一种独立、客观的确认和咨询活动，其目的在于为组织增加价值并提高组织的运作效率。它采取系统化和规范化的方法，对风险管理、控制和治理程序进行评估和改善，从而帮助组织实现其目标。

中国内部审计协会认为：内部审计是指组织内部的一种独立客观的监督和评价活动，它通过审查和评价经营活动及内部控制的适当性、合法性和有效性来促进组织目标的实现。

一般认为，内部审计是由各部门、各单位内部设置的专门机构或人员实施的审计，主要监督检查本部门、本单位的财务收支和经营管理活动。“内部审计是做总经理想做而又没有做到的事情”。

内部审计的目标是对组织内部的经营活动和内部控制的适当性、合法性和效益性进行审计；独立性较弱，为组织内部服务，接受总经理或董事会领导；遵循的审计依据是《审计署关于内部审计工作的规定》和内部审计准则；通常对单位内部组织采用定期或不定期的审计，根据管理当局不同时期的工作需要来安排，时间灵活；强制性比较突出，内部审计是管理当局的内部监督，单位内部的组织必须接受；审计服务具有内向性、及时性和广泛性。内部审计的根本目的就是：防范内部与外部的各种经营风险和管理风险，消除组织与个人可能发生的财务舞弊和管理舞弊，最终增加组织价值。内部审计的功能有三项：一是制约功能，揭示差错和舞弊，维护财经法纪；二是促进功能，改善管理，提高效益；三是证明功能，鉴定、证明、公证、取信于民。

内部审计的范围主要有：

（1）财务审计：主要内容是会计核算和财务报表方面的审计。

（2）营运审计：主要内容是企业营运的效率和效益方面的审计。

（3）信息系统审计：主要内容是信息系统的安全性和控制的有效性审计。

（4）风险管理审计：主要内容是风险管理系统有效性审计。

（5）公司治理审计：主要内容是公司治理方面的情况审计。

（6）其他审计：包括环境审计、舞弊审计、专项审计等。

以下流行语有助于理解内部审计：

（1）“21 金维他”，健康你我他。（审计理念）

（2）由内而外的保养。（审计理念）

（3）大家好才是真的好。（审计理念）

（4）牵挂你的人是我。（面对被审计人）

（5）舍不得你的人还是我。（面对被审计人）

（6）初恋般的感觉。（面对被审计人）

（7）你本来就很美。（面对被审计人）

（8）心里爱你口难开。（面对被审计人）

（9）真诚到永远。（面对领导）

（10）在大多数人关心你飞得多高时，只有少数人关心你飞得累不累。（面对领导）

2.2.3 若干比较研究

1）政府审计、内部审计与民间审计的综合比较（见表2-1）

表2-1 政府审计、内部审计与民间审计的综合比较

比较	政府审计	内部审计	民间审计
服务对象	为国家、政府、公众服务	为本单位适当管理层服务	为需要可靠财务信息的第三方服务
审计范围	政府机构、国有企业公共资金	单位内部财务收支、经营管理、内部控制	一切营利和非营利单位
内容侧重	①财政财务收支合法性审计②绩效审计	①经营审计②管理审计③财务收支审计④遵循性审计	财务报表审计
机构模式	立法模式、司法模式、行政模式、独立模式	对董事会负责、对监事会负责、对总经理负责	独资、合伙制、有限公司制
基本特点	①强制性②无偿性③处罚性④定期审计	①审计服务内向性②审计业务多样性③审计时间不定期④持续性审计	①受托审计②有偿审计③鉴证审计④定期审计
管理体制	统一领导、分级管理	依单位实际情况而定	法律规范、政府监督和行业自律
审计人员	高级审计师、审计师和助理审计师（公务员）	国际内部审计师（CIA）	注册会计师（CPA）

2）政府审计、内部审计与民间审计的报告比较（见表2-2）

3）内部控制评价报告与内部控制审计报告比较（见表2-3）

4）内部审计报告比较（见表2-4）

2.2.4 国外内部审计概览

没有比较就没有鉴别，在比较中寻求“异中之同和同中之异”（黑格尔语）。在国际内部审计协会“经验分享、共同进步”的感召下，研究比较异国内部审计，对我国的内部审计工作开展，具有现实的指导意义。

表 2-2 政府审计、内部审计与民间审计的报告比较

比较	政府审计	内部审计	民间审计（财务报告审计）
特点	预算执行与财政财务收支合法性、合规性与有效性	经营活动与内部控制适当性、合法性和有效性	财务报表合法性与公允性
正文内容	审计范围内容 被审单位情况 被审单位承诺 审计步骤方法 审计评价意见 审计查明问题 提出意见建议	审计概况 审计依据 审计发现 审计结论 审计建议 其他方面	引言段 管理层责任段 注册会计师责任段 说明段 意见段 强调事项段
报告类型	审计报告 审计结果报告 审计工作报告	中期审计报告 终结审计报告 后续审计报告	无保留意见 保留意见 否定意见 无法表示意见

表 2-3 内部控制评价报告与内部控制审计报告比较

比较	内部审计：内部控制评价报告	民间审计：内部控制审计报告
内容	①董事会对内部控制报告真实性的声明 ②内部控制评价工作的总体情况 ③内部控制评价依据 ④内部控制评价范围 ⑤内部控制评价程序和方法 ⑥内部控制缺陷及其认定情况 ⑦内部控制缺陷整改情况 ⑧有效性结论	①收件人 ②引言段 ③管理层责任段 ④注册会计师的责任段 ⑤内部控制固有局限的说明段 ⑥财务报告内部控制审计意见段 ⑦非财务报告内部控制重大缺陷描述段

表 2-4 内部审计报告比较

比较	终结审计报告	中期审计报告	后续审计报告
内容	①审计概况（立项依据、背景介绍、整改情况、审计目标与范围、审计重点、审计标准） ②审计依据 ③审计发现 ④审计结论 ⑤审计建议	①审计发现 ②审计建议	①回顾上次审计发现问题与原来的结论建议 ②评价被审计单位针对问题采取措施的及时性和有效性 ③存在问题是否已经解决 ④尚未解决问题的原因及其对组织的影响

2.2.4.1 澳大利亚

澳大利亚内部审计起源于上世纪 20 年代，大中型工商企业开始建立审计委员会，四五十年代，已经具备了现代内部审计的基本框架。现阶段主要特点：①没有明确的法律规定必须在公司内部设立审计机构，但是大型企业一般都自觉设立审计委员会，并设置内部审计机构、配备专业审计人员，为公司领导提供高效、合理建议。企业进行内部审计管理是一种自觉的、主动的行为，是企业管理不可缺少的重要组成部分。②审计部门直接对董事会设立的审计委员会负责，不受公司经营管理者和管理部门的影响，建立了审计工作的独立性、权威性和客观性。审计报告直接送首席执行官，同时抄送内部审计协会。③澳大利亚规定从事内部审计人员必须是注册会计师，必须具有执业资格证书。④审计工作涉及企业管理的各个方面，审计工作已经起到综合管理的作用。⑤外部审计与内部审计具有良好的协调关系。

以 BHP 钢铁公司为例：该公司是澳大利亚最大的钢铁公司，位于新南威尔士州，具有 88 年历史，11 000 多名员工，产量占澳大利亚和新西兰市场的 80%。内部审计是在董事会设立的审计委员会下开展工作，由董事会直接领导；审计部门的年度财务预算和审计人员的工资奖金都由审计委员会决定；公司内部审计部门不仅对公司金融和财务管理以及领导人员的调离任进行审计，而且还对公司的供应管理、生产管理、产品质量管理、市场预测及销售管理、经营风险管理、生产安全管理进行审计；每年年初对各管理部门提出审计要求，年终对各管理部门进行年度审计并出具报告，定期向董事会报告审计结果，提出公司的潜在风险和规避风险的措施。

2.2.4.2 奥地利

奥地利现阶段主要特点：审计机构独立、审计结果公开、审计内容丰富，这些是与其他国家的共同点，此外还有：①目的十分明确，每个审计项目突出目标、规划、决策、执行、监督等五个控制环节。②强调经济性、效率性和效果性审计。③注重风险审计，分四个步骤：一是确定风险分析对象，把整个企业的风险分为高风险区域、中风险区域等；把风险分为战略风险、部门风险和操作层面风险等。二是明确具体风险，哪些方面会有问题。三是分析风险，确定相关控制措施。四是对确立的风险评估优先排序，通过对风险规划来规避风险、监视风险、管理风险，帮助企业渡过难关。

2.2.4.3 德国

1875 年，德国最大企业之一的克虏伯公司（采煤、冶金、机械、军火）率先实行内部审计制度。现阶段主要特点：①总经理领导下的内部审计机构是主要形式，少数企业在董事会下设置内部审计机构且隶属于董事会，西门子公司就是如此。②内部审计人员有两种：专职审计人员和监事，专职审计人员是主体。对内部审计人员的学历、专业和经验没有专门法律规定，但实际上对内部审计人员素质要求很高，一般为大学以上学历，熟练掌握外语和计算机技术。例如奔驰公司要求内部审计人员懂得2—3门外语，熟悉两国以上的法律和文化及计算机系统，具备专业知识和领导才能等。但对内审人员的专业背景没有严格限制，可以来自经济、金融、会计专业。这一方面是为了适应广泛的内部审计范围的需要，另一方面发挥不同专业的协同效应。例如：奔驰公司，在董事长直接领导下的内部审计部，配备有20名左右的审计人员，其中工程师、会计师和经济管理人才各占据1/3。③审计范围涉及财务收支审计、内部控制审计、经营审计、人事审计、管理效益审计、舞弊审计、环境保护审计等。④审计方法与程序：德国的内部审计是风险导向的典型代表，内部审计是根据企业各个领域发生风险的概率大小来确定审计对象、内容和时间，而且，内审部门还要对审计项目的风险水平与审计投入产出进行分析，力求在确保控制企业主要风险的前提下，实现内部审计的经济效益。⑤注重审计目标，讲求实效，必须做到合法、安全和经济。

2.2.4.4 法国

法国内部审计具有100多年历史，现阶段主要特点：①内部审计的主要职责是服务，帮助组织各层次人员实现其工作目标，审计部门与管理层之间是伙伴关系，而不是“警察与小偷”的关系。②内部审计部门已经成为创造价值的部门，风险评估是主要内容，及时发现和避免各种风险，提出规避风险的意见和建议，为企业生存献计献策。③审计机构的独立性很强。内部审计机构的计划由董事会批准实施，不列入企业其他计划。内审负责人直接对董事长负责，向董事会、审计委员会报告工作，可以对企业任何部门、个人进行审计，各级管理人员、总经理，甚至董事、董事长都必须接受审计，不得拒绝和设置障碍。对于审计报告中提出的意见建议，被审计单位要在限期内予以实施。④审计工作注重科学性和实效性。每年审计计划的制订不是随意的，而是听取多方面意见，进行多方面评估，一般会提出大于计划一倍以上的项目，然后从中筛选年度审计项目，力求用最经济的方式，对最关键的领域进行审计，十分注重实效。⑤审计人员素质要求高，内审人员一般是大学以上学历，具有良好的专业知识和组织能力，熟练掌握1—2门外语及计算机技术，同时具有良好的道德品质。内审部门不仅具有财务、管理专家，而且有技术、计算机、法律方面专业人才，很多审计人员是复合型人才。内审部门实行定期岗位轮换制度，内审人员在审计岗位工作3—5年后，要到其他管理岗位工作，以保证工作活力。⑥外部审计与内部审计具有良好的协调关系。

2.2.4.5 英国

英国内部审计的历史悠远，内审活动的开展可以追溯到诺曼人和古罗马人统治时期。现代内部审计的特色：①内部审计角色的转换，由以往的“监督和复核”转化为“保证和建议”，由“内部警察”变为“保健医生”。②法律没有强制性要求各企业建立内部审计机构，但是各企业出于内部管理的需要都建立了内部审计机构。内审部门在行政上接受总裁领导，在业务上受审计委员会领导。③内部审计监督体系：审计委员、内部审计部门和委托外部会计师事务所。审计委员会隶属于董事会，一般至少3名非执行董事，主要职责是：审核公司重大财务报告问题；评价公司内部财务控制和风险管理程序的完整性及有效性；评价内部审计工作；监控外部审计师提供的审计服务；关注公司内部的舞弊预警信号。内审部门承担具体内部审计事务，内审主管随时可以向企业高级管理层和审计委员会报告，并对审计报告全权负责，任何人无权更改审计报告。会计师事务所负责审计企业年度决算报表和纳税问题，在审计业务量大时，审计委员会可以决定将某些专项内审业务外包委托给会计师事务所。内审部门和会计师事务所之间，可以相互评价对方的审计工作情况。④内部审计关注的热点问题：风险与风险管理；公司治理；信息系统审计。⑤内部审计被认为是很好的职业，对初级和中级审计人员需求量很大。内审职业要求严格，不具备一定专业素质、管理水平和实践经验的人员不能到内部审计部门工作，需要提拔的高层管理人员，也需要有内部审计的工作经历，内审岗位具有很强的吸引力。⑥内部控制自我评估（CAS）日益受到重视。

2.2.4.6 美国

美国内部审计可以追溯到20世纪初，当时在铁路系统开展内部稽核。现代内部审计的特色：①内部审计已经发展成为一种公认的专业职业。②建立了世界上第一个内部审计师职业组织，并发展为国际性组织。③审计师的要求：必须具备丰富的专业知识；必须经过注册内部审计师资格考试；严格遵守职业道德标准。④内部审计组织具有较高的地位和较强的独立性。⑤开拓了经营审计，以提高效率、降低成本、增加利润。

下面以美国通用电气公司（GE）内部审计为例说明：

①内部审计工作目标：超越账本，深入业务。

②审计人员：GE的内部审计人员绝大多数是工作过几年的年轻人，其中80%有财会学历，15%有相关产业知识背景和管理方面经验，5%是进行信息处理。要求每个新人能给审计部门带来他人所没有的或无法做到的新贡献、新思想，不同的经历和见解有助于问题的发现和解决。工作要专注，有极高的自觉性、积极性和创造性。公司每年从几百个报名者中精心挑选几十名进入审计部门，同时从审计部门输送同样数量的人去充实各业务集团的管理干部队伍。包括副总裁在内的各级管理干部中有相当数量的人有审计工作经历，整个GE中级以上财会管理人员中有60%左右是由内部审计部门输送的，每年离开审计部门的人员中有40%可以直接提升为中级以上管理人员。

③审计工作的安排独具匠心，平均每三个月，审计人员就接受一项新使命，每次都是不同的审计对象、不同的组成人员、不同类型的业务问题，审计人员互相吸收营养，在对比中发现问题。

④审计的独立性、权威性，审计方法的先进性、注重实效等方面与其他国家一样。

2.2.5 浙江内部审计实践探索

1）正泰集团内部审计实践

正泰集团组建于1994年，其内部审计机构诞生于1997年，创立了以需求为导向的内部审计模式。一是在集团公司不同发展阶段，根据不同需求，先后开展了被并购企业资产质量分析检查、规范财务收支健全制度、内部控制审计评价、经济效益审计和专项审计调查等不同的审计工作，促进集团健康发展。二是每年 12 月份开展“下年度内部审计需求调查”，向各个职能部门征求意见，特别是咨询服务需求调查，根据需求反馈信息，安排下年度审计项目，拓展审计服务领域。三是从其他方面积极发现审计需求，例如优先安排董事会、监事会或管理层要求的审计项目；对员工普遍关心的热点问题（食堂、工会、物业、废品处理等）纳入内部审计需求的选择范围；对审计事项的整改，先由被审计单位自查自纠，审计部门再进行实地抽查，对所有审计项目进行全面跟踪检查，对于部门自查自纠和审计部门抽查发现的突出问题和普遍问题，都作为内部审计需求的关注点。

2）杭州日报报业集团内部审计实践

杭州日报报业集团的内部审计工作起始于 2004 年，面对审计业务量大而审计力量配备不足的矛盾，集团建立了审计联系人制度，在集团各个报刊、经营部门、全资子公司建立审计联系人制度，例如《都市快报》配备了专职的内部审计人员，《萧山日报》则整合内部资源开展内部审计工作，形成审计工作联系网络，适度借助相关人员的力量开展内部审计工作，专职与兼职相结合，既加强了审计信息的对称性，又节约了审计成本，提高了审计效率。同时建立审计联系人例会制度，每季度召开审计联系人工作例会，充分了解审计信息，评价审计工作，保证内部审计意见和决定落实到位。

3）杭州市城市建设投资集团有限公司内部审计实践

杭州市城市建设投资集团有限公司成立于 2003 年，是杭州市政府出资并授权经营的国有独资有限公司，涵盖公共交通、城市供水、供气、市政工程、垃圾污水处理、热电、房地产开发、建筑工程、科研设计等九大行业。由于行业多、经济业务复杂，该公司建立了审计巡检工作机制，在公司范围内组建了一支政治素质过硬、有一定工作和管理经验，并由各方面专业技术人员组成的巡检队伍，把公司系统的党风廉政建设和内部审计工作有机结合，把经济责任审计与党务政务工作有机结合，巡检的目的是促进领导干部加强管理、防范风险，对各个单位的政策执行、制度建设、内部控制、风险管理、财务管理、薪酬管理、投资建设、人力资源等各项经济活动实施全面定期的监督检查。巡检工作分为巡检准备阶段、巡检动员阶段、现场工作阶段、巡检报告阶段、结果反馈和问题整改阶段、巡检回访阶段等六个主要步骤。巡检采用了“听、查、谈”方式，听取各种汇报，受理来信、来电、来访，召开集体或个别座谈会，收集分析各种书面资料，使巡检审计工作呈现“范围大、方式多、重服务”的特点。

4）浙江大学内部审计实践

浙江大学充分认识到，只重审计，不重整改，难以发挥审计成效，因此审计处狠抓审计整改，注重审计实效，积极创建了完备的审计整改制度。自 2008 年以来，学校审计工作由校长直接主管，每个项目审计报告都要抄报校党委书记、校长、分管组织工作的党委副书记和其他相关学校领导，定期综合分析审计结果和整改情况，将严重问题、重大风险和整改结果编印审计简报，报送领导班子全体成员，供学校领导决策参考。学校还建立了领导干部经济责任审计联席会议制度，联席会议由纪检、监察、组织、人事、财务、审计等部门负责人组成，半年召开一次专题会议，联席会议对审计发现问题的整改作出决议，明确整改落实责任单位，并以学校专题会议纪要形式印发相关部门，督促整改，加大审计整改力度。审计处把审计发现的问题分成三类：一是属于被审计单位自身的问题，可以通过审计督促进行自我整改加以解决；二是从被审计单位发现但是属于普遍性问题，其他单位也存在类似问题，这就需要相关部门积极配合共同努力，将审计整改推而广之；三是属于体制内存在的问题，被审计单位无力解决，审计处就积极协调其他部门，协商解决。审计处还建立了完善的审计跟踪制度和后续审计制度，出具审计“三函”，根据管理需求和问题严重程度分别发出审计咨询建议函、审计整改函和审计关注函。对于被审计单位提出的管理需求，出具审计咨询建议函；对于审计发现的问题，出具审计整改函，督促问题整改，并限期反馈整改结果；对审计发现重大问题或长期不能解决的问题，并具有普遍性、给学校带来较大经济风险的，向相关部门发出关注函，提醒相关领导重视和关心。

5）浙江省地质勘查局内部审计实践

浙江省地质勘查局于2006年设立审计处，人员编制只有3名，承担了15家局属单位的年度经济责任审计，审计力量与审计任务的矛盾比较突出，2009年浙江省地质勘查局建立特约审计员制度，给局属单位的17名同志颁发特约审计员聘书，特约审计员参与到经济责任审计、工程项目招投标审计、工程项目跟踪调查以及各种财务收支审计，特约审计员队伍的建立，加强了审计队伍，拓展了审计范围，做到了审计关口前移，提前化解风险。为了使特约审计员提高业务水平，还定期开展业务培训和信息交流，大家一起交流经验，研究审计方法，创新审计思路，使审计工作知识化、专业化、大众化。

6）嘉兴市秀洲区王店镇人民政府内部审计实践

嘉兴市秀洲区王店镇人民政府，自2006年成立由镇长分管专职内部审计办公室以来，审计工作不断创新，讲实效、重实效，为促进当地经济健康发展发挥了重要作用。他们的主要做法：一是事前把关看住权，廉政建设保护干部。内部审计将监督关口前移，加大对各个部门、行政村各种投资项目的监督检查，凡是投资在1万元以上的建筑、装潢、道路、桥梁、水利、绿化等建设项目，不仅保证招投标工作公开透明，而且审计工作时时跟进，核减工程造价，降低成本提高效益。二是同步指导管好钱，促进整改加强规范。审计部门在审计过程中注重指导与服务，做到边审计边整改，针对发现问题就及时召集被审计单位相关人员召开座谈会，共同分析原因研究对策，及时完善规范制度。三是主动跟进办难事，落实政策维护稳定。为了促进有关政策落实到位，保证重点工程顺利进行，审计部门主动跟进，变事后审计为事前服务，在政策制定、资金结算、征地丈量、拆迁结算等方面层层把关，及时化解各种社会矛盾和难题。

7）雅戈尔集团内部审计实践

雅戈尔集团为最大限度地预防和降低经营风险，推行了审计联络员制度，有效实行了事后审计向事前、事中和追踪审计转型。2004 年雅戈尔集团参照审计署审计特派员、财政部财政驻厂员、税务专管员办法起草了《审计联络员制度》，目的为了实时了解联络企业情况，构建集团与下属企业的信息反馈渠道，促进企业建立健全内部管理体制。具体做法是，每位审计人员一般指定一到两家联络企业，每周安排 1 ~2 天时间去下属企业，沟通了解财务经营情况、制度建立与执行情况、对外投资情况等，重点掌控大额资金流向。审计联络员定期以书面形式汇报工作情况，并对各审计联络时发现的企业中存在的困难及问题及时向主管领导反映，使公司领导及时掌握重大情况，同时将领导意见传达对方企业，做好有效沟通，使上下信息通畅，充分发挥审计联络员的桥梁纽带作用，同时为常规的审计工作做好铺垫，将很多的问题消灭在萌芽状态。通过实施审计联络员工作制度，审计部门感到审计信息的渠道更加宽广。

2.2.6 审计文化

《易经》说："文明以止，人文也。观乎天文，以察时变；观乎人文，以化成天下。"文化的基本含义是文治教化。文化是铭刻于人们的内心，文化是慢慢形成的。文化是一种沟通体系，它把人类的生物和技术行为完美地融合到语言和非语言体系中，从而使人类得以生存和发展。文化通常包括信仰、价值观、语言、行为以及生活方式等方方面面。文化建立了一套行为模式和执行标准，以及人与人之间和人与环境之间关系的处理方式，从而减少许多不确定性，提高社会成员对事物发展的可预测性。文化是一种介质，它可以将个人想法变成公开的观点，从而让社会中的其他成员去理解，同时文化使每一个新生代能在代与代之间的隔离中架起稳固延续的桥梁。

审计文化，应该以审计人为出发点，以审计人为中心的管理方式，是每一个审计人的共同信仰和共有价值观。审计文化包括精神文化、制度文化、行为文化和物质文化。

物质文化是指审计人员工作的环境、办公条件和生活环境，以及各种审计报告和审计公告等方面。物质文化是最表层的审计文化，是精神文化、制度文化和行为文化的外在表现。它一方面受到精神文化、制度文化和行为文化的制约，具有从属性；另一方面又是社会和人们感受审计文化存在的外在形式，具有形象性和生动性。

行为文化是指审计人员在审计过程中的活动文化，是以审计人的具体行为形态为存在形式，行为文化是浅表层的审计文化，它一方面不断向审计人的意识转化，影响审计精神文化的生成；另一方面又不断向审计人的物质文化活动转化，最终物化为审计物质文化。审计职业判断能力、职业怀疑能力、想象能力、取证能力等都是审计行为文化的具体体现。

制度文化是指审计组织为了达到特定目的所制定的行为规范，是人为制定的程序化、标准化的行为模式和运行方式，带有鲜明的强制性，具有基础性作用。内部审计工作规定，内部审计准则，内部审计机构的各种工作制度、责任制度、行为规范制度、考评办法、质量管理制度等，都是制度文化的具体体现。

精神文化是一种最深层次的文化，处于审计文化系统的核心，它既是其他文化层次的结晶和升华，又是其他文化层次的支撑。文化的核心是价值观，价值观是形成制度的直接依据。审计人员的价值观、审计职业道德等是重要内容。具体表现为独立、客观、公正；坚持原则、依法审计；严谨细致、开拓创新等方面。

审计特有的精神文化似莲花又似梅花，高贵典雅，至清至纯，坚强执著，不畏不惧。

北宋的周敦颐《爱莲说》："水陆草木之花，可爱者甚蕃。晋陶渊明独爱菊。自李唐来，世人盛爱牡丹。予独爱莲之出淤泥而不染，濯清涟而不妖（迎骄阳而不惧，出淤泥而不染），中通外直，不蔓不枝，香远益清，亭亭净植，可远观而不可亵玩焉！"意思是说，水里边和陆地上的草木，可爱的很多。晋朝的陶渊明独爱菊花。从唐朝以来，世上的人们很喜爱牡丹。我则唯独爱莲花，莲花从污泥中生长出来，却不被沾染污秽，它经过清水的洗涤，却不显得妖艳；它的茎中间空、外部直，不生枝蔓，也不长旁枝，它的气味清香，越远越觉得它香；挺拔、洁净地立在那里，（只）可以远远的观赏它，但不能玩弄它。

陆游的《卜算子·咏梅》："驿外断桥边，寂寞开无主。已是黄昏独自愁，更著风和雨。无意苦争春，一任群芳妒。零落成泥碾作尘，只有香如故。"意思是说，驿亭之外的断桥边，梅花自开自落，无人理睬。暮色将临，梅花无依无靠，已经够愁苦了，却又遭到了风雨的摧残。梅花并不想费尽心思去争艳斗宠，对百花的妒忌与排斥毫不在乎。即使凋零了，被碾为泥浆了，梅花依然和往常一样散发出缕缕清香。

而毛泽东的《卜算子·咏梅》（1961 年 12 月）："风雨送春归，飞雪迎春到。已是悬崖百丈冰，犹有花枝俏。俏也不争春，只把春来报。待到山花烂漫时，她在丛中笑。"同为赏梅，两人的心境竟是天壤之别。

愿我们的审计人员，既有莲花的品格，也有梅花的风骨，坚守审计的特有精神文化，"出淤泥而不染，濯清涟而不妖。""已是悬崖百丈冰，犹有花枝俏。俏也不争春，只把春来报。"正如《孟子·滕文公下》所说："居天下之广居，立天下之正位，行天下之大道。得志，与民由之；不得志，独行其道。富贵不能淫，贫贱不能移，威武不能屈，此之谓大丈夫。"

关键概念

内部审计特征　内部审计范围　审计文化

本章小结

内部审计相对于政府审计和民间审计来说，更具有挑战性。内部审计的范围远远超越了财务收支和财务报告，涉及更为广泛的风险管理和经济效益审计。内部审计的功能不仅仅是监督，更主要是开展多种多样的服务。内部审计不仅需要多种多样的技术方法，更需要丰富多彩的管理方法。内部审计人员不仅需要懂得财务会计知识，更需要掌握法律、税收、管理等多方面的知识。但是目前内部审计的理论远远落后于审计实践，需要各位同仁的一起努力。无论如何，莲花的品格和梅花的风骨，是审计永恒的精神文化。

阅读案例

浙江嘉兴：建立“五个机制”强化内审组织指导①

近年来，嘉兴市内部审计在审计局党组的高度重视下、在各级领导和会员单位的大力支持下，紧紧围绕“单位需求、服务指导、注重成效、促进转型”的目标，各项工作取得快速发展，在加强内审指导、拓展工作领域、部门联手合作以及尽力办好协会等方面初步形成了具有嘉兴特色的工作方式。该局从建立“五个工作机制”入手，创造性地组织开展内审指导工作。

1. 审计机关内审指导工作机制

两级审计机关把内审业务指导监督工作作为“一把手”工程来抓，局“一把手”经常听取汇报，提出指导意见。市局加强内审指导员队伍建设，充分发挥国家审计对内审工作的指导监督作用，设立审计业务处室的副职为内审协会理事，通过国家审计项目与内审人员充分沟通，及时了解、掌握内审工作开展情况，指导、解决工作中遇到的新情况、新问题。

2. 内部审计调查研究工作机制

近两年，根据省厅、省内协要求，嘉兴市审计局分别组织开展一系列内审工作调查：2010 年组织全市审计机关开展嘉兴市内部审计基本情况调查，各县市区局分别提交了各地内部审计调查报告，市局完成了市本级内审调查报告和全市内部审计综合调查报告；今年上半年，根据中内协要求，协会组织全市审计机关开展全市民营企业内部审计调查，同时，组织秀洲局、海宁局、市内审协会分别对行政事业单位、乡镇（街道）内部审计开展调查，并形成三份调查报告，调查工作得到省协会的充分肯定和赞扬。

与此同时，市协会针对各行业不同特点和内审工作重点，成立内部审计课题组，开展“国家机关指导内部审计机制”、“民营企业内部审计”、“乡镇审计模式创新”以及“行政事业单位内部控制制度”等课题研究，部分研究成果获得了

① 嘉兴内部审计协会张俊雄．浙江嘉兴：建立“五个机制”强化内审组织指导［J/OL］．中国内部审计协会网站．

2011年嘉兴市社科联重点课题二等奖，2010年、2011年省内协课题一等奖、三等奖，并分别在中国审计报、中国审计、中国内审、中内协网站、浙江内审、浙江协会网站等宣传媒体全文刊登或摘要刊登。

3. 国资系统内审工作协作机制

近年来，嘉兴市把国资系统内审工作作为指导监督的重点，借助内审协会平台，进一步加强对国资系统内审工作的组织领导，初步形成了“以审计局为内审业务监督指导，以国资委为内审业务监督管理，以国资公司内审机构实施审计监督”的内审工作协作机制。2007年市审计局与市国资委联合出台了《嘉兴市国有资产经营（投资）公司内部审计管理试行办法》。今年年初，分管领导带队分别走访了六大国资公司，调研了解国有投资公司内审组织机构、制度建设和内审工作情况，联合市国资委，促使六大国有投资公司的内审职能从财务部门分离出来，独立设立机构或与监察部门合署办公。目前，市级六大国有投资公司内审机构已从财务部门分离出来，其中2家公司独立设置内审机构，4家公司与监察部门合署办公，并配备专职6人，兼职人员30余人。

4. 积极探索民营企业内审工作机制

民营企业占嘉兴市经济很大比重，通过加强民营企业内审工作，提高其经营管理水平，是审计部门服务于经济转型升级的一个很好的抓手。但在审计立法上，民营企业不属于国家审计监督对象，推动民营企业内审工作，单靠审计部门力量显然不够。因此，2010年下半年开始，把推动民营企业内部审计工作作为一项重要任务来抓，许农局长亲自带领有关人员专门拜会了市政协副主席、市工商联主席薛佳平，就两部门联手推进民营企业内审工作交换了意见，得到了工商联系统的充分认可和积极响应，两部门有着各自资源优势，工商联有联系企业的优势，审计局有着审计专业上的优势，合作推进民营企业内审工作前景广阔。

在双方领导的积极支持下，与市工商联建立了合作推进民营企业内部审计工作联席会议制度，联合出台了《关于积极推进民营企业内部审计工作的意见》、《嘉兴市民营企业内部审计工作发展规划（2011—2013年）》，印发了年度工作计划，全市各地也相应建立推动民营企业内审工作机制。市局还编印了《嘉兴市民营企业内部审计工作手册》，两部门联合召开了全市民营企业内审工作推进会、全市民营企业内审工作经验交流会；组织全市审计机关、工商联开展了全市民营企业内审基本情况调查等工作。市局领导分别上门走访桐昆集团、五芳斋、嘉欣丝绸等30多家民营企业，调研了解内审开展情况和工作需求，帮助和指导企业内审机构开展内部审计工作。这项工作得到多数民企经营管理者和内审人员的好评，认为审计机关是为企业“做好事、办实事”的部门。截至2011年底，全市民营企业会员单位总数已达68家，占全市会员单位总数的18%。

5. 关注新农村建设，着力推进乡镇内审工作机制

随着农村“两新”工程的不断推进，乡镇一级政府可掌控的各类资金总量急剧增长，审计机关人员少任务重的矛盾非常突出，没有能力实现审计监督“全覆

盖”。在这种情况下，局党组提出乡镇内审工作要主动跟进，审计机关要切实加强乡镇内部审计组织领导，促进乡一级政府建立健全内审工作机制。嘉兴市审计局将镇一级政府和街道独立设立内审机构写入《嘉兴市内部审计规定》，以制度形式推动和规范乡镇内部审计。同时，各县市区审计局主动跟进乡镇内部审计工作，重点抓好乡镇内审机构建设、制度建设，有效开展建设项目跟踪审计和对下属国有公司、事业单位经济责任审计以及其他经济组织审计，为维护农村社会稳定发挥作用。目前，全市71个乡镇（街道）内审工作领导机构（临时机构）已全部建立，有的乡镇（街道）已独立设立“审计办”，配备专职内审人员。如秀洲区镇政府全部设立“审计办公室”，平湖市当湖、海宁市周王庙、南湖区大桥、余新、凤桥等镇街相应设立专职机构，审计成果利用、审计成效已经显现出来。

第3章　内部审计人员与行业协会

学习目标

通过本章学习，了解内部审计人员职业道德的基本内容，了解内部审计人员执业能力的基本要求，了解内部审计协会的基本情况；重点把握职业道德作为内部审计职业规范对内审人员的重要意义，在市场经济条件下内部审计人员应当具备的执业能力。

3.1　内部审计人员的职业道德

3.1.1　内部审计职业道德的概述

3.1.1.1　内部审计职业道德的必要性

内部审计职业道德，是指内部审计人员的职业素质、职业品德、专业胜任能力以及职业责任的总称。内部审计职业道德规范是对内部审计人员职业道德行为的标准规范。

内部审计是组织内部一种独立、客观的监督和评价活动，它的目的是通过对组织的经营活动及内部控制的适当性、合法性和有效性进行审查、评价，促进组织目标的实现。内部审计是专业性较强的职业，这一职业的复杂性，使外部人员难以对内部审计过程及内部审计人员的工作做出评价。因此，有必要针对内部审计人员制定职业道德规范，对他们在工作中的操守、品质进行约束，促使他们认真工作。同时，职业道德规范的建立是内部审计职业取得外界理解与支持，增加外界对内部审计职业的信赖的必然要求。

从上个世纪八十年代内部审计重新登上历史舞台的二十几年来，内部审计为我国社会主义市场经济健康、规范地发展做出了很大的贡献。但由于历史和现实的种种原因，内部审计人员尚未普遍树立起强烈的风险意识、责任意识和道德意识，还存在一些有违职业道德的现象，因而在建立社会主义市场经济体制的进程中强调内部审计人员的职业道德，更有其深刻的现实意义和深远的历史意义。

自1984年中国内部审计学会组建以来，一直非常重视内部审计的道德标准建设和道德教育。2002年更名为中国内部审计协会后，从2000年年初，在国家审计署的领导下，专门设立了一个准则委员会来负责内部审计准则的起草、修改和论证工作。2003年4月12日，中国内部审计协会依据《中华人民共和国审计法》、《审计署关于内部审计工作的规定》及相关法律法规，经国家审计署批准，印发了《内部审计职业道德规范》。

3.1.1.2　内部审计职业道德的目的

制定内部审计人员职业道德规范的目的，具体概括为以下三个方面：

（1）确立衡量内部审计人员行为的道德标准，约束内部审计人员职业行为，促使内部审计人员恪守独立、客观、正直、勤勉的原则，以应有的职业谨慎态度提供各种专业服务，有效发挥内部审计的监督、评价与服务作用。

（2）明确内部审计人员的职业要求和职业纪律，促使内部审计机构和内部审计人员遵守内部审计准则及相关的职业准则，不断提高技术技能和道德水准，维护和提高内部审计人员的职业形象；取得外界理解与支持，增加外界对内部审计职业的信赖。

（3）明确内部审计人员的职业责任，维护内部审计人员的正当权益，维护国家利益、组织利益、员工利益，保护投资者和其他利害关系人的合法权益，促进社会主义市场经济的健康发展。

内部审计职业道德规范适用于内部审计人员和内部审计机构执行业务的全过程和对各类组织所进行的内部审计。

3.1.2 内部审计职业道德的含义和基本要求

3.1.2.1 内部审计职业道德的含义

内部审计职业道德，是对内部审计人员的职业品德、职业纪律、专业胜任能力及职业责任等的总称。

（1）职业品德。职业品德是指内部审计人员所应当具备的职业品格和道德行为。它是职业道德体系的核心部分，其基本要求是独立、客观、正直、勤勉。

（2）职业纪律。职业纪律是指约束内部审计人员职业行为的法纪和戒律，尤指内部审计人员应当遵循职业准则及国家其他相关法规。

（3）专业胜任能力。专业胜任能力是指内部审计人员所应当具备胜任其专业职责的能力。

（4）职业责任。职业责任是指内部审计人员对国家、组织、员工和其他利害关系人所应当履行的责任。

3.1.2.2 职业道德的基本要求

内部审计职业道德的基本要求包括两个方面：一是严格遵守中国内部审计准则及中国内部审计协会制定的其他规定；二是不得从事损害国家利益、组织利益和内部审计职业荣誉的活动。

（1）内部审计人员在履行职责时，应当严格遵守中国内部审计准则及中国内部审计协会制定的其他规定。

我国内部审计准则的制定是在参考了国际内部审计师协会所颁布的内部审计实务标准的基础上，结合我国的经济情况及内部审计工作的实际情况制定的，具有一定的科学性、现实性和前瞻性。

中国内部审计准则包括内部审计基本准则、内部审计具体准则和内部审计实务指南三个层次。

内部审计基本准则是内部审计准则的基础，是制定具体准则和实务指南的依据；内部审计具体准则是对内部审计人员实施内部审计活动过程中具体问题的规范；内部审计实务指南是针对内部审计过程中具有典型意义或特殊业务制定的规范性操作指南。

内部审计基本准则和内部审计具体准则针对内部审计工作各个环节中的重大问题提出了原则性的指导，具有操作性，又有一定的灵活性，它是内部审计人员在实施内部审计时必须遵循的执业标准，内部审计人员应认真遵守内部审计准则等规定；内部审计实务指南，只是提供一个示范和模板的作用，不要求内部审计人员在执业过程中强制执行。这是内部审计规范的首要要求。

（2）内部审计人员不得从事损害国家利益、组织利益和内部审计职业荣誉的活动。内部审计人员作为组织经营活动和内部控制的评价者与监督者，应保持自身的诚实、正直，忠于国家，忠于组织，维护职业荣誉，不能从事有损国家利益、组织利益和内部审计职业荣誉的活动。

3.1.3 职业道德的基本原则

独立、客观、正直、勤勉、廉洁，是内部审计人员所应具备的最基本的职业品质，是从事内部审计职业所必须具备的基本条件。

3.1.3.1 独立原则

独立性是审计的基本特性，是审计的灵魂。独立原则指内部审计人员执行审计业务，应当在形式上和实质上独立于审计对象。

1）独立原则的内涵

（1）实质上的独立，也称事实上的独立，它要求内部审计人员与审计对象之间必须实实在在的毫无利害关系，与审计对象之间不存在任何可能的潜在利益冲突，不能负责被审计单位的经营活动和内部控制的决策与执行。这样才能够以客观、公正的心态表示意见，在发表意见时其专业判断不受影响，公正执业，保持客观和专业怀疑。

实质上的独立包括三个环节的独立性，即计划环节、实施环节和报告环节的独立性。

（2）形式上的独立，也称面貌上的独立，它是针对第三者而言的。内部审计人员必须在第三者面前显现出一种独立于审计对象的身份，即在他人看来，内部审计人员是独立的，这样才能使内部审计结果为使用者所信任。

2）可能损害独立性的因素

可能损害独立性的因素有经济利益、自我评价、密切关系和外在压力等，主要包括：

（1）与审计对象存在直接经济利益或重大间接经济利益；

（2）负责被审计单位的经营活动和内部控制的决策与执行；

（3）审计小组成员或关系密切的家庭成员，过去或现在是被审计单位关键管理人员或者是能够对审计业务产生直接重大影响的员工；

（4）为被审计单位提供直接影响审计工作的服务；

（5）接受被审计单位关键管理人员或能够对审计业务产生直接重大影响的员

工的贵重礼品；

（6）受到有关单位或个人不恰当的干预。

3）保持独立性的措施

（1）内部审计机构负责人要重视独立性，并要求内部审计人员保持独立性；

（2）制定有关独立性的政策和程序，包括识别损害独立性的因素、评价损害的严重程度以及采取相应的维护措施；

（3）建立必要的监督及惩戒机制以促使有关政策和程序得到遵循；

（4）及时向所有人员传达有关政策和程序及其变化；

（5）制定能使员工向更高级别人员反映独立性问题的政策和程序；

（6）将独立性受到损害的内部审计人员调离审计小组。

3.1.3.2 客观原则

客观原则指内部审计人员对有关事项的调查、判断和意见表述，不受外来因素的影响，应当基于客观的立场，以客观事实为依据，实事求是，不掺杂个人的主观愿望，也不为委托单位或第三者的意见所左右；在分析、处理问题时，不能以个人的好恶或成见、偏见行事。要求内部审计人员在执业中必须一切从实际出发，注重调查研究。它和独立性密不可分，是审计人员在进行内部审计活动时应坚持的一种精神状态。

3.1.3.3 正直原则

正直原则指内部审计人员应当将国家、组织、员工利益置于个人利益之上，正直、诚实，能明辨是非，坚持正确的行为、观点，不屈服于压力，按照法律及职业要求，遵守法律，不偏不倚地对待有关利益各方，不以牺牲一方利益为条件而使另一方受益。

3.1.3.4 勤勉原则

勤勉原则是指内部审计人员应勤勉工作，以减少因疏懒而带来的错误、疏忽和遗漏，降低审计风险。

3.1.3.5 廉洁原则

廉洁原则是指内部审计人员在履行职责时，应当保持廉洁，不得从被审计单位获得任何可能有损职业判断的利益。

从被审计单位收取利益，会使内部审计人员的独立性、客观性受到损害，内部审计人员对被审计单位所作审查和评价的公正性、客观性不可避免地都会受到怀疑，从而与组织的利益相背，甚至带来损害。

这里所指的“可能有损职业判断的利益”，包括内部审计人员自身或其亲属可能从被审计单位获取的各种直接和间接的利益。

3.1.4 职业谨慎和职业判断

内部审计职业道德要求“内部审计人员应当保持应有的职业谨慎，并合理使用职业判断”。

3.1.4.1 职业谨慎

应有的职业谨慎要求内部审计人员应该具备谨慎态度和技能。内部审计人员在实施内部审计活动时，应具备一丝不苟的责任感，秉持应有的职业谨慎，注意评价自己的能力、知识、经验和判断水平是否胜任所承担的责任，严格遵守职业技术规范和道德准则，对其所负责的各项业务妥善规划与监督。根据所审查项目的复杂程度，运用必需的审计程序，警惕可能出现的错误、遗漏、消极怠工、浪费、效率低下和利益冲突等情况，还应小心避免可能发生的违法乱纪的情形等。对于审查中发现的控制不够充分的环节，应提出合理可行的改进措施。

应有的职业谨慎只是合理的谨慎，而不是意味着永远正确、毫无差错，内部审计人员只能是在合理的程度上开展检查和核实的工作，而不可能进行详细的检查，内部审计工作并不能保证发现所有存在的问题。

3.1.4.2 职业判断

审计职业判断是审计工作的重要组成部分，它贯穿于整个审计工作的全过程，从对被审计单位的选择、内部控制制度测试结果的评估、重要性原则的运用、审计抽样方法的选择及其结果的评价，直至决定审计意见的表述，都离不开审计人员的职业判断。职业判断水平的高低直接影响着审计工作的成败。因此，合理使用职业判断，提高职业判断的准确性是降低审计风险，实现审计目标的一个重要途径。职业判断除了依据专业标准外，在较大程度上还依赖于审计人员的自身经验，通过审计人员的职业判断可以将审计风险降低到一个合理的可接受水平。职业判断的准确性程度越高，审计风险水平就越低，反之亦然。

职业判断能力是内部审计人员学识、经验、能力和道德水平的综合反映。

3.1.5 专业胜任能力

内部审计人员要提供高质量的专业服务，除必须具有良好的职业品德外，必须具备较强的业务能力。对内部审计人员的专业胜任能力的要求主要包括：

3.1.5.1 总体要求

内部审计人员应当保持和提高专业胜任能力，遵守内部审计准则等职业规范，合理运用会计准则及国家其他相关技术规范。

3.1.5.2 专业胜任能力要求

内部审计人员必须拥有实施内部审计活动所必需的知识、技能和其他能力。内部审计人员应当具备的专业胜任能力通常包括：

（1）专门学识，主要是会计、审计、税收、管理、相关法规和其他有关专门知识。

（2）职业经验，主要是实践经验。

（3）专业训练，即不断学习专门知识和不断增加实践经验。

（4）业务能力，包括分析和判断能力、口头与书面表达能力、交际技能、组织等经营活动相关的业务知识。

内部审计人员所掌握的专业知识应能达到这样一个水平：即能够发现组织经营

过程中存在的或潜在的问题，提出解决问题的建议，并将审计结果清楚地表达出来，经济、有效地完成审计业务。

3.1.5.3 几项具体要求

1）不得从事不能胜任的业务

如果内部审计人员不具备完成某项专业服务的专业知识、技能或经验，但却从事了这样的业务，其后果往往导致审计质量无法满足有关各方的需要或维护国家、组织、员工的利益。因此，首先内部审计机构不能进行业务能力不能胜任或不能按时完成的业务；其次，内部审计机构不得委派内部审计人员承办其专业能力不能胜任的业务；最后，内部审计人员不得承办其专业能力不能胜任的工作。

2）内部审计人员不得宣称自己具有本不具备的专业知识、技能或经验

如果内部审计人员依法取得了从业资格证书，就表明在该领域具备了一定的知识。一个合格的内部审计人员不仅要充分认识自己的能力，对自己充满信心，更重要的是，必须清醒地认识到自己在专业胜任能力方面的不足，不高估，不虚报。如果内部审计人员缺乏足够的知识、技能和经验，但却宣称自己具有提供专业服务的知识、技能和经验，就构成了一种欺诈。

3）对助理人员和其他专业人员的责任

审计项目负责人要对助理人员和其他专业人员的工作结果负责。要求对助理人员和其他专业人员的业务能力进行评价；业务执行之前对其进行必要培训；在业务执行过程中，对其进行切实的指导、监督、检查。

3.1.5.4 利用专家工作

内部审计人员并非所有领域的专家，可能并不具备完成特定局部业务的专业知识、技能或经验，所具有的专业知识并不能保证对审查的所有事项都能做出合理的判断。例如某些生产过程中的技术问题，或对某些物品的估价就超出了内部审计人员的知识范围和专业能力。当内部审计人员所审查的事项需要运用到某些特定领域的专业知识时，应当聘请相关的专家协助，所聘请的专家可能来自组织的外部，也可能来自组织内部其他部门或机构。

在聘请有关专家时，内部审计机构应当对有关专家的独立性和专业胜任能力进行评价；内部审计人员要对专家的工作结果负责。

同时，内部审计人员在利用专家工作时，不仅自己遵守职业道德，也应当提请并督导专家遵守职业道德，确保执业质量。

3.1.6 诚实服务

内部审计职业道德要求“内部审计人员应诚实地为组织服务，不做任何违反诚信原则的事情”。

内部审计是组织经营管理过程中的一个重要环节，是为了促进组织目标的实现而服务的。内部审计人员隶属于组织，是组织的成员，其工作目标应该是促进组织目标的实现。因此，内部审计人员应当尽职尽责、诚实地为组织服务，不能违反诚信原则，从事有损于组织的活动。

3.1.7 保密

由于内部审计工作的性质决定了内部审计人员经常会接触到组织的一些机密的内部信息，内部审计人员对于执行业务过程中知悉的商业秘密、所掌握的被审计单位的资料和情况，应当严格保守秘密。这一责任不因审计业务结束而终止。

在内部审计机构及外勤工作处所以外的任何地点和场所均不应谈论可能涉及被审计单位机密的情况；除非得到被审计单位的书面允许或法律、法规要求公布者外，不得提供或泄露给第三者，也不能将其用于私人目的；要防止因为这些信息与资料的泄露给组织带来损失；还应当采取措施，确保协助其工作的业务助理人员和专家信守保密原则。当然，保密责任不能成为内部审计人员拒绝按专业标准要求揭示有关信息、拒绝出庭作证的借口。

在通常情况下，内部审计人员应当对执业过程中获悉的被审计单位的信息保密，但是如果被审计单位存在违法违规行为，就面临着法规强制内部审计人员披露信息的要求。

内部审计人员在以下情况下可以披露被审计单位的有关信息：

（1）取得被审计单位的授权；

（2）根据法规要求，为法律诉讼准备文件或提供证据，以及向有关机构报告发现的违反法规行为；

（3）向组织适当管理层报告有关信息。

内部审计机构应制定严格的审计档案管理制度，限制无关人员对审计档案资料的接触。

3.1.8 信息披露

内部审计人员有责任将审计过程中所了解的重要事项如实进行反映，在审计报告中应客观地披露所了解的全部重要事项。否则，可能使所提交的审计报告产生曲解或使潜在的风险不为组织的管理层所重视。

在内部审计活动中，内部审计人员可能会碰到这样一种情况，即发现一些可能会对组织产生重大影响的现象，但是又没有足够充分的证据表明一定会产生影响。在这种情况下，内部审计人员不能隐瞒这些事项，应当在审计报告中进行客观地披露，但不能随便得出结论。

在决定披露客户的有关信息时，内部审计人员应当考虑以下因素：

（1）是否了解和证实了所有相关信息；

（2）信息披露的方式和对象；

（3）可能承担的责任和后果。

3.1.9 交流与沟通

内部审计职业道德要求“内部审计人员应具有较强的人际交往技能，妥善处理好与组织内外相关机构和人士的关系”。

内部审计工作的性质决定了内部审计人员经常需要与组织内外不同机构和人士进行接触、交流与沟通。内部审计人员的工作需要去揭露被审计单位的错误或不足之处，因此，内部审计人员与被审计对象之间存在着潜在的冲突倾向。处理好与被审计对象之间的人际关系，增加交流与合作，可以减少被审计对象的抵触情绪，减少工作阻力，对于顺利开展内部审计工作具有良好的促进作用。另外，内部审计是为组织服务的，与组织管理层以及被审计单位以外的其他部门和人员保持良好的人际关系，也是提高服务质量、促进组织目标实现的必然要求。

内部审计人员在人际关系的处理中，应注意保持内部审计的独立性和客观性。

3.1.10 后续教育

内部审计工作与组织经营管理的各个方面紧密相连。内部审计人员的知识结构和专业水平不能只限于一个狭窄的范围之内，而应广泛涉猎，吸取多方面的知识。而且身处新经济时代，各类知识的更新与发展很快，只有不断地学习，接受后续教育，才能保持良好的专业水平，胜任内部审计工作。

内部审计人员职业后续教育，是指内部审计人员为保持和提升其专业素质、执业能力和职业道德水平进行的学习及其相关活动。内部审计人员接受职业后续教育是提高专业胜任能力与执业水平的重要手段，也是内部审计人员行业造就一支业务过硬、素质合格队伍的有效途径。众所周知，内部审计人员执业环境（包括法律、社会、经济等因素）是不断发展变化的，对内部审计人员的专业胜任能力和执业水平的要求也是在不断变化的。内部审计人员只有不断接受职业后续教育，掌握和运用相关的新知识、新技能和新法规，才能满足执业的需要，保证执业质量。这不仅是内部审计人员职业自身发展的需要，也是社会各方面对内部审计人员的必然要求。因此，内部审计人员职业后续教育应当贯穿于内部审计人员整个执业生涯。

3.1.11 国际内部审计师协会（IIA）《职业道德规范》简介

国际内部审计师协会（IIA）在《内部审计实务标准——专业实务框架》（PPF）中，对内部审计职业道德规范做出了明确的规定。

国际内部审计师协会（IIA）制订《职业道德规范》的目的是促进内部审计职业道德文化的发展。

《职业道德规范》基本由三个部分组成：适用性与执行、原则和行为规则。

3.1.11.1 适用性与执行

《职业道德规范》既适用于提供内部审计服务的个人，也适用于提供内部审计服务的团体。同时，《职业道德规范》中对于违反职业道德规范的行为做出了处理的规定。对于协会会员，IIA 职业资格的获得者或申请者，违反《职业道德规范》将根据协会规章和行政指南予以评价和管理。在行为规则中没有提及的特殊行为，如果其无法接受或有损信誉，会员、资格获得者或申请者有责任接受纪律处罚。

3.1.11.2 职业道德的基本原则

《职业道德规范》中明确规定，内部审计师应运用并信守以下原则：

（1）公正。内部审计师的公正建立信用，从而为对其判断的信任提供基础。

（2）客观。在收集、评价和沟通有关被检查的活动或过程的信息时，内部审计师展示其最大限度的职业客观。在做出判断时，内部审计师不受其个人喜好或他人的不适当影响，对所有相关环境做出公正的评价。

（3）保密。内部审计师尊重其获取的信息的价值和所有权，没有适当授权不得披露信息，除非是在有法律或职业义务的情况下。

（4）胜任。内部审计师在执行内部审计业务时能够使用所需要的知识、技能和经验。

3.1.11.3 职业道德的行为规则

《职业道德规范》中明确规定，内部审计师应运用并信守以下行为规则：

1）公正

（1）应当诚实、勤恳并负责地开展工作。

（2）应当遵守法律，按照法律及职业要求进行披露。

（3）不得蓄意参与非法活动，或参加有损于内部审计职业或其所在组织的行为。

（4）应当遵守并贡献于组织的法律和道德目标。

2）客观

（1）不应参与可能妨碍或被认为妨碍其公正评价的活动或关系，包括参与与组织利益相冲突的活动和关系。

（2）不能接受可能妨碍或被认为会妨碍其职业判断的任何物品。

（3）应当披露已知的，如果不予披露、可能会歪曲检查工作报告的所有重大事实。

3）保密

（1）应当谨慎利用和保护履行职责过程中获取的信息。

（2）不应当利用信息牟取私利，或者以任何有悖法律规定或有损组织法律和道德目标的方式使用信息。

4）胜任

（1）应当只从事与其所具备的知识、技能和经验相适应的服务活动。

（2）应当按照《国际内部审计专业实务标准》开展内部审计服务。

（3）应当持续提高能力和服务的效果、质量。

3.2 内部审计人员的执业能力

3.2.1 内部审计人员执业能力的基本要求

“国以才立，政以人治，业以才兴”。审计作为一项社会经济活动，有着悠久的历史。随着社会经济和审计事业的发展，人们对审计的认识在不断深化，审计的地位也在不断提高。随着社会经济的发展，当前审计工作所涉及的事项越来越复杂，综合性也越来越强，对审计人员的素质提出了新要求。培养造就精通审计业务，掌握审计发展规律，熟练运用现代审计技术方法的高层次、高技能审计人才，是实现审计工作适应时代发展，与时俱进，保持长久生命力的根本途径。

内部审计人员要提供高质量的专业服务，必须具备较强的执业能力。对内部审计人员的执业能力的基本要求包括：政治素质；职业道德；职业作风；业务素质；综合素质。

3.2.1.1 政治素质

内部审计人员的政治素质主要包括以下几个方面：

一是要有高度的责任感和使命感，认真履行法律赋予自己的神圣职责，始终保持坚定的政治立场，不断增强政治意识、政治敏锐性和政治责任感，依法履行审计监督职责，努力做一名人民利益的忠诚捍卫者，为经济建设保驾护航。

二是要有正确的世界观、人生观、价值观，这是每个内部审计人员必须具有的最基本的政治素养。坚持自尊、自重、自律原则，牢固树立正确的世界观、人生观、价值观、荣辱观，实现自我完善。在审计工作岗位上，诚实守信，勇于开拓、积极进取，严格执法、依法审计，规范审计行为，提高审计质量，认真履行其职责、高质量地完成本职工作。

三是要有坚定的职业理念。内部审计人员要有热爱本职、献身审计的职业理想。强调敬业爱岗，提倡干一行，爱一行，钻一行，正确地调整个人和职业、审计工作服务对象之间的关系，自觉地按照职业要求规范自己的行为，忠实地履行自己的职责。内部审计人员作为组织经营活动和内部控制的评价者与监督者，应保持自身的诚实、正直，忠于国家，忠于组织，维护职业荣誉，不能从事有损国家利益、组织利益和内部审计职业荣誉的活动。

3.2.1.2 职业道德

优良的职业道德是任何一个内部审计人员执业能力的基础。审计人员是审计活动的主体，行使审计监督的权力。这种职责在本质上决定了审计职业具有独立性、权威性、规范性等特点。审计人员只有保持良好的职业道德，才能不为他人意志所左右，才能充分发挥审计监督的作用。审计人员只有以优良的职业道德在审计过程中保持独立性，才能做到客观公正、实事求是。良好的职业道德，是审计人员依法审计的重要保证，是审计权威性的重要保证。

内部审计人员的职业道德，我们在上一节已作了较为详细的阐述，这里主要强调以下几个方面：

（1）依法审计，坚持原则。审计人员在实施审计任务时，要按照国家的法律、法规和审计程序办事，对问题的处理，要坚持以事实为依据，以法律为准绳，做到不徇私情，不拿原则做交易，不被干扰所影响，不被人际关系所左右，正确行使审计职权，严格审计执法，努力维护法律、法规的严肃性和审计监督的权威性。

（2）实事求是，客观公正。审计人员在办理审计事项时，要以严肃认真的态度，严谨扎实的作风，从严实施审计，力求掌握最真实可靠的审计证据，并对获取的信息资料，认真加以归纳分析，对问题不掩盖、不夸大，如实反映情况，慎重作出审计评价，确保审计质量，尽力规避审计风险，力争使每一个审计结论都能经得起法规和历史的检验。

（3）廉洁奉公，保守秘密。审计人员只有做到廉洁奉公，才能树立良好形象；

只有做到保守秘密，才能赢得被审计单位信任。因此，审计人员一定要自觉遵守各项规定，严守工作纪律，依法行使职责和权力。

3.2.1.3 职业作风

审计职业作风是指内部审计人员的敬业精神及对待审计工作的态度。

1）工作作风

审计工作的特殊性决定了内部审计人员必须具有扎实的工作作风：

一是要严肃认真。在日常工作中，要严格落实各项规章制度，坚持按审计程序办事；在实施具体审计任务时，要潜下心来，真抓实干，切实把问题查深查细查透，做到不留死角、不走过场。

二是要准确无误。对审计数据要准确统计；对审计查出的问题要如实反映；对问题的处理要提出切实可行的解决办法和建议，做到合理合法，便于执行。

三是要严谨细致。审计工作是一项既细致又繁琐的工作，稍有疏忽，就会出现差错。因此，审计人员一定要注意磨炼自己的细心和耐性，做到不马虎、不厌烦，努力把工作中可能出现的差错降低到最低点。

四是要实事求是。要敢于说真话，不欺上瞒下，不弄虚作假，做到“诚实、本分、公正、可靠”。

2）进取精神

审计工作面临许多困难和矛盾，客观上要求内部审计人员必须具有创新意识和顽强拼搏的精神，顺应形势，跟上时代发展的步伐，要求审计人员不断更新知识结构，加强学习与研究，提高消化新东西、理解新思想、挑战新技术的能力和水平。因此，内部审计人员一定要知难而进，树立有所作为的思想，消除畏难情绪，勇于向困难挑战，变压力为动力，不断增强使命感、责任感。要勇于创新，敢于同陈腐的意识决裂，实现思维方式、思想观念和行为模式的转变，在实践中探索出一套内部审计工作的新思路、新方法，以适应未来审计的需要，实现审计工作的跨越式发展。

3）团队意识

审计工作是一项集体性工作，需要依靠审计人员的集体智慧、分工协作去完成，这就要求审计人员必须牢固树立团队意识。因此，在审计工作中，审计人员要明确自己所承担的角色和任务，充分发挥自己的主观能动性，努力做好本职工作，力争在团队中实现自己的价值。审计工作专业性强，每个人都有自己的专业特长，所以，相互之间要注意协调配合，以己之长，避他之短，取长补短，齐心协力，共同为团队的整体利益与目标的实现而尽力。

3.2.1.4 业务素质

审计人员业务素质的高低是影响审计工作质量好坏的一个重要因素。具有良好的业务素质是审计人员得以从事审计工作最基本的要求。内部审计人员必须拥有实施内部审计活动所必需的知识、技能和其他能力。内部审计人员应当具备的业务素质通常包括：

1）专门知识

专门知识主要是会计、审计、税收、管理、相关法规和其他有关专门知识。审计人员应当具备与其从事的审计工作相适应的专业知识。这是对审计人员最基本的技术要求。现代社会信息量大、知识更新快、新生事物不断涌现，这就对审计人员的业务技能提出了更新、更高的要求，广大审计人员必须以严谨的治学态度，锲而不舍的拼搏精神，博览群书，广泛积累知识，以适应时代发展的需要。

法规制度是审计人员判断审计项目是非曲直的一把尺子，依法审计是审计人员必须遵循的基本原则，这就要求审计人员不仅要熟悉会计制度和会计准则，而且要掌握相关的法律条文和行业规章等，并准确理解其基本精神，只有这样，才能客观公正、实事求是地对审计事项作出正确的判断和评价，以经得起法规制度和历史的检验。

审计是一个综合性很强的领域，客观需要其人员的知识结构层次呈现多学科、多领域的状态，因此，审计人员必须随着时代的发展，不断学习，深钻细研，尽快实现知识更新换代，在相关专业上成为复合型人才，达到一专多能、精益求精的要求。

2）职业经验

职业经验主要是实践经验。审计是一项实践性很强的工作，如何以敏捷的思维和眼力发现问题，找出问题的根源；以较高的政策法律水平准确无误的定性和处理，需要不断地通过审计工作的实践，积累职业经验。一位职业经验丰富的审计人员，可以更敏锐地透过纷繁的经济活动，发现和解决问题，达到事半功倍的效果。

3）专业训练

审计人员执业环境（包括法律、社会、经济等因素）是不断发展变化的，对审计人员的专业胜任能力和执业水平的要求也是在不断变化的。因此，审计人员只有不断接受职业训练，不断提高专业能力和执业水平，掌握和运用相关的新知识、新技能和新法规，才能满足执业的需要，保证执业质量。

4）业务能力

审计人员要完成审计工作，实现审计目标，必须具备相应的业务能力。审计人员应当具备的业务能力主要包括：宏观思维能力、职业敏感和洞察力、分析和综合判断能力、口头与书面表达能力等。

（1）宏观思维能力。审计工作要发挥宏观监督职能，审计人员就必须具备宏观思维能力。审计作为组织内部独立的经济监督活动，应当从组织的宏观角度来审查、分析、解决问题，要抓住主要矛盾和问题的要害，不能就事论事，切忌只从某一个部门或某一个问题来考虑，应当为组织适当管理层提供相应的服务。

（2）职业敏感和洞察能力。审计人员面对特定的审计材料，为什么有的人能迅速找到切入点，有的人能从蛛丝马迹中发现问题，其很重要的原因就在于个人对问题观察的敏锐程度，这种敏感性要有长时间知识和实践的积累。在职业敏感的基础上，要进一步解决问题，关键就要有敏锐的洞察力。敏锐的洞察力可以帮助审计人员找到解决问题的着眼点，即从哪方面着手可以有效地取得对问题正确判断的依据。

（3）分析和综合判断能力。分析和综合判断能力不仅仅是简单的分析判断，需要从微观层面进行甄别，更需要从问题的宏观层面进行剖析，分析问题的产生和发展脉络，对被审计单位的现状有深入的研究，能够把握审计所涉及的方方面面。在统筹分析基础上对所掌握的材料进行高度的概括和总结，做到对问题准确的处理，提出有价值的意见和建议。

（4）口头与书面表达能力。审计是与人打交道的工作，要做到良好的交流与沟通，充分地运用审计询问等工作方法，发现被审计单位存在的问题，并提出相应的意见和建议，就必须要有良好的口头表达能力。审计计划、审计工作底稿，是安排和记录审计工作的书面文件，是审计人员必须掌握的基本文书。审计调查报告、审计报告和审计信息，是审计成果的载体，集中反映了审计工作的整体水平和审计人员的业务水平。要让更多的审计报告、审计信息进入领导决策，提高审计地位，审计人员就必须要有良好的文字表达能力，变专业术语为通俗易懂的语言。对审计中发现的问题，能以小见大、由表及里地分析问题的根源，围绕组织的中心工作和经济形势，归纳、提炼出具有本质性、规律性的东西和管理制度中的薄弱环节，进而从体制上、机制上提出解决和预防问题的办法，使审计报告成为组织适当管理层决策的参考。

内部审计人员所掌握的业务素质应能达到这样一个水平：即能够发现组织经营过程中存在的或潜在的风险和问题，提出解决问题的建议，并将审计结果清楚地表达出来，经济、有效地完成审计业务。

5）综合素质

审计是一项综合性很强的工作，因此需要审计人员具备相应的综合素质。这些素质主要包括：沟通能力、协调能力、应变能力等。

（1）沟通能力。审计人员要与不同审计对象打交道，因此，内部审计人员应该具备建立良好人际关系的意识和能力，要与他人建立协调、融洽的人际关系。在处理人际关系时，内部审计人员应当积极主动与相关主体进行沟通，尤其是发现问题或者需要相关信息时，以避免由于时间拖延带来的误会，提高工作效率。在沟通时，内部审计人员应当注意沟通的有效性，注重语言、形体、表情的恰当运用，以促进良好人际关系的形成。

审计人员的工作贯穿于整个组织，需要与组织内部的各个部门打交道，测试和评价他们的工作，并将审计中发现的问题和改进建议向适当管理层报告。沟通的目的是为了保证审计结果的客观、公正，并取得被审计单位、组织适当管理层的理解。内部审计机构、被审计单位、组织适当管理层进行结果沟通，可以与对方交流看法，听取对方的意见，从不同角度去检验审计结论和建议，对可能存在的错误或不当之处进行修正，以保证审计结果的客观、公正。同时，在与被审计单位、组织适当管理层的交流中，争取对方的理解和支持，以确保审计结论和建议的落实和贯彻。

（2）协调能力。审计工作需要协调处理好审计与被审计对象、与各有关部门、组织适当管理层的关系。这些关系协调处理的好坏，将直接影响到审计组织的形象与威信，影响审计工作的开展与效果。审计人员要充分发挥自己的主观能动性，把各方面的力量吸引到关心、支持审计工作上来，努力形成领导重视、各方面协同的良好审计氛围。

（3）应变能力。在审计工作中经常会遇到一些突发事件。审计人员在遇到突发事件时，应当保持沉着冷静心态，并应及时采取有效控制措施。

3.2.2 内部审计人员岗位资格和CIA

3.2.2.1 内部审计人员岗位资格证书

内部审计人员岗位资格证书是从事内部审计工作的人员应具备的任职资格证明。内部审计人员岗位资格证书应通过考试取得。内部审计人员岗位资格证书的考试，一般由省级内部审计协会组织，考试合格者发给内部审计人员岗位资格证书。省级内部审计协会负责组织内部审计人员岗位资格证书考前培训，考试的实施，资格证书的发放、管理。

内部审计人员岗位资格证书考试内容一般包括：

（1）内部审计理论与实务；

（2）内部审计法规与内部审计准则；

（3）计算机审计基础与应用。

内部审计人员岗位资格证书实行年检制度，每两年为一个年检周期。内部审计人员岗位资格证书年检工作由省级内部审计协会组织，实施分级管理。

符合下列条件的可通过年检：

（1）遵守国家的法律法规；

（2）严格执行《内部审计准则》；

（3）遵守内部审计职业道德；

（4）按照有关规定完成后续教育。

连续两年未接受后续教育或连续两年未按有关规定完成后续教育学时的内部审计人员，省级内部审计协会不予办理内部审计人员岗位资格证书年检。连续三年未接受后续教育或连续三年未按有关规定完成后续教育学时的内部审计人员，由省级内部审计协会吊销其内部审计人员岗位资格证书。对无故不参加年检和注册的人员，由市级内部审计协会提出意见，报省级内部审计协会注销其内部审计人员岗位资格证书。因违法犯罪被追究刑事责任或弄虚作假骗取内部审计人员岗位资格证书的人员，一律注销其资格证书。内部审计人员岗位资格证书不得涂改、转让，资格证书遗失后应及时到省级内部审计协会挂失，经查实后可予以补发。

3.2.2.2 国际注册内部审计师

1）国际注册内部审计师考试

国际注册内部审计师（International Certified Internal Auditor，简称CIA）考试，

是由总部设在美国佛罗里达州的国际注册内部审计师协会（The Institute of internal Auditors，IIA）的 Certificatition Department 出题，并在全世界 50 多个国家用 20 多种语言进行统一考试。CIA 考试是由国际注册内部审计师协会出题，用它的答卷答题，并由国际注册内部审计师协会全球统一阅卷，改卷评分。证书是由国际注册内部审计师协会颁发，但中国国家审计署出具中文的对应证书。CIA 英语证书是全球一样的，全球承认你是国际注册内部审计师协会的合格会员，CIA 英语证书是证明你在内部审计的领域达到国际注册内部审计师协会的要求。证书永久有效，但必须要参加国际注册内部审计师协会的后续教育。CIA 资格和证书是目前唯一全世界认可的审计领域的资格和荣誉，此项考试的权威性源于“三个全球统一”：统一考试时间、统一考试内容、统一批阅试卷。

国际注册内部审计师协会的核心宗旨是：Progress through sharing，经验共享，共同进步。该协会从 1974 年在美国开始设立该考试，每年考两次，即每年 5 月和 11 月的第三个周末进行考试，全世界统一命题，统一时间考试，但由于时差的存在，在美国和在中国的考试时间实际上相差 8—12 个小时。从 2001 年起，CIA 资格考试在中国的时间改为每年 11 月份，每年一次。拥有“国际注册内部审计师”资格在美国被称为“Global Excellence”的标志。到目前为止，全球约有 4 万多人获得了 CIA 资格证书。

2）CIA 的作用与意义

为了借鉴西方先进的科学管理技术和方法，提高我国的现代科学管理水平，培养一批具有国际水平的企业管理人才，使之具备与国外同行在同一层次上对话的资格，维护我方利益，增强我国企业国际竞争的优势，为经济建设和现代企业制度服务，不断提高我国内部审计人员的素质，推进我国内部审计工作法制化、制度化和规范化的进程，中国内部审计协会于 1998 年 6 月与 IIA 签订协议，将 CIA 考试引入中国，并取得了成功。实践证明，参加 CIA 资格考试，有利于促进我国内部审计人员专业知识和技能的提高，使已经达到国际水平的专业人才显现出来，向国际同行证明我们的实力；有利于加快我国内部审计工作与国际惯例接轨的进程，进一步提高我国内部审计的国际地位。开展 CIA 考试，对提高内部审计人员的业务素质，促进内部审计工作上层次，推动我国内部审计事业的发展，意义十分重大。

3）CIA 与传统的内部审计人员的差异

正确评估自身实力是企业参与竞争的先决条件，同时也为领导者做出正确决策提供数据支持，而这项工作主要是由企业的内部审计师来完成的。与传统的内部审计人员仅仅停留在内部财会及查账相比，CIA 更强调与企业管理层之间的互动性，他们是“警察”，同时也是“高参”。随着中国经济的发展，企业现有的内部审计人员已不能够适应国际化的要求，因此，拿一张国际普遍认可的证书成为国内众多内部审计人员的当务之急。国际企业把 CIA 定位为：核心、增加价值、改善运作、实现组织目标。世界 500 强大企业均设有由高素质 CIA 组成的专门审计部门，许多资深 CIA 人士还进入了跨国公司的决策层。据了解，IBM 公司 30% 的管理人员是内审部门培养出来的，这项考试为他们“打开了对外学习的一扇窗口”。

4）国际注册内部审计师考试在中国

1998 年月 11 月首次在中国举行国际注册内部审计师考试，由中国国家审计署和国际注册内部审计师考试协会监考，考试地点在广州市中山大学，考试语言为英语；首次考试的中国考生中有 4 名一次通过全部科目，这四名考生分别来自上海和广州。1999 年 11 月，中国国家审计署宣布新增山东省济南市为中国的第二个国际注册内部审计师考场，考试语言增加了中文，由国际注册内部审计师协会组织翻译。考生可根据自己的实际情况来选择考试语种。截至目前，中国已有 20 多个省市设置了 CIA 考点，报名参加考试的人数每年都在增加，已成为 CIA 在全球最大的考试区域。

（1）考试的组织领导机构

中国内部审计协会设立考试委员会负责领导组织国际注册内部审计师考试工作。设有考点地区的内部审计协会通常会成立相应的考试领导机构和办事机构，负责考试领导、组织、管理和协调等工作，加强本考点的报名组织与审核、考场安排与管理，考卷的封存、邮寄与销毁，确保考试顺利进行，万无一失。

（2）考试内容、科目及方式

①考试内容。考试按三个层次检验报考者的知识水平和实际能力：

基础知识：检验报考者对基本概念、术语的理解，对问题的确认和对事实的判断能力等。

理解能力：检验报考者理解和胜任能力，即能否正确理解各种关系和判断各种问题，作出正确的结论并采用正确的处理方法等。

熟练程度：检验报考者应用各种技能处理各项工作的实际能力。

②考试科目。国际注册内部审计师考试内容共分四部分，其中第 1—3 部分由 IIA 统一命题，第 4 部分则由中国内部审计协会命题。

第 1 部分：《内部审计在治理、风险和控制中的作用》，包括审计理论和专业方面的知识，舞弊的发现、报告及调查。部分题目内容涉及具有一定深度的应用技术方面的案例分析。

第 2 部分：《实施内部审计业务》，包括推理能力、交流技术以及处理与被审计单位关系等技术和方法，集中考察考生解决问题的技能。这部分中的行为技术、统计及数学方法的测试，分基础知识和理解能力两个层次。

第 3 部分：《经营分析和信息技术》，包括组织管理、信息技术、管理会计、管理的数量方法等。这部分涉及的问题属理解层次，是内部审计实务中的基本业务要求。

第 4 部分：《经营管理技术》，这部分内容涉及我国的经济法律、财务会计、财务管理和经济学的内容。所涉及的问题属理解范畴。

③考试方式。IIA 经常会更改考试大纲，调整考试内容和题型。从 1998 年起全部采用单项选择题，每科均为 80 道单项选择题。2004 年开始调整为每科均为 125

道单项选择题。

考试方式为分科闭卷笔试，时间 210 分钟。考试取得单科成绩合格者，必须在取得合格成绩后的每两年内报考一次，只有这样，以前通过的科目成绩继续有效，否则原成绩作废。

（3）报名条件

具备下列条件之一者，可报名参加考试：

具有本科及本科以上学历；

具有中级及中级以上专业技术资格；

持有注册会计师证书或非执业注册会计师证书；

本科院校审计、会计及相关专业四年级学生；

现从事审计、会计教学工作的普通高等院校的教育工作者。

报考资格的审查和确认由设考点的考试组织领导机构负责，并报中国内部审计协会备案。

大专或以下学历的只有拥有中国注册会计师考试全部科目合格证书或会计师职称证书才能报考。报名时间为每年的 6、7 月份。

（4）申请免试的条件

具有下列资格之一者，可以申请免试《经营管理技术》：

持有高级会计师或审计师、（中级）会计师或审计师专业技术资格证书；

持有注册会计师证书或非执业注册会计师证书。

免试资格的审查和确认由设考点的考试组织领导机构负责认定（报名时凭有关证书认定），并报中国内部审计协会备案。

符合免试经营管理技术的人员，在申请免试时，应填写《国际注册内部审计师考试免试科目申请表》，并于报名时提交有关资格证书原件和复印件（一式两份）。

（5）报名办法和须提交的材料

①报名办法。报考人员应当在规定时间内到各报名地点报名，并填写《国际注册内部审计师考试报名表》。报考人员至少报考两个部分（考试已通过三个部分者除外）。报考人员需提供身份证原件及复印件（一式两份）和近期 2 寸免冠照片 4 张并在其背面注明姓名及性别。报考人员须在报名时做出不对外泄露本次考试内容的承诺。

②报名须提交的材料。一般报考人员报名时，需提供学位证书或相关资格证书原件及复印件（一式两份）；在校学生（含在校研究生）报名时，需凭学生证原件及复印件（一式两份），并有所在院校出具的说明其在校表现、所学专业和学业完成情况的证明；教育工作者报名时，需提交所在院校人事部门出具的证明材料原件及复印件（一式两份）。

（6）考试收费标准

报考人员（免费者除外）在办理报名手续时，须按标准交纳报名费和考务费。

（7）考试参考用书

考试参考用书是由中国内部审计协会组织翻译和编写。

5）资格证书取得条件与后续教育

（1）资格证书取得条件

具备下列条件者，可以取得国际注册内部审计师资格证书：

- 所有考试科目全部合格；
- 具有2年（含2年）以上审计、会计工作及相关工作经历。

中国考生通常会拿到中英文证书各一本，分别由中国内部审计协会（中文，贴有本人照片）和IIA颁发（英文，无照片）。

四科考试全部合格的在校学生，在毕业参加工作满两年后，由所在单位出具的从事审计、会计工作的证明，方可领取国际注册内部审计师资格证书。（硕士研究生满一年即可领取）

（2）后续教育

取得国际注册内部审计师资格的人员，按照国际内部审计协会的规定，必须参加省级以上内部审计协会组织的后续教育，每两年满80个学时，方可给予注册，否则将会被取消国际注册内部审计师资格。

3.2.3 内部审计人员的后续教育

内部审计人员职业后续教育，是内部审计人员为保持和提升其专业素质、执业能力和职业道德水平，掌握和运用相关新知识、新技能和新法规所进行的学习及其相关活动。内部审计人员接受职业后续教育是提高专业胜任能力与执业水平的重要手段，也是造就一支业务过硬、素质合格的内部审计队伍的有效途径。众所周知，内部审计人员执业环境（包括法律、社会、经济等因素）是不断发展变化的，对内部审计人员的专业胜任能力和执业水平的要求也是在不断变化的。内部审计人员只有不断接受职业后续教育，掌握和运用相关的新知识、新技能和新法规，才能满足执业的需要，保证执业质量。这不仅是内部审计人员职业自身发展的需要，也是社会各方面对内部审计人员的必然要求。因此，内部审计人员职业后续教育应当贯穿于内部审计人员整个执业生涯。

3.2.3.1 内部审计人员后续教育的组织领导和范围

（1）根据《内部审计具体准则第29号——内部审计人员后续教育》的规定，中国内部审计协会、省级内部审计协会在后续教育中负有相应的职责与权限，合理组织并有效实施内部审计人员后续教育。

市、县级内部审计协会，经中国内部审计协会或省级内部审计协会授权，也可组织实施管辖范围内的后续教育。内部审计机构应当为内部审计人员接受后续教育提供必要的保障。中国内部审计协会、省级内部审计协会应当定期检查与考核后续教育情况，确保后续教育质量。

（2）接受后续教育的内部审计人员，包括取得内部审计人员岗位资格证书的人员、取得国际注册内部审计师（CIA）资格证书的人员。其他从事内部审计活动的人员也应当参加后续教育，以增强其专业知识和业务能力。

3. 2. 3. 2　内部审计人员后续教育的内容与形式

内部审计人员应当根据职业发展需要，确定合理的后续教育内容，选择适当的后续教育形式。后续教育应当讲求实效、学以致用。

1）后续教育的主要内容

（1）国家颁布的有关法律法规；

（2）内部审计准则及内部审计人员职业道德规范；

（3）内部审计理论与实务；

（4）会计理论与方法；

（5）信息技术理论与应用技术；

（6）公司治理、内部控制和风险管理理论；

（7）其他相关专业知识与技能。

2）后续教育的层次

后续教育应当区分内部审计机构负责人、审计项目负责人和审计助理人员三个层次，突出重点、按需施教。具体内容包括：

（1）内部审计机构负责人应当学习和研究组织领导本单位（部门）内部审计工作方面的知识和技能，包括：相关法律法规、内部审计准则和会计准则及其最新变化，内部审计在公司治理、内部控制、风险管理和企业流程再造过程中的作用及其最新发展，内部审计章程拟订，审计关系处理与协调，审计管理案例，组织文化与政策，以及开展咨询服务业务的有关理论和实务等；

（2）审计项目负责人应当学习和研究独立完成一个审计项目方面的知识和技能，包括：内部审计准则和会计准则，财务管理理论与方法，经济管理理论，项目审计计划与审计方案制定，审计评价标准解读和选择，审计报告撰写与提出，审计案例分析，审计助理人员监督和指导，人际关系沟通等；

（3）审计助理人员应当学习和研究参与完成一个审计项目方面的知识和技能，包括：内部审计准则和会计准则，审计基本理论与技术方法，计算机基础知识，逻辑推理，相关人际关系沟通等。

3）后续教育的形式

内部审计人员接受培训是后续教育的主要方式。一般应当采取以下形式：

（1）参加国际内部审计师协会和亚洲内部审计联合会组织的专业会议及培训活动；

（2）参加中国内部审计协会和省级内部审计协会举办的各种培训及考察活动；

（3）参加中国内部审计协会和省级内部审计协会召开的专业会议及经验交流；

（4）参加中国内部审计协会和省级内部审计协会认可的有关大专院校的专业课程进修；

（5）参加经中国内部审计协会或省级内部审计协会授权的市、县级内部审计协会组织的专业培训及经验交流。

内部审计人员自学是后续教育的重要补充方式。一般应当包括以下形式：

（1）参加中国内部审计协会和省级内部审计协会开办的网络教育；

（2）参加由本单位（部门）内部审计机构开展的业务技术培训；

（3）主持或参与完成省级以上内部审计协会发布的课题研究，并取得研究成果；

（4）公开出版专业著作或发表专业论文；

（5）个人专业学习和实务研究；

（6）其他形式。

3.2.3.3 内部审计组织的职责

（1）中国内部审计协会负责组织、实施全国内部审计人员的后续教育。行业审计协会实施的有关培训活动实行年度认证制，认证工作由中国内部审计协会实施。主要职责是：

①制定全国后续教育规划；

②制定全国后续教育制度、规定、办法；

③制订全国后续教育年度培训计划，提出教学大纲；

④组织全国后续教育教材的开发、评估、推荐；

⑤组织全国后续教育活动；

⑥组织全国后续教育检查、考核；

⑦指导、督促省级内部审计协会的后续教育工作。

（2）省级内部审计协会负责组织、实施管辖范围内内部审计人员后续教育。主要职责是：

①制定管辖范围内后续教育规划；

②制定管辖范围内后续教育制度、规定、办法；

③制订管辖范围内后续教育年度培训计划，设置教学内容；

④组织管辖范围内后续教育教材的评估、遴选；

⑤组织管辖范围内后续教育活动；

⑥组织管辖范围内后续教育检查、考核；

⑦指导、督促市、县级内部审计协会的后续教育工作。

（3）市、县级内部审计协会同时符合下列条件的，经中国内部审计协会或省级内部审计协会授权，也可组织实施管辖范围内的后续教育：

①具有承担后续教育工作的教学场所和设施；

②拥有与承担后续教育工作相适应的师资队伍和管理力量；

③能够完成所承担的后续教育任务，保证后续教育质量。

被授权的市、县级内部审计协会在组织后续教育前，应当将实施方案报送相应授权协会备案。

（4）内部审计机构应当支持、督促本单位（部门）内部审计人员参加后续教育，保证学习时间和学习费用，提供必要的学习条件。

内部审计机构开展的本单位（部门）业务技术培训，如需申请确认为内部审计人员后续教育学时的，应当提请中国内部审计协会或省级内部审计协会进行评估。评估内容包括：培训条件、培训计划、培训内容、师资来源、教学水平、管理水平、学员满意度和质量监控措施等。

3.2.3.4 内部审计人员后续教育的检查与考核

（1）中国内部审计协会负责检查、考核全国内部审计人员的后续教育情况；省级内部审计协会负责检查、考核管辖范围内的内部审计人员后续教育情况；内部审计机构负责检查，并如实填报本单位（部门）的内部审计人员后续教育情况。

（2）检查与考核的标准，按内部审计人员接受学习的时间计算，每两年为一个周期，时间不得少于80学时，其中每年接受后续教育的时间不得少于30小时。

（3）后续教育时间的顺延。有下列情形之一的，内部审计人员后续教育时间可以顺延，在下一年度一并完成规定的后续教育时间：

①年度内在境外工作超过六个月的；

②年度内病假超过六个月的；

③休产假的；

④其他情况。

后续教育情况由中国内部审计协会或省级内部审计（师）协会负责记录，包括：培训内容、培训时间、培训地点，以及教师的姓名、职称（职务）和累计培训学时等。

（4）处罚。除规定的情形外，内部审计人员未能提供其后续教育有效记录或无故未达到后续教育要求的，考核时不予通过；考核未予通过的内部审计人员，其所在单位（部门）内部审计机构应当督促其接受后续教育。

①年度内未接受后续教育或未按有关规定完成后续教育学时的内部审计人员，由省级内部审计协会予以警告；

②连续两年未接受后续教育或连续两年未按有关规定完成后续教育学时的内部审计人员，省级内部审计协会不予办理内部审计人员岗位资格证书、国际注册内部审计师（CIA）资格证书年检；

③连续三年未接受后续教育或连续三年未按有关规定完成后续教育学时的内部审计人员，由省级内部审计协会作出或建议作出吊销其内部审计人员岗位资格证书、国际注册内部审计师（CIA）资格证书。

3.3 内部审计协会

3.3.1 中国内部审计协会

3.3.1.1 协会简介

中国内部审计协会（China Institute of Internal Audit，CIIA），是企事业单位内部审计机构和内部审计人员自愿结成的全国性的社会团体，是为所有内部审计机构和内部审计工作者服务的社团组织。协会接受审计署、民政部的业务指导和监督管理。

中国内部审计协会前身为中国内部审计学会，成立于1984年。2002年经民政部批准，学会更名为协会，使其成为对企业、事业行政机关和其他事业组织的内审机构进行行业自律管理的全国性社会团体组织。中国内部审计协会依据《中华人民共和国审计法》、《审计署关于内部审计工作的规定》、《中国内部审计协会章程》开展工作。秉承服务、管理、宣传、交流的宗旨，为中国内部审计的规范化建设，理论探索和实践经验的创新、交流，内审人员岗位培训及后续教育，指导内审机构的业务建设，开展国际间的互动学习，提高内审工作的科学技术水平，提供全方位的服务。

3.3.1.2　协会宗旨

中国内部审计协会的宗旨是遵守宪法、法律、法规和国家政策，遵守社会道德和风尚；协会的基本职能是管理、宣传、交流、服务，即对内部审计实行自律性行业管理，为内部审计机构和内部审计人员提供业务指导和开展各种专业服务活动，通过宣传、交流，扩大内部审计的影响，维护内部审计机构的独立性、权威性和内部审计人员的合法权益，促进内部审计队伍素质的提高。

3.3.1.3　业务范围

（1）制定内部审计准则、职业道德标准，并监督检查实施情况；向有关部门提出涉及内部审计立法需要的意见和建议。

（2）调查研究内部审计发展中的新问题，提出指导内部审计工作的意见和建议。

（3）组织内部审计业务培训，开展后续教育，推动内部审计人员持证上岗制度和内部审计技术职称考试制度的建立和完善。

（4）开展内部审计理论和实务研究；总结交流内部审计工作经验；办好《中国内部审计》会刊。

（5）维护会员合法权益。

（6）提供内部审计咨询等中介服务；协调行业内、外部关系。

（7）开展国际交往活动；在中国组织实施国际注册内部审计师（英文缩写CIA）的统一考试；办理国际内部审计师协会会员的审核、申报工作。

（8）办理国家法律、行政法规规定和审计机关委托或授权的其他有关工作。

3.3.1.4　组织架构

中国内部审计协会组织架构如图3-1所示。

协会的最高权力机构是会员代表大会。会员代表大会的职权是：

（1）制定、修改章程；

（2）选举和罢免理事；

（3）审议理事会的工作报告和财务报告；

（4）决定终止事宜；

（5）决定其他重大事宜。

会员代表大会每届任期五年，因特殊情况需提前或延期换届的，经常务理事会

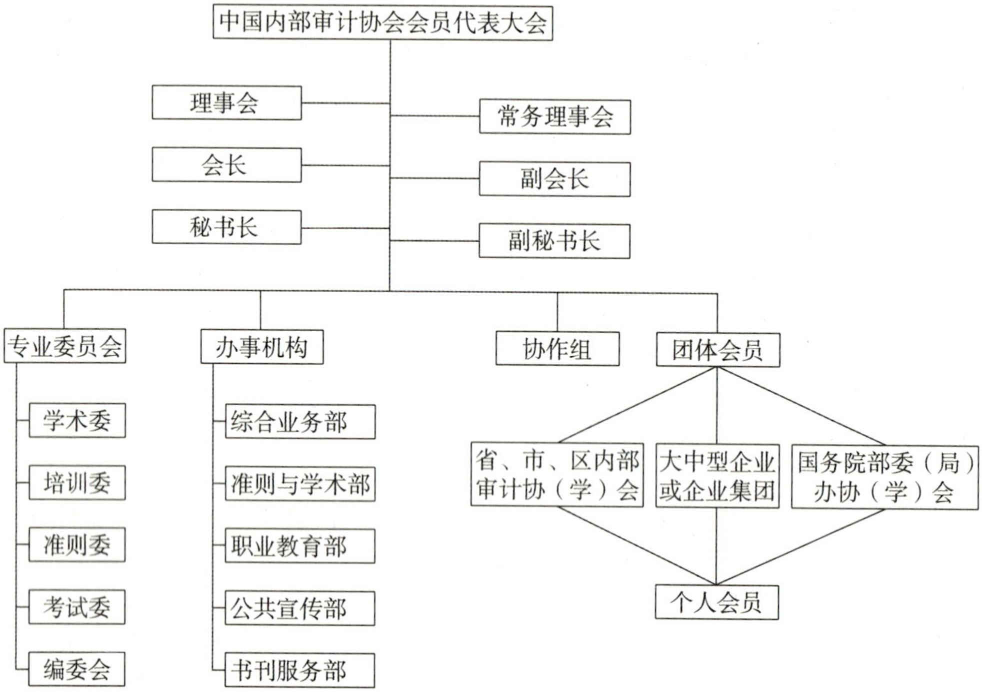

图 3-1　中国内部审计协会组织架构

提出并事前报业务主管部门和社团登记管理机关同意，并由理事会表决通过。但延期换届最长不超过 1 年。

理事会是会员代表大会的执行机构，在代表大会闭会期间领导本会开展工作，对会员代表大会负责。

理事会的职权是：

（1）执行会员代表大会的决议；

（2）选举和罢免会长、副会长、秘书长、常务理事；

（3）决定个别理事因工作变动或病故等原因需作更换和增补的事宜；

（4）筹备召开会员代表大会；

（5）向会员代表大会报告工作和财务状况；

（6）决定会员的吸收或除名；

（7）决定设立办事机构、分支机构、代表机构和实体机构；

（8）决定副秘书长、各机构主要负责人的聘任；

（9）制定内部管理制度，领导本会各机构开展工作；

（10）决定其他重大事项。

理事会须有三分之二以上理事出席方能召开，其决议须经到会理事三分之二以上表决通过方能生效。

理事会一般每年至少召开一次会议，情况特殊的，也可采取通讯形式召开。

协会设立常务理事会，常务理事人数不超过理事人数的三分之一。常务理事会由理事会选举产生，在理事会闭会期间行使协会章程规定的职权，对理事会负责。常务理事会下设办事机构，负责日常工作。

常务理事会须有三分之二以上的常务理事出席方能召开，其决议须经到会常务理事三分之二以上表决通过方能生效。

常务理事会至少每半年召开一次会议，情况特殊的，也可采取通讯形式召开。

协会会长、副会长、秘书长每届任期五年。会长、副会长、秘书长任期最长不得超过两届，因特殊情况需延长任期的，须经会员代表大会三分之二以上会员代表表决通过，并报审计署、民政部批准同意后，方可任职。

3.3.1.5 会员

协会的会员分为单位会员、个人会员和特邀个人会员。

1）会员入会条件

（1）团体会员。凡承认本会章程的企业、事业单位和社会团体可申请加入本会。

（2）个人会员。内部审计工作者，承认本会章程并具有初级以上技术职称（包括审计、会计、经济、工程、计算机等技术职称）者，都可申请加入本会。

（3）特邀个人会员。与内部审计有关的社会知名人士，经理事推荐，理事会讨论通过为本会特邀个人会员。

2）会员享有的权利

（1）本会的选举权、被选举权和表决权；

（2）获得本会提供服务的优先权；

（3）对本会工作有批评建议权和监督权；

（4）向本会申请合法保护权；

（5）参加本会举办的教育培训活动；

（6）参加本会举办的有关专题研究和经验交流活动；

（7）入会自愿、退会自由。

3）会员履行的义务

（1）执行本会决议，接受本会的指导、监督和管理；

（2）维护本会合法权益；

（3）完成本会交办的工作；

（4）完成规定的后续教育和专业学习任务；

（5）按规定交纳会费；

（6）向本会反映情况，提供有关资料。

会员无故1年不交纳会费的，视为自动退会。会员严重违反章程的行为，经理事会或常务理事会表决通过，予以除名。

中国内部审计协会出版的主要刊物是《中国内部审计》。

3.3.2 国际内部审计师协会

3.3.2.1 协会简介

国际内部审计师协会（Institute of Internal Auditors，IIA）是由内部审计人员组成的国际性审计职业团体，成立于1941年，其前身是美国内部审计师协会。1941年以前美国只有个别的内部审计人员、内部审计小组或机构。由于当时企业规模较小，管理水平较低，那时的内部审计一般是在单位内部的会计机构管理和控制之下，从事一些防护性审查，保护财产，查找弊端的工作。而且人数较少，在单位的地位和作用很低，不构成单位内部一项独立的职能，被视为会计的秘书。随着公司规模的扩大，管理阶层需要别人的帮助，这种情况为内审的发展提供了机会。1941年春，在公用事业部门有两个组织：爱迪生电力研究所和美国电气化联合会，首先建立了内部审计分委会。4月邀请北美公司内部审计负责人约翰·B. 瑟斯顿（John. B. Thurston）作题为“内部审计——管理之必需”的讲演，使会议的参加者受到很大的鼓舞。会后他们在纽约一致认为：在公用事业行业中，内部审计要作为独立的职业从会计行业分离出来。就在这时维克托·Z. 布林克（Victor. Z. Brink）出版了《内部审计的性质、作用和程序方法》一书，把内部审计提高到理论的高度，进一步推动了内部审计人员建立内审职业机构的兴趣。于是在1941年9月23日由24名会员成立了创立委员会，由阿瑟·E. 霍尔德（Arthur. E. Hald）任主席。10月27日通过了协会章程。1941年12月9日举行了第一次年会，选举约翰·B. 瑟斯顿为第一任主席，宣告美国内部审计师协会的成立，它标志着内部审计从此成为一种独立的职业。

协会成立初只在纽约设有分会，后来发展到底特律、芝加哥、费城、洛杉矶和克利夫兰。然而，至此协会也只是美国的协会。1944年，协会在加拿大多伦多设立分会，开始跨越国境。随后，1948年又在伦敦设立分会，逐步发展成为国际性组织。协会面向全球，以“经验分离，共同前进”作为自己的座右铭。进入20世纪90年代以来，协会更把“在全世界范围内提高内部审计的形象”作为战略目标。国际内部审计师协会由国家分会、各国的一般分会、审计俱乐部和个人会员组成。我国中国内部审计学会在1987年加入该组织。

3.3.2.2 机构设置

国际内部审计协会的组织机构主要有理事会、执行委员会、国际委员会和总部。

（1）理事会。是协会的最高领导机构。由执行委员会委员、大区组织和地区组织的主任和一般主任组成。他们来自各行各业的内部审计师，作为志愿者为协会无偿服务，任期一年。理事会的主要职责是审批协会工作计划、预算，受理各委员会提出的建议，指导协会的工作。

（2）执行委员会。由理事会主席、第一副主席、3位副主席、国际秘书、国际司库、3名近期前任理事会主席组成。负责监督协会日常工作。

（3）国际委员会。国际委员会是下列各机构的总称，在组织体系上属于执行委员会领导。各国际委员会的成员全部是由志愿者担任。

①专业实务部。负责发表《内部审计实务标准》。（注：以下简称《标准》。“标准”一词亦译为“准则”。）

②高级技术委员会。负责发表《内部审计实务标准公告》。

③专业标准委员会。负责发表《内部审计实务标准说明》。（注：中文版没有译出）

④专业问题委员会。就一些专业性问题向协会提出建议。

（4）总部。总部负责处理协会的日常事务工作，由协会常任主席领导，设在美国佛罗里达州。总部下设与执行委员的各国际委员会对口的机构以为其服务。总部还设有财务部，以处理协会日常财务收支。

国际内部审计师协会在联合国经济和社会开发署享有顾问地位，是最高审计机关国际组织的常任观察员，是国际政府财政管理委员会、国际会计师委员会的团体会员。协会现有196个分会，分布在全球100多个国家和地区。中国内部审计学会1987年加入该协会，成为其国家分会。

3.3.2.3 国际内部审计师协会的主要职责

（1）国际内部审计师协会的主要职责是为会员履行各项专业职责和促进内部审计事业的发展提供服务。

（2）在国际范围内开展全面的专业开发活动，制订内部审计实务标准和颁发内部审计师证书。

（3）为协会会员和全世界公众提供研究、传播和发展内部审计，包括内部控制以及有关课题的知识与信息。

（4）加强各国内部审计师之间的联系，交流内部审计信息和各国内部审计经验，促进内部审计教育事业的发展。

（5）进入90年代后，IIA把在全球范围完善内部审计形象、突出介入风险管理和高层管理的必要性、指导内部审计适应形势发挥作用作为其战略方向。而发展并推广全球性的国际注册内部审计师认证考试，全面提高内部审计人员的专业胜任能力，则是其主要措施之一。

协会每年举行一次年会。围绕各国内部审计师普遍关注的问题和面临的挑战确定主题和分题。由与会代表各自提交自己的论文，参加分组讨论，互相交流经验，探讨新的理论。大会期间还展示内部审计最新的成果和书刊。

3.3.2.4 国际内部审计师协会出版的主要刊物

国际内部审计师协会出版的主要刊物有：

（1）《内部审计师》（The internal Auditor）是一本学术性双月刊。

（2）《今日内部审计协会》（The IIA Educator）是一本新闻简讯双月刊。

（3）《国际内部审计师协会教育者》（The IIA Educator）是由学术界出版的简讯。

关键概念

职业道德　执业能力　内部审计协会

本章小结

本章主要阐述了三个主要问题：

一是内部审计人员的职业道德规范。主要阐述了内部审计职业道德的必要性和目的；内部审计职业道德的含义，职业道德的基本要求；职业道德的基本原则——独立、客观、正直、勤勉、廉洁；职业谨慎和职业判断；专业胜任能力；诚实服务；保密；信息披露；交流与沟通；后续教育等问题。并对国际内部审计师协会（IIA）的《职业道德规范》作了简要介绍。

二是内部审计人员的执业能力。主要阐述了内部审计人员执业能力的基本要求，包括：政治素质；职业道德；职业作风；业务素质；综合素质。内部审计人员岗位资格和CIA，包括：内部审计人员岗位资格证书和内部审计人员岗位资格证书考试；国际注册内部审计师（CIA）考试，CIA的作用与意义，CIA与传统的内部审计人员的差异，中国的国际注册内部审计师考试等问题。对内部审计人员的后续教育的组织领导和范围，后续教育的内容与形式，内部审计组织对后续教育的职责，后续教育的检查与考核进行了阐述。

三是内部审计协会。主要阐述了中国内部审计协会的性质、协会宗旨、业务范围、组织架构、会员等相关问题；对国际内部审计师协会的性质、机构设置、主要职责、主要刊物等问题作了简要介绍。

阅读案例

这些审计人员的审计行为恰当吗

××股份有限公司审计部审计人员赵明，2013年2月对股份有限公司所属一家生产企业进行了年终审计。经审计得知该企业年内亏损严重，如果短期内无法扭转亏损，可能马上就要宣布破产。但其考虑为企业保守商业秘密，未在审计报告中予以反映。

张新也是××股份有限公司审计部审计人员。在对所属东方电子公司进行年度审计时，公司对其提出了一个要求，即希望半个月内完成所有的审计任务，并出具审计报告，以便向公司股东大会汇报。张新同意了这一条件，并按此要求编制项目审计计划。该项目的另一位审计人员黎明多年来一直协助东方电子公司编制会计报表。

为了及时完成任务，张新临时聘用了一批还没有毕业的会计专业的大学生。由于张新手上还有一个项目没有完成。因此，他对这些学生进行应急培训之后，即告诉他们如何核对账册、检查凭证等，然后就请他们自己去东方电子公司进行审计，还指派了一个学习成绩较好的学生作为该项目的临时负责人，他自己则在另一家公司进行电话指挥。10天后，这些学生带回厚厚一叠工作底稿。因为时间有限，张新将这些工作底稿稍作整理，就草拟了审计报告，并在两周之内，提交给了东方电子公司。

根据以上资料，评价上述审计人员的审计行为是否合适，并解释原因。

第4章　内部审计机构

学习目标

通过本章学习，了解内部审计机构设置原则，了解内部审计机构的职责和权限，重点把握内部审计机构常见设置模式，熟悉内部审计机构管理。

4.1　内部审计机构设置原则

根据2003年5月1日起施行的《审计署关于内部审计工作的规定》，国家机关、金融机构、企业事业组织、社会团体以及其他单位，应当按照国家有关规定建立健全内部审计制度。法律、行政法规规定设立内部审计机构的单位，必须设立独立的内部审计机构。法律、行政法规没有明确规定设立内部审计机构的单位，可以根据需要设立内部审计机构，配备内部审计人员。有内部审计工作需要且不具有设立独立的内部审计机构条件和人员编制的国家机关，可以授权本单位内设机构履行内部审计职责。设立内部审计机构的单位，可以根据需要设立审计委员会，配备总审计师。内部审计机构在本单位主要负责人或者权力机构的领导下开展工作。

内部审计机构的设置应遵循下列原则：

4.1.1　独立性原则

独立性，是指内部审计机构和人员在进行内部审计活动时，不存在影响内部审计客观性的利益冲突的状态。独立性一般是指内部审计机构的独立性。独立性是内部审计的灵魂，内部审计活动只有具备应有的独立性，才能作出公正的、不偏不倚的鉴定和评价。

内部审计机构的独立性主要受机构与董事会或最高管理层关系的影响，并需要依靠规范的机构管理工作得以保证。具体而言，内部审计机构的独立性受到以下因素的影响：①董事会或最高管理层的支持；②内部审计机构的管理体制；③内部审计机构负责人的权责范围；④内部审计活动受到的外在压力以及干涉程度；⑤其他可能影响内部审计机构独立性的因素。

为确保内部审计机构的独立性，根据《中国内部审计准则》的相关规定，内部审计机构应隶属于组织的董事会或最高管理层，接受其指导和监督并取得其支持；内部审计机构应通过内部审计章程的制定明确其职责和权限范围，并报经董事会或最高管理层批准，以确保内部审计活动不受到组织内其他部门的干涉和限制；内部审计机构应向董事会或最高管理层提交审计报告及工作报告，并在日常工作中与其保持有效的沟通；内部审计机构负责人的任免应由组织董事会或最高管理层经过适当的程序确定，内部审计机构负责人应直接向董事会或最高管理层负责；内部审计机构负责人有权出席或参加由董事会或最高管理层举行的与审计、财务报告、内部控制、治理程序等有关的会议，并积极发挥内部审计的作用。

4.1.2 权威性原则

权威性，是具有使人信服的力量和威望的性状。内部审计的权威性主要体现在内部审计机构的组织地位和设置层次上，组织地位和设置层次越高，权威性越大，内部审计作用的发挥也就越充分。

为确保内部审计机构的权威性，内部审计机构的设置必须独立于各职能部门，内部审计人员必须与被监督对象毫无利益关系并且在审计过程中得到高级管理层和董事会的充分支持。

世界各国的内部审计实践表明，内部审计的组织地位和作用的发挥是相辅相成的，一方面，作用的发挥为内部审计赢得更高的组织地位创造了机会；另一方面，组织地位的提高、独立性的增强又为内部审计人员卓有成效地履行其职责、发挥内部审计的职能作用提供了条件。

4.2 内部审计机构常见设置模式

随着经济全球化和信息技术的应用与发展，收购兼并浪潮的不断兴起，企业面临的竞争日趋激烈。这些环境的变化以及由此带来的由外向内传递的种种风险，使得人们对内部审计的期望在发生改变。内部审计作为现代企业制度的重要组成部分，是一种为改善组织经营而设计的独立的、客观的确认与咨询活动，已成为强化企业经营管理的重要手段。

国内外实践表明，内部审计机构的设置主要有两种模式：外包和内置。

4.2.1 内部审计机构外包模式

内部审计外包，又称为“内部审计外部化”（Outsourcing the Internal Audit Function），是指聘请会计师事务所或其他专业人员来执行内部审计工作，将内部审计的职能部门或全部通过契约委托给组织外部的机构来执行。内部审计外部化源于迈克尔·波特的竞争理论，最先是由安达信、安永、毕马威等全球知名的咨询机构提出的。上世纪90年代开始，内部审计外包引起了越来越多的关注，已经有为数不少的企业或事业单位实行内部审计外包。外包一般有两种形式，一是内部审计整体业务外包，二是内部审计部分业务外包。内部审计整体业务外包，是企业不设置内部审计机构，将内部审计的全部职能外包给中介结构。内部审计部分业务外包主要有补充与审计管理咨询两种形式，补充是企业将特定部分的内部审计职能赋予有专业胜任能力的称职的第三方，通常是工程、法律、计算机、金融等方面的专家，以获得所需的专业技能，在这种模式下，外包承包人与企业内部审计部门一起完成短期内需要大量时间或需要专门技术的工作；审计管理咨询是对会计师事务所现有咨询或审计项目的延伸和扩展，其目的是帮助企业确定内部审计机构设置、人员数量及配备情况，促进内部审计计划的形成和改进，帮助管理层定义主要风险领域，帮助企业招聘内部审计人员等。

内部审计外包是社会经济发展及专业化分工协作越来越细的结果。从经济学与管理学的角度看，这种模式的主要优点有：①有利于保证内部审计的独立性，相对受雇于企业的内部审计人员，注册会计师等外部审计人员是根据与企业签订的契约开展内部审计工作，与企业其他职能部门没有内在的利益冲突与联系，能提供更具独立性和客观性的评价结果；②有助于获得高水准的服务，作为内部审计的外包机构，会计师事务所拥有大量在管理咨询、资产评估、税务服务等领域的专业人才，其服务领域遍布各行各业，其执业人员注册会计师熟悉不同的经营理念和管理方式，能根据自身经验及被审计单位的经营过程、风险控制和管理等活动进行客观的评价并提出切合管理者需要的建议。

这种模式的主要缺点有：①外包降低了公司治理的效果，内部审计在公司治理中扮演着独特的内部监督与信息传递角色，其作用十分重要。在公司治理结构安排中，如将内部审计外包，高级管理层和董事会将会失去一个重要的信息反馈来源，势必影响公司治理的有效性；②外包放弃了内部审计自身的资源优势，相对于熟悉公司管理政策、业务程序、经营活动和人事状况，了解企业组织文化、业务过程和风险控制方面特点的内部审计人员，外部咨询机构只能凭借一些公开的资料，通过询问和观察来确定服务的重点。企业因保密的需要不可能向他们提供完整的资料，这势必影响到外部咨询机构的判断和对企业的进一步了解，从而影响审计的质量。内部审计外包会导致内部审计的更加独立，但同时也将使内部审计更加边缘化。

4.2.2 内部审计机构内置模式

内部审计机构内置，是指依据《审计署关于内部审计工作的规定》、《中国内部审计准则》等相关法规，在企业内部设立专职的内部审计机构，执行内部审计职责。自上世纪 80 年代，审计工作在我国恢复以来，内部审计机构的内置模式主要有单一领导模式及双重领导模式两种情形：

4.2.2.1 单一领导模式

在单一领导模式下，内部审计机构只对一个上级主管负责，具体又分为三类：

1）内部审计机构设在管理层

（1）内部审计机构隶属于财务部门负责人。这是内部审计的较早阶段普遍采纳的一种模式，该模式符合内部审计初级阶段财务收支审计的目标。在这种“归口管理”模式下，总会计师或主管财务的副总经理既管财会工作，又管审计工作，尽管业务协调上有所便利，但实际上形成了自己监督自己的局面，难以保证内部审计机构及其人员开展业务的实质性独立。内部审计机构及其人员在制定审计计划、实施审计程序、乃至最后提出审计建议和意见时易受干扰，难以保持应有的客观公正的态度。在这种模式下，内部审计只是进行一些日常性的审计工作，难以从企业整体层面为企业出谋划策，不能直接为经营决策服务。

现代内部审计要求为企业提供整体经营的建议，解决的问题涉及企业经营的各个环节，需要不同领域的人员通力合作，提供全面的审计意见。特别是随着近年来内部审计向“服务导向型”的转变，现代内部审计的职能已逐步拓展为监督、评价、控制与咨询服务，审计的重点也逐步转向以绩效评价为主的管理审计，这种机构设置模式更显得捉襟见肘，不合时宜。

（2）内部审计机构隶属于总经理等高级管理层。在这种模式下，内部审计通常是接受总经理的委托，对下属单位各项经营活动进行检查、监督和评价。总经理作为股东的代理人承担着为股东财产保值增值的职责，并将股东财富最大化作为企业的发展目标。在管理过程中，总经理要将自身承担的责任和目标在企业内部层层分解，逐步落实。

内部审计机构隶属于管理层，其职能定位立足于“服务主导型”，力图通过内部审计机构和管理层的良好沟通，帮助改善经营管理，提高管理水平。内部审计机构由总经理管理和负责，是基于总经理与下属部门之间的委托代理关系而产生的，有效的内部审计可减少下属部门的逆向选择和道德风险，降低总经理对下属的监督约束成本。

总经理领导的模式有利于总经理掌握内部审计的详细情况与动态发展，对企业部门进行监督管理。其优势在于：一方面内部审计能获得一定程度的独立性和较高的级别地位，可以对企业日常的全面经营管理活动进行监督、评价，可以及时向企业高级管理层反映问题、建议纠正措施和提供决策咨询服务；另一方面内部审计机构也可以从企业高级管理层获得连续、及时的信息反馈，并且由企业高级管理层协调内部审计机构和其他中级管理部门之间的关系，有利于内部审计实现提高经营管理水平和经济效益的目的。

由于隶属关系的限制，这种模式也有其自身的局限性：基于“理性人”假设，总经理在实际工作中很有可能更多地为自身利益考虑，脱离增加股东价值的轨道。总经理领导的模式使总经理凌驾于内部审计之上，内部审计的控制范围被无形缩小于总经理的权限范围以内。内部审计难以审查企业高级管理层，无法对总经理的经济责任进行独立的监督和评价。特别是企业中级管理部门很多活动是由总经理授意或控制的，当内部审计对这类活动进行检查时将难以保持独立性以及在审查和评价中的客观性。如果被审计对象所体现的总经理意志违反了相关内部控制制度、法律法规或职业道德等，则内部审计活动还很有可能受到来自企业高级管理层的阻碍和影响。基于委托代理关系产生的所有权与经营权分离制度，存在股东与总经理之间利益的冲突，内部审计如果不能将监督评价总经理的行为纳入其职责范围，必然影响内部审计的权威性，不利于保障股东的权利。因此这种模式对降低股东和总经理（高级管理层）基于委托代理关系而产生的信息不对称毫无帮助，未能使内部审计达到应有的独立水平，不能完全保证内部审计职能的有效履行。

2）内部审计机构设在监管层

在这种模式下，内部审计机构由监事会领导，作为监事会的具体办事机构，向监事会报告工作。监事会是公司的监督机构，由股东代表和职工代表组成，职权主要是对董事、经理执行公司职务时违反法律、法规或公司章程的行为进行监督，是企业内部与董事会相互制衡的机构。

将内部审计机构隶属于监事会，其优势在于：内部审计机构完全以监督者的身份出现，与企业高级管理层甚至董事会脱钩，具有很高的权威性与独立性，监督透明度大，有利于保障内部审计的独立性和公正性。并且监事会关注内部审计作用的发挥，也期望从内部审计揭示的问题做出其职权范围内的判断，二者有共同的关注点。这种模式适合于企业产权关系易发生紊乱的企业，如国有资产股权比重较大、管理层次复杂的大型企业，采用这种模式有利于强化内部经济监督，保证国有资产保值增值。如果企业不存在内部人控制，内部审计机构隶属于董事会或监事会是等价的。但事实是企业普遍存在着内部人控制现象，在这种情况下内部审计机构隶属于监事会权威性更高。这种制度安排不仅有利于内部审计职能的发挥，而且有利于监事会监督职能的发挥。

其局限性在于：由于监事会不能兼任企业的经营管理职务，没有经营管理权，内部审计作为监事会的直属机构就不能及时根据经营管理需要开展专项工作，不能随时为企业经营决策提供咨询服务，对审计中发现的问题也难以立刻向企业高级管理层反映和作出纠正建议。此外，监事会的工作重心在于监督董事会、总经理及其他管理者的行为是否偏离岗位要求，侧重合规性与合法性，而内部审计侧重审查过程与效果，促进价值最大化，工作的重点在于经营的效率与效果。将内部审计机构设在监事会下，实际工作中往往会将两者的工作混为一谈从而削弱彼此的作用。该模式下的内部审计不利于促进企业改善经营管理，提高经济效益，不能有效发挥内部审计对企业经营管理的服务职能。

3）内部审计机构设在治理层

内部审计机构设在治理层是指内部审计机构隶属于董事会或其下属的审计委员会。董事会由股东大会选举产生，直接对股东大会负责，负责执行股东大会的决议和决定企业的生产经营策略以及任免总经理等。董事会作为股东代表大会的常设机构，代表股东监督管理人员的工作和企业目标的实现情况。审计委员会是董事会下设的一个专门委员会，由董事会任命，一般由具有企业管理、财务会计、工程技术、市场营销等专业知识和工作经验的独立董事组成。

内部审计机构直接隶属于董事会或其下设的审计委员会，其优势在于：内部审计机构具有较强的独立性、权威性和较高的组织地位，可以确保内部审计可以独立、客观的对企业全面经营管理活动进行审查以及对企业高级管理层进行有效的监督和评价。其不足之处在于董事会或者审计委员会都不能随时、及时地召开会议对内部审计工作进行集体讨论决议，从而难以对内部审计工作进行日常监督和指导。当内部审计在遇到意外情况时也常常缺乏及时和充分的指示和反馈，降低了内部审计工作的效率，也削弱了内部审计作用的发挥。

4.2.2.2 双重领导的组织模式

双重领导的组织模式，是指在业务上向审计委员会报告业绩，在行政上向经理层负责并报告工作。这种双向负责、双轨报告，保持双重关系的组织形式，是理论界目前备受推崇的模式，与国际内部审计师协会《内部审计专业实务标准》的要求相一致。该准则在它的绪言部分指出，“内部审计的目的是协助该组织的管理成员有效地履行他们的职责”，而内部审计所要协助的本组织的“管理成员”，是“包括管理人员和董事会成员”两方面的成员的；内部审计机构是“根据高级管理层和董事会所规定的政策来执行其职能”的，其宗旨、权力和责任的说明（章程）是“由高级管理层批准并得到董事会认可的”。

其优势如下：①能够最大限度地体现内部审计的独立性和权威性。独立性和权威性的强弱取决于内部审计机构的隶属关系和领导层次的高低。领导层次越高，独立性和权威性越高，反之越弱。董事会和经营管理机构是企业的主要领导机构，故在其领导下的内部审计机构能够较好体现它的相对独立性和权威性，从而为内部审计工作顺利开展奠定良好的基础。②有利于保证现代企业制度下内部审计职能的发挥。从西方现代内部审计工作的发展来看，其重心已转移到评价、鉴证和建设性功能的发挥，这同样也是我国内部审计的发展趋势。在这种组织模式下，内部审计机构开展审计业务，主要发挥监督职能；作为行政内容，则承担评价、服务等职能，更好地实现内部审计促进“改善经营管理、提高经济效益”职能的发挥。

4.3 内部审计机构职责与权限

4.3.1 内部审计机构的职责

职责是指为了在某个关键成果领域取得成果而完成的系列任务的集合，它常常用任职者的行动加上行动的目标来加以表达。

《审计署关于内部审计工作的规定》明确了内部审计机构的职责，内部审计机构按照本单位主要负责人或者权力机构的要求，履行下列职责：

（1）对本单位及所属单位（含占控股地位或者主导地位的单位，下同）的财政收支、财务收支及其有关的经济活动进行审计；

（2）对本单位及所属单位预算内、预算外资金的管理和使用情况进行审计；

（3）对本单位内设机构及所属单位领导人员的任期经济责任进行审计；

（4）对本单位及所属单位固定资产投资项目进行审计；

（5）对本单位及所属单位内部控制制度的健全性和有效性以及风险管理进行评审；

（6）对本单位及所属单位经济管理和效益情况进行审计；

（7）法律、法规规定和本单位主要负责人或者权力机构要求办理的其他审计事项。

内部审计机构每年应当向本单位主要负责人或者权力机构提交内部审计工作报告。

4.3.2 内部审计机构的权限

权限是指为了保证职责的有效履行，任职者必须具备的，对某事项进行决策的范围和程度。

《审计署关于内部审计工作的规定》明确了内部审计机构的权限：单位主要负

责人或者权力机构应当制定相应规定，确保内部审计机构具有履行职责所必需的权限，主要是：

（1）要求被审计单位按时报送生产、经营、财务收支计划、预算执行情况、决算、会计报表和其他有关文件、资料；

（2）参加本单位有关会议，召开与审计事项有关的会议；

（3）参与研究制定有关的规章制度，提出内部审计规章制度，由单位审定公布后施行；

（4）检查有关生产、经营和财务活动的资料、文件和现场勘察实物；

（5）检查有关的计算机系统及其电子数据和资料；

（6）对与审计事项有关的问题向有关单位和个人进行调查，并取得证明材料；

（7）对正在进行的严重违法违规、严重损失浪费行为，作出临时制止决定；

（8）对可能转移、隐匿、篡改、毁弃会计凭证、会计账簿、会计报表以及与经济活动有关的资料，经本单位主要负责人或者权力机构批准，有权予以暂时封存；

（9）提出纠正、处理违法违规行为的意见以及改进经济管理、提高经济效益的建议；

（10）对违法违规和造成损失浪费的单位和人员，给予通报批评或者提出追究责任的建议。

单位主要负责人或者权力机构在管理权限范围内，授予内部审计机构必要的处理、处罚权。

4.4 内部审计机构管理

内部审计机构的管理，是指内部审计机构对内部审计人员和内部审计活动实施的计划、组织、领导、控制和协调工作。内部审计机构应当接受组织董事会或最高管理层的指导和监督，内部审计机构负责人对内部审计机构管理的适当性和有效性负完全责任。

4.4.1 内部审计机构管理的目的

内部审计机构的管理应达到以下目的：

（1）实现内部审计目标；

（2）使内部审计资源得到经济和有效的利用；

（3）提高内部审计质量，更好地履行监督与评价的职责；

（4）使内部审计活动符合内部审计准则的要求。

4.4.2 内部审计机构管理的途径、方式及内容

内部审计机构应当制定内部审计章程。章程应当采用书面形式对内部审计活动的目标、权限和职责进行正式规范，并报经董事会或最高管理层批准。内部审计章程应包括以下主要内容：内部审计目标；内部审计机构在组织中的地位；内部审计机构的职责和权限范围；其他需要明确的事项。

内部审计机构应建立合理、有效的组织结构，多层级组织的内部审计机构可实行集中管理制或分级管理制：集中管理制下，可对下级组织实行内部审计派驻制或委派制；分级管理制下，上级内部审计机构应通过适当的组织形式和方式对下级内部审计机构进行指导和监督。

内部审计机构管理的内容主要包括以下方面：计划编制；人力资源管理；组织协调；领导与沟通；审计项目业务控制。

4.4.3 内部审计机构管理的层次

内部审计机构管理可以分为部门管理和项目管理两个层次。

4.4.3.1 内部审计机构的部门管理

部门管理是指内部审计机构运行过程中的一般性行政管理。

（1）年度审计计划。内部审计机构应当在考虑组织风险、管理需要和审计资源等因素的基础上，编制年度审计计划。

（2）人力资源管理。内部审计机构应当根据内部审计目标和管理需要，加强人力资源管理，确保人力资源利用的充分性和有效性。该项管理包括：内部审计人员的聘用；内部审计人员的培训；内部审计人员的工作任务安排；内部审计人员知识结构及专业能力分析；内部审计人员的业绩考核与激励机制；其他有关事项。

（3）财务预算。内部审计机构应当根据年度审计计划和人力资源计划编制财务预算。编制财务预算时应考虑以下因素：内部审计人员的数量；审计工作的安排；内部审计机构的行政管理活动；内部审计人员的教育及培训要求；审计工作的研究和发展；其他有关事项。

（4）审计工作手册。内部审计机构应当根据组织的性质、规模和特点，编制审计工作手册，以指导内部审计人员的工作。审计工作手册应包括以下主要内容：内部审计机构的目标、权限和职责的说明；内部审计机构的组织、管理及工作说明；内部审计机构的岗位设置及岗位职责说明；主要审计工作流程；内部审计质量控制政策与程序；内部审计道德规范和奖惩措施；内部审计工作中应注意的事项。

内部审计机构和人员应在组织董事会或最高管理机构的支持下，做好与组织其他机构和外部审计的协调工作，以减少重复工作，提高审计效率。内部审计机构应当接受组织董事会或最高管理层的指导和监督，在日常工作中保持经常的沟通，定期向其提交工作报告。内部审计机构应当制定内部审计质量控制政策与程序，通过实施持续、有效的督导、内部自我质量控制与外部评价，保证审计质量。

4.4.3.2 内部审计机构的项目管理

项目管理是内部审计机构对审计项目业务工作的管理与控制。

1）项目审计计划

内部审计机构应根据年度审计计划确定的审计项目，编制项目审计计划并组织实施，在实施过程中做好审计项目业务管理与控制工作。

2）内部审计机构与项目负责人职责

在审计项目管理过程中，内部审计机构负责人与项目负责人应充分履行各自的职责，以确保审计质量，提高审计效率。

内部审计机构负责人对审计项目的管理负领导责任，其职责范围主要包括：选派审计项目负责人并对其进行有效的授权；审批项目审计计划；对审计项目的实施进行总体督导；审定并签发审计报告；其他有关事项。

审计项目负责人对审计项目的管理负直接责任。其职责范围主要包括：制定项目审计计划；制订审计方案；组织审计项目的实施；对项目审计工作进行现场指导；编制审计报告；组织后续审计的实施；其他有关事项。

3）管理辅助手段

内部审计机构应采取适当的管理辅助手段，完善和改进项目管理工作，保证审计项目管理与控制的有效性。这些管理辅助手段可以包括以下主要内容：审计工作授权表；审计任务清单；审计会议议程；审计工作底稿检查表；审计文书跟踪表；其他管理辅助手段。

4）审计档案管理制度

内部审计机构应当建立审计档案管理制度，加强审计项目工作底稿的归档、保管、查询、复制、转移和销毁等环节的管理工作，妥善保存审计档案。

关键概念

内部审计机构　设置原则　设置模式　职责权限

本章小结

本章主要介绍了内部审计机构设置应遵循的原则、内部审计机构设置的模式、内部审计机构的职责与权限及内部审计机构管理。内部审计机构设置应遵循独立性与权威性原则。独立性是指内部审计机构和人员在进行内部审计活动时，不存在影响内部审计客观性的利益冲突的状态。权威性，是具有使人信服的力量和威望的性状。内部审计的权威性主要体现在内部审计机构的组织地位和设置层次上，组织地位和设置层次越高，权威性越大，内部审计作用的发挥也就越充分。内部审计机构设置的模式主要有两种模式：外包和内置。内部审计外包，又称为“内部审计外部化”（outsourcing the internal audit function），是指聘请会计师事务所或其他专业人员来执行内部审计工作。内部审计机构内置，是指依据《审计署关于内部审计工作的规定》、《中国内部审计准则》等相关法规，在企业内部设立专职的内部审计机构，执行内部审计职责。内部审计机构内置又分为内部审计机构隶属于财务部门负责人、内部审计机构隶属于总经理等高级管理层、内部审计机构隶属于监事会、内部审计机构隶属于董事会或其下属的审计委员会、双重领导等不同模式。内部审计机构的管理，是指内部审计机构对内部审计人员和内部审计活动实施的计划、组织、领导、控制和协调工作。内部审计机构管理可以分为部门管理和项目管理两个层次。

阅读案例

帕玛拉特公司在内部审计机构的设置和作用

在组织体系建设中，要体现审计的独立性，内部审计机构在组织人员、工作和经费等方面应独立于被审计单位，独立行使审计职权，不受总经理、其他职能部门和个人的干预，以体现监督客观性、公正性和有效性。在《内部审计具体准则第22号——独立性与客观性》规定中，与IIA的《国际内部审计专业实务标准》的趋同迹象十分明显。如规定内部审计机构应隶属于组织的董事会或最高管理层，接受其指导和监督并取得其支持，以确保内部审计机构的独立性。

由坦齐创始的帕玛拉特公司曾是意大利的第八大企业，位居2003年全球500强的第369位，位居食品生产企业的前10名。但2003年11月中旬公司突然宣布无法偿还到期价值1.5亿欧元的债券，继而公司宣称无法清偿约5亿欧元的共同基金。2003年12月27日，帕玛拉特向帕尔马地方破产法院申请破产保护并得到批准。

帕玛拉特设有内部审计师和法定审计师委员会。内部审计师实质上是由大股东决定，内部审计委员会基本上被坦齐等一小圈人控制。而其法定审计师委员会由内部董事控制。在诸多的高管舞弊问题上，审计委员会没有警觉，或者知而不报，均属于严重的失职行为。法定审计师委员会缺乏独立性，也就只能是个摆设，无法真正独立地发挥审计委员会监督制衡的作用。

请分析帕玛拉特公司在内部审计机构的设置和作用发挥方面存在哪些问题。

第5章　内部审计主要工作

学习目标

通过本章学习，了解内部审计人员在审计准备阶段、审计实施阶段、审计终结阶段以及后续审计阶段需要开展的主要工作，以及常用的审计方法。

5.1　审计计划

审计计划，是指内部审计机构和人员为完成审计业务，达到预期的审计目的，对一段时期的审计工作任务或具体审计项目做出的规划。审计计划一般包括审计机构编制年度审计计划、审计人员按照年度审计计划编制项目审计计划和具体审计方案三个层次。

审计项目负责人可以根据被审计单位的经营规模、业务复杂程度及审计工作的复杂程度确定审计计划阶段工作的繁简程度，合并或省略某些步骤或采用以前审计工作的成果。

5.1.1　年度审计计划

年度审计计划是对年度的审计任务所做的事先规划，是组织年度工作计划的重要组成部分。年度审计计划应在下年度开始前由内部审计机构负责人编制完成，并报组织适当管理层批准，以指导内部审计机构下年度的工作。

年度审计计划一般编制程序如下：

（1）自上而下逐级下达审计工作要求；

（2）自下而上逐级编报审计工作计划草案；

（3）自上而下逐级核定下达审计工作计划。

5.1.1.1　评价审计项目的风险程度

在制订年度审计计划前，审计人员应了解以下情况，以评价各审计项目的风险程度：

（1）组织的发展目标以及年度工作重点；

（2）严重影响相关经营活动的法规、政策、计划和合同；

（3）相关内部控制的质量情况；

（4）相关经营活动的复杂性及其近期变化情况；

（5）相关人员的能力、品质及岗位的近期变动情况；

（6）其他与审计有关的重要情况。

5.1.1.2　年度审计计划的内容

一个完整的年度审计计划一般须有文字说明和数字表格两部分，即审计计划书和审计计划表。文字说明部分主要说明计划年度审计工作的指导思想、方针、重点、主要任务和编制依据，以及实现计划任务的主要措施。年度审计计划应当包括以下基本内容：

（1）内部审计年度工作目标；

（2）需要执行的具体审计项目及其先后顺序；

（3）各审计项目所分配的审计资源；

（4）后续审计的安排。

5.1.2 项目审计计划

项目审计计划是对具体审计项目实施的全过程所做的综合安排。编制项目审计计划的过程在整个审计项目中占有重要地位。项目审计计划必须在审计工作开始前得到内部审计机构负责人的书面批准，审计项目应严格按照项目审计计划展开。

5.1.2.1 了解被审计单位的情况

在具体实施审计项目前，审计项目负责人应充分了解被审计单位的以下情况，以制定项目审计计划：

（1）经营活动概况；

（2）内部控制的设计及运行情况；

（3）财务、会计资料；

（4）重要的合同、协议以及会议记录；

（5）上次审计的结论、建议以及后续审计的执行情况；

（6）上次外部审计的审计意见；

（7）其他与项目审计计划有关的重要情况。

5.1.2.2 审计计划的编制过程

编制项目审计计划的过程通常可分为以下几个步骤：

（1）查阅被审计单位以往的审计档案。被审计单位多数情况下并不是第一次接受审计。虽然即将进行的审计与以往的审计的工作目的和范围可能不尽相同，但审计项目负责人却可以通过查阅档案获得被审计单位的背景资料，并为审计工作开始前的初步调查做好准备。

（2）与被审计单位的管理层进行沟通。内部审计人员应在审计工作开始前与被审计单位的管理层进行沟通。沟通可以采用非正式的形式，然后再以备忘录加以确认，也可以召开会议，讨论审计项目的关键事项。

（3）初步调查及调查总结。审计人员在审计项目开始前，可根据需要进行初步调查，以熟悉被审计单位的营运活动、内部控制系统及风险，确定审计重点并征求被审计单位的意见。

（4）初步评估重要性与审计风险。内部审计人员在整个审计过程中，都应充分考虑重要性与审计风险的问题。

（5）编制项目审计计划。在初步调查以及对重要性和审计风险的评估完成后，审计组负责人应根据取得的材料编制项目审计计划。

5.1.2.3 项目审计计划的内容

项目审计计划应包括以下内容：

（1）审计目的和审计范围；

（2）重要性和审计风险的评估；

（3）审计小组构成和审计时间的分配；

（4）对专家和外部审计工作结果的运用；

（5）其他有关内容。

项目审计计划既可以按被审计单位的业务循环来编制，也可按业务部门编制，还可以按财务报表的项目来编制。而对某些类型的审计，则可以按照被审计事项的特定内容划分审计范围、编制项目审计计划。譬如，合同审计就可以分为内容审计、合同手续审计、合同执行审计等。

5.1.3 具体审计方案

审计方案是对具体审计项目的审计程序及其时间等所做出的详细安排。

5.1.3.1 具体审计目标

具体项目的审计目标是对总体审计目标的细化，直接用以指导具体审计方法和程序。通过对被审计对象的初步了解，结合管理当局的要求，汇总以前年度的审计发现与改正措施，审计人员可以确定哪些是被审计单位的重要风险，哪些是次要风险；按照风险的高低程度进行排列，最后就可以确定被审对象的主要风险，亦即具体审计目标。

5.1.3.2 具体审计方法和程序

审计程序是内部审计人员为实现审计目标而采取的一系列方法与步骤的综合。即通过一系列询问、观察、检查、测试等步骤，以证明审计目标的实现程度。

确定审计程序时审计人员需要注意以下三个问题：

（1）程序要具体明确，不能模棱两可，与审计目标无关或关系不大的审计程序应全部删除；

（2）程序要简单，能准确描述审计操作过程、具体数量与步骤即可，不能重复冗余；

（3）程序要可执行，有些方法可能在理论上是可行的，但在实际中却难以操作，或是执行难度较大，这种程序就不适合内部审计人员执行。

5.1.4 执行人员及执行日期

5.1.4.1 审计人员配备

制订审计方案的一个重要内容就是合理配备审计项目小组的主要成员和助理人员。

项目负责人需要根据审计项目的性质、特点及复杂程度，结合审计人员的学识、专业、能力及经验等，合理配备相应的内部审计人员。

5.1.4.2 审计时间预算

时间预算也就是落实审计方案中的具体时间步骤。一般情况下，审计人员在审计准备过程中所花费的时间与其进行现场审计、编制审计报告所需要的时间具有一定的相关性。对于同一个审计项目来说，前期准备时间越充分，现场审计所需要的时间可能就越短。

一个审计项目越复杂，所需要执行的审计程序就越多，则所需要的时间预算就越长。内部审计部门在长期的审计工作经验的基础上，已经形成了较为固定的审计程序和一些标准化的审计方案，这既有利于现场审计的进行，也使审计人员能较为准确地控制审计进程，从而为项目负责人分配合理的审计时间提供基础。

在内部审计实务中，具体审计方案举例见表5-1。

表5-1 **审计方案**

项目名称：

<table>
<tr><td>审计依据</td><td colspan="5"></td></tr>
<tr><td>审计目标</td><td colspan="5"></td></tr>
<tr><td>审计范围</td><td colspan="5"></td></tr>
<tr><td>审计方式</td><td colspan="5">就地审计（ ） 送达审计（ ）</td></tr>
<tr><td rowspan="2">审计组</td><td>组长</td><td></td><td>主审</td><td colspan="2"></td></tr>
<tr><td>成员</td><td colspan="4"></td></tr>
<tr><td colspan="6">被审计项目基本情况</td></tr>
<tr><td>项目性质</td><td></td><td>项目负责人</td><td></td><td>财务负责人</td><td></td></tr>
<tr><td>所属单位情况</td><td colspan="5"></td></tr>
<tr><td>单位地址</td><td colspan="5"></td></tr>
<tr><td>邮政编码</td><td></td><td>联系电话</td><td colspan="3"></td></tr>
<tr><td>执行何种财务会计制度</td><td colspan="5"></td></tr>
<tr><td>项目概况</td><td colspan="5"></td></tr>
<tr><td>重要性水平及风险评估</td><td colspan="5"></td></tr>
<tr><td>审计内容及分工（含运用计算机审计的内容）</td><td colspan="5"></td></tr>
<tr><td>对专家和外部审计结果的利用要点</td><td colspan="5"></td></tr>
<tr><td>研究问题及信息要点</td><td colspan="5">责任人：</td></tr>
<tr><td>审计步骤、起讫时间</td><td colspan="5"></td></tr>
<tr><td>内部审计机构负责人意见</td><td colspan="5"></td></tr>
<tr><td>主管领导意见</td><td colspan="5"></td></tr>
</table>

编制人： 编制日期： 年 月 日

5.2 审计通知书

审计通知书，是指内部审计机构在实施审计前，通知被审计单位或个人接受审计的书面文件。在实施审计项目之前，内部审计机构应向被审计单位发送审计通知书，正式通知被审计单位做好准备，提供有关文件、会计凭证、账册和报表等资料，并为审计组提供必要的工作条件。

5.2.1 审计通知书的作用及要求

5.2.1.1 内部审计通知书的作用

第一，内部审计通知书既是内部审计部门对被审计单位的一种正式的书面告知，也是内部审计执业的一种基本礼节。

第二，送达内部审计通知书有利于消除被审计单位的误解。送达审计通知书，即告知被审计单位，审计活动是按照年度审计计划开展的，其目的是通过审计工作发现被审单位管理方面可能存在的问题，并为被审计单位提供一些可行的建议。如果审计没有发现问题，则可将被审单位成功的管理经验向上级领导汇报，向其他部门推广。

第三，送达审计通知书有利于增强审计师与被审计单位的配合。通过预先告知，审计人员可以让被审单位为审计工作做好准备，提供与审计相关的文件资料与必要的工作安排（如存货盘点等），并提前通知受审计影响最大的那一部分职员。被审计单位也可以通过审计通知书，要求审计部门在实施审计程序时尽量不影响被审计单位正常经营业务的开展，必要时也可以请求审计部门推迟本次审计工作的时间。

5.2.1.2 审计通知书的编制及下发要求

根据《内部审计具体准则第 2 号——审计通知书》的要求，内部审计机构应根据经过批准的审计计划编制审计通知书；内部审计机构应在实施审计前，向被审计单位送达审计通知书，特殊业务可在实施时送达。

某些情况下，审计人员可能认为突击审计是必要的。其原因在于如果预先通知被审计单位，管理层和职员可能会有意隐瞒一些真相。在这种情况下，审计人员会预先通知高级管理层和审计委员会，但不会预先通知被审计单位。

5.2.2 审计通知书的内容

根据《内部审计具体准则第 2 号——审计通知书》，审计通知书的主要内容包括：

（1）被审计单位及审计项目名称；

（2）审计目的及审计范围；

（3）审计时间；

（4）被审计单位应提供的具体资料和其他必要的协助；

（5）审计小组名单；

（6）内部审计机构及其负责人的签章和签发日期。

如要求被审计单位提前进行自查，应在审计通知书中写明自查的内容、要求和事件，并适当提前发出审计通知书时间。审计通知书的范例见表5-2。

表5-2 **审计通知书**

×审［××××］×号

×××××关于审计××（审计项目名称）的通知

××××（被审计单位）：

根据我××××年度审计工作计划安排，决定派出审计组，自××××年××月××日起，对你单位（××××时间段）（×××内容）（审计目的及审计范围）进行审计。接此通知后，请予以积极配合，并提供有关资料和必要的工作条件。

审计组组长：

审计组成员：

内部审计机构公章
审计机构负责人签字：
签发日期：

抄送：（必要时可抄送组织内部相关部门。涉及组织内部个人责任的审计项目，应抄送被审计者本人）。

5.3 审计证据

审计证据是内部审计人员从事审计业务所获得的重要资料，是内部审计人员用以证实审计事项，做出审计结论和建议的依据。只有取得充分适当的审计证据，才能形成合乎要求的审计工作底稿，并为做出审计结论和建议提供合理依据。由此可见，如何收集并鉴别审计证据是影响审计质量的关键。

5.3.1 内部审计证据的含义

审计证据是内部审计人员在审计活动中，通过实施一定的审计程序而获取的，这表明了审计证据的获取范围。审计证据属于证据，但其范围比证据小，不是在审计活动中取得的信息不能成为审计证据。

审计证据的目的是证实审计事项，做出审计结论和建议。由于目的的特殊性，审计证据与法律证据等其他类型的证据具有一定的区别。某些证据虽然不能构成法律证据，但具有一定的说服力，能形成审计结果和建议，也属于审计证据。

5.3.2 内部审计证据的类型

根据《内部审计具体准则第3号——审计证据》，内部审计人员应当依据审计目标获取不同类型的审计证据。审计证据包括以下几种类型：书面证据、实物证据、电子证据、口头证据、环境证据。

5.3.2.1 书面证据

书面证据是指审计人员在审计工作中运用审计方法依法取得的、能客观反映被审事项、以书面形式存在的资料。从被审单位或相关单位收集到的凭证、账簿、报表、计划、合同、证明函件、信件等，都属于书面证据。书面证据是审计人员搜集证据的主要形式，也是形成审计意见和审计结论的重要基础。

5.3.2.2 实物证据

实物证据是指审计人员在审计工作中，运用审计方法依法获取的、能客观反映被审计单位事项、以实物形式存在的财产物资。从被审单位收集的厂房、机器、设备、材料、现金等实物信息，都属于实物证据。

5.3.2.3 电子证据

电子证据是指视听证据和电子证据。

视听证据是指以录音、录像等形式储存的视听资料，与审计相关的会议录像、讲话录音等都是证明力较强的证据。作为审计证据的视听资料，应调取原始载体或复制件，注明制作方法、制作时间、证明对象、制作人等。声音资料应附有该声音内容的文字记录。

电子证据是伴随现代电子技术发展而出现的证据形式，指以物理形式存储于计算机系统内容及其存储器中的指令和资料，包括计算机程序和程序运行过程中所处理的信息资料（如文本资料、运算数据、图形表格等）。

5.3.2.4 口头证据

口头证据又称为言词证据，是指审计人员在审计工作中运用审计方法，依法获取的、能客观反映被审事项、以语言形式存在的资料。有关人员的谈话、当事人根据审计人员提出的问题所作的口头叙述或答复等，都属于口头证据。

口头证据主要用于发觉需要审查的情况，提供获取其他证据的线索，并作为其他证据的佐证材料。

5.3.2.5 环境证据

环境证据又称为状况证据，是指对被审计事项产生影响的各种环境事实。从与被审计单位的关系的角度考察，又可分为内部环境证据与外部环境证据。

内部环境证据指被审计单位内部存在的各种环境事实，主要内容包括有关内部控制、被审计单位管理人员素质、各种管理条件和管理水平、主要管理人员的观念品行等。

外部环境证据是指存在于被审计单位外部的各种环境事实，包括有关的各种法律、法规及统一的规章制度、政府主管部门的执法检查指导和监督、行业自律状况、社会舆论的关注程度等。无论是内部环境证据还是外部环境证据都是通过审计人员提炼和记录而取得。

5.3.3 内部审计证据的要求

《内部审计具体准则第3号——审计证据》规定：内部审计人员获取的审计证据应当具备充分性、相关性和可靠性。其中，充分性是对审计证据的数量要求；相关性和可靠性，又称为审计证据的适当性，是对审计证据的质量要求，只有相关且可靠的审计证据才是高质量的。

5.3.3.1 审计证据的充分性

充分性是审计证据的数量标准，内部审计人员在审计过程中收集的审计证据从数量上必须足以证实审计事项、做出审计结论和建议。对审计事项来说，只有数量充分的证据才能达到一定程度的证明力，以保证合理地推断出审计结论和建议。

譬如，对某个审计项目实施某一选定的审计程序，从200个样本中获得的证据要比从100个样本中获得的证据更充分。审计师获取的审计证据数量应当足以将每个重要认定相关的审计风险限制在可接受的水平，因此，审计发现的问题越严重，需要的审计证据可能就越多，内部审计人员就应实施更多的审计测试工作。

5.3.3.2 审计证据的相关性

相关性是审计证据的质量标准，相关性指审计证据与审计目标相关联，所反映的内容能够支持审计结论和建议。审计证据要有证明力，必须与审计目标相关。

例如，内部审计人员在审计过程中怀疑被审计单位发出存货却没有给顾客开具发票，需要确认销售是否完整记录，内部审计人员应当从发货单中选取样本，追查与每张发货单相应的销售发票的副本，以确定是否每张发货单均已开具发票。如果审计人员从销售发票副本中选取样本，并追查至与每张发票对应的发货单，由此所获得的证据与完整性目标就不相关。

审计证据是否相关必须结合具体审计目标来考虑。在确定审计证据的相关性时，内部审计人员应考虑：

（1）特定的审计程序可能只为某些认定提供相关的审计证据，而与其他认定无关。譬如，检查期后应收账款收回的记录和文件可以提供有关存在性和计价准确性的审计证据，但不一定与期末截止性认定是否恰当相关。

（2）针对同一项认定可以从不同来源获取审计证据或获取不同性质的审计证据。例如，审计人员可以分析应收账款的账龄和应收账款的期后收款情况，以获取与坏账准备计提有关的审计证据。

（3）只与特定认定相关的审计证据并不能替代与其他认定相关的审计证据。例如，有关存货实物存在性的审计证据就不能作为与存货计价相关的审计证据。

5.3.3.3 审计证据的可靠性

可靠性也是审计证据的质量标准，即审计证据必须能够反映审计事项的客观事实，以使内部审计人员可以信赖这些证据并据以做出审计结论和建议。审计证据的类型不同，其可靠程度也不一样。内部审计人员要根据审计证据的类型、来源等因素评价证据的可靠性。审计人员在判断审计证据的可靠性时，通常会考虑以下原则：

（1）从外部独立来源获取的审计证据比从其他来源获取的审计证据更可靠。从外部独立来源获取的审计证据未经被审计单位有关职员之手，从而减少了伪造、更改凭证或业务记录的可能性，因而其证明力最强。此类证据有银行询证函回函、应收账款询证函回函、保险公司等机构出具的证明等。

（2）内部控制有效时生成的审计证据比内部控制薄弱时内部生成的审计证据更可靠。如果被审计单位有着健全的内部控制制度且在日常管理中得到一贯的执行，会计记录的可信赖程度将会增加。如果被审单位的内部控制薄弱，甚至不存在任何内部控制，被审单位内部凭证记录的可靠性就大为降低。例如，如果与销售业务相关的内部控制有效，审计人员就能从销售发票和发货单中取得比内部控制不健全时更可靠的审计证据。

（3）直接获取的审计证据比间接获取或推论得出的审计证据更可靠。譬如，审计人员观察某项内部控制的运行得到的证据比询问被审单位某项内部控制的运行得到的证据更可靠。间接获取的证据有被涂改及伪造的可能性，降低了可信赖程度。推论得出的审计证据，由于其主观性较强，人为判断因素较多，可信赖程度也受到影响。

（4）以文件、记录形式（无论是纸质、电子或其他介质）存在的审计证据比口头形式的审计证据更可靠。例如，会议的同步书面记录比对讨论事项后的口头表述更可靠。口头证据本身并不足以证明事实的真相，仅仅是提供了一些重要线索，为进一步调查确认所用，一般情况下，口头证据需要得到其他相应证据的支持。

（5）从原件获取的审计证据比从传真或复印件获取的审计证据更可靠。审计人员可审查原件是否有被涂改或伪造的迹象，排除伪证，提高证据的可信赖程度。而传真件或复印件容易是篡改或伪造的结果，可靠性较低。

审计人员在按照上述原则评价审计证据的可靠性时，还应当注意可能出现的重要例外情况。譬如，审计证据虽然是从外部独立的来源获得，但如果该证据是由不知情者或不具备资格者提供，则审计证据也可能是不可靠的。同样，如果审计人员不具备评价证据的专业能力，那么即使审计证据是直接获取的，也可能缺乏可靠性。

充分性和适当性是审计证据的两个重要特征，两者缺一不可，只有充分且适当的审计证据才是有证明力的。需要注意的是，如果审计证据的质量存在缺陷，那么审计人员仅靠获取更多数量的审计证据可能无法弥补其质量上的缺陷。

5.3.4 获取审计证据时应考虑的基本因素

5.3.4.1 对文件记录可靠性的考虑

审计工作通常不涉及文件记录的真伪，审计人员也不是鉴定文件记录真伪的专家，但应当考虑用作审计证据的信息的可靠性，并考虑与这些信息生成和维护相关的内部控制的有效性。

如果在审计过程中识别出的情况使其认为文件记录可能是伪造的，或文件记录中的某些条款已发生变动，审计人员应当做出进一步调查，包括直接向第三方询证，或考虑利用专家的工作以评价文件记录的真伪。

5.3.4.2 使用被审计单位生成信息时的考虑

审计人员为获取可靠的审计证据，实施审计程序时使用的被审计单位生成的信息需要足够完整和准确。例如，通过标准价格乘以销售数量对收入进行审计时，其有效性受到价格信息准确性和销售量数据完整性和准确性的影响。

5.3.4.3 获取审计证据时对成本的考虑

获取审计证据应考虑取证成本与证据效益的对比，但对于重要审计事项，不应将审计成本的高低作为减少必要审计程序的理由。例如，在某些情况下，存货监盘是证实存货存在性认定的不可替代的审计程序，审计人员在审计过程中不得以检查成本高和难以实施为由而不实施该程序。

5.3.4.4 具体审计事项的重要程度

内部审计人员应当从数量和质量两个方面判断具体审计事项的重要性，以做出获取审计证据的决策。

5.3.5 审计证据的获取方法

5.3.5.1 审核

审核是基于书面资料进行审阅与核对的方法，审阅指的是仔细地浏览，核对则是仔细地比较与核实，包括证证核对、账证核对、账账核对、账实核对、账表核对、表表核对等。

5.3.5.2 观察

指审计人员亲临现场进行实地观察检查，借以查明事实真相，以获得实物证据和环境证据的一种方法。对被审计单位的生产经营过程、各类工作的业务处理过程或作业现场进行实地观察是内部审计实施阶段的一个极其重要的组成部分，能够使审计人员直接感觉和认知被审单位的基本情况，深入理解和把握各类活动的实际目的和效果，为发现审计异常、确定审计重点提供有力保证。

5.3.5.3 监盘

监盘是指审计人员通过观察、检查被审计单位实物资产的盘点过程及相关信息，以获取和评价审计证据的过程。

5.3.5.4 询问

询问指对审计过程中发现的疑点和问题，通过口头询问或质疑的方式弄清事实真相并取得口头或书面证据的一种调查方法。对一般问题，口头或书面询问均可，但对重要问题，则应尽量采用书面询问并取得书面证据。

5.3.5.5 函证

函证是指内部审计人员为了获取被审计事项相关的信息，通过直接来自第三方或对有关信息和现存状况的声明，获取和评价审计证据的过程。

5.3.5.6 计算

计算指内部审计人员以人工方式或使用计算机辅助审计技术，对记录或文件中的数据计算的准确性进行重新计算。重新计算通常包括计算销售发票和存货的总金额、加总日记账和明细账、检查折旧费用和预付费用的计算、检查应纳税额的计算等。

5.3.5.7 分析性复核

分析性复核指通过分析比较数据之间的关系或计算一定的比率来获取审计证据的审计程序。分析性复核能帮助内部审计人员了解被审单位基本情况，确认异常差异，确认潜在的错误和违法、违规行为，以及评价审计结论和建议的适当性。

5.4 审计工作底稿

5.4.1 审计工作底稿的含义及作用

5.4.1.1 审计工作底稿的含义

审计工作底稿是指内部审计人员在审计过程中形成的工作记录，是联系审计证据和审计结论的桥梁。审计工作底稿是撰写审计报告的基础，是检查审计工作质量的依据，也是行政复议乃至再度审计时需要审阅的重要资料。

审计工作底稿在内部审计过程中起着非常重要的作用，因为它不仅记录了审计人员所执行的每一个审计程序和收集的每一份原始资料，而且记录了对这些原始资料的整理、加工、综合和分析过程，以及审计结论、审计意见和建议的形成过程。可以说，审计工作底稿是一个集中内部审计活动的信息库，是审计证据与据其出具的审计结论之间的桥梁。

审计工作底稿既可由内部审计人员在审计过程中自行取得，也可由被审计单位或第三方提供，并经内部审计人员审核后归并于审计工作底稿中。

5.4.1.2 审计工作底稿的编制目的

内部审计人员在审计工作中编制工作底稿主要有以下目的：

（1）为连接整个审计工作起到纽带作用。审计项目小组一般由多人组成，项目小组内部要进行合理的分工，不同的审计程序、不同会计账项的审计往往由不同的人员来执行。而最终形成审计结论和发表审计意见时，则主要针对被审计单位的会计报表来进行。因此，必须把不同人员的审计工作有机的连接起来，以便对整体会计报表发表意见，这种连接必须借助于审计工作底稿才能实现。

（2）为形成审计报告提供依据。审计结论和审计意见是根据审计人员获取的各种审计证据以及审计人员一系列的专业判断形成的。而审计人员收集到的审计证据和做出的专业判断，都完整地记载于审计工作底稿中。因此，审计工作底稿理应成为审计结论与审计意见的直接依据。

（3）为评价内部审计工作质量提供依据。内部审计部门进行审计质量控制，主要是指导和监督审计人员选择实施审计程序，编制审计工作底稿，并对审计工作底稿进行严格复核。内部审计部门或其他有关部门（如审计委员会）依据单位规定进行审计质量控制检查，也主要是对审计工作底稿的检查。因此，没有审计工作底稿，审计质量的控制与检查就无法落到实处。

（4）为以后的审计工作提供参考。审计业务具有一定的连续性，同一被审单位前后年度的审计业务具有众多联系或共同点。因此，本年度的审计工作底稿对以后年度的审计业务具有重要的参考或备查作用。

（5）提高内部审计人员的专业素质。审计目标的实现程度、审计人员专业能力和工作业绩的好坏，主要体现在对审计程序的选择、执行和有关的专业判断上；而审计人员是否实施了必要的审计程序，审计程序的选择是否合理，专业判断是否准确等，都必须通过审计工作底稿来体现和衡量。事实上，审计工作底稿的设计、内容的记载、文字的表达及审计意见的表述均可以反映审计工作底稿编制人员的工作成果、业务水平、综合判断能力及审计组织能力，当然也可以帮助内部审计人员改进工作质量。

5.4.2 审计工作底稿的分类

5.4.2.1 审计工作底稿的形式

《内部审计具体准则第4号——审计工作底稿》规定，审计工作底稿的形式可以是纸质、磁带、磁盘、胶片或其他有效的信息载体，但无纸化的工作底稿应制作备份。

审计工作底稿记录了审计人员在审计过程中所执行的审计程序和收集的各种资料。除了利用传统的纸质形式记录审计工作底稿外，审计人员还可以利用计算机来编制审计工作底稿，以方便传输和储存。此外，由于审计人员在审计过程中收集资料的方法有很多，如座谈、询问、函证等，因此，记录使用这些方法所收集的资料的介质可能是除纸质介质之外的其他载体。

一般而言，内部审计的工作底稿包括：年度审计计划、项目审计方案、分析性复核表、问题备忘录、重大事项说明、询证函回函、审计核对表、有关重大事项的往来信件（包括电子邮件），以及对被审计单位文件记录的摘要或复印件等。但是已被取代的审计工作底稿的草稿或财务报表的草稿、对不全面或初步思考的记录、存在印刷错误或其他错误而作废的文本，以及重复的文件记录等不应包括在审计工作底稿中。

5.4.2.2 审计工作底稿的分类

按不同的分类方法，审计工作底稿可以分为多种形式：

1）按性质和作用分

（1）综合类工作底稿。这是指审计人员在审计计划和报告阶段，为规划、控制和总结整个审计工作，并发表审计意见所形成的审计工作底稿。该类审计工作底稿主要包括：年度审计计划、通知书、项目审计方案、审计工作总结、审计差异调节表、审计发现汇总表、审计报告、审计决定书、管理建议书，以及审计人员对整个审计工作进行组织管理的所有记录和资料。

（2）业务类工作底稿。这是指审计人员在审计实施阶段为执行具体审计程序所形成的审计工作底稿。该类工作底稿主要包括审计人员对具体审计项目进行风险评估、开展审计调查所形成的记录和资料。业务类工作底稿按使用性质又可分为通用格式工作底稿及专用格式工作底稿（如经济责任审计工作底稿）。

（3）备查类工作底稿。这是指审计人员在审计过程中形成的，对审计工作仅具有备查作用的审计工作底稿。该类工作底稿主要包括：被审计单位的设立批准证书、营业执照、合营合同、协议、章程、组织机构及管理人员结构图、董事会会议纪要、重要合同、相关内部控制及其了解与评价记录等资料的复印件或摘录。该类工作底稿随被审计单位有关情况的变化而不断更新，应详细列明目录清单，并将更新的文件、资料随时归档。

2）按编制主体分

（1）由被审计单位或其他第三者提供或代为编制的工作底稿。该类资料的原件如果由被审单位保存，审计人员索取复制件时，应注意将复制件与原件核对一致。这类工作底稿具体包括：

①与被审单位设立有关的法律性资料。例如，企业设立的批准证书、营业执照、合同、协议章程及文件或变更文件的复制件。

②与被审单位组织机构及管理层人员结构有关的资料。其包括组织结构框架图、各管理部门的职责与分工、管理层人员的经历、学历与管理作风简介等。

③重要法律文件、合同、协议和会议记录的摘录或副本。例如，重大投资项目的可行性报告及批准文件、投资合同、借款合同、买卖合同以及董事会、股东大会的重大决议等。

④对被审计单位相关控制的了解与评价记录。这主要是指被审计单位有关业务管理、财务管理及会计核算方面的规章制度。

⑤被审计单位的未审会计报表及相关财务资料。这主要是指被审计单位编制的年度会计报表及会计报表资料附注资料，如资产负债表、利润表、现金流量表等。

⑥被审单位管理当局声明书。这是由被审单位提供的，对其所提供的各种审计资料的真实性、完整性所作的书面承诺。

（2）审计人员自己编制的工作底稿。这是审计人员为规划、实施和总结审计工作而编制的工作底稿，旨在真实、完整的记录审计人员的审计思路、审计轨迹、审计结论与审计意见，主要内容包括：

①审计实施方案；

②实施具体审计程序的记录和资料；

③对被审计单位和其他人员的会谈记录、往来函件；

④审计报告、审计差异调节表、审计发现汇总表、管理建议书底稿及副本等；

⑤审计约定事项完成后的审计工作总结；

⑥其他与完成审计约定事项有关的资料。

5.4.3 审计工作底稿的编制要求

5.4.3.1 总体要求

内部审计人员编制的审计工作底稿，其总体要求是应当使未曾接触该项审计工作的有经验的专业人士清楚了解：

（1）按照内部审计准则的规定实施的审计程序的性质、时间和范围；

（2）实施审计程序的结果和获取的审计证据；

（3）就重大事项得出的审计结论。

5.4.3.2 编制审计工作底稿的基本要求

（1）资料翔实。这是指记录在审计工作底稿上的各类资料来源要真实可靠。

（2）重点突出。这是指记录审计工作底稿应力求反映对审计结论有重大影响的内容。

（3）繁简得当。这是指审计工作底稿应当根据记录内容的不同，对重要内容详细记录，对一般内容简单记录。

（4）结论明确。这是指按审计程序对审计项目实施审计后，审计人员应对该审计项目明确表达其最终的专业判断意见。

（5）内容完整。这是指构成审计工作底稿的基本内容应全部包括在内。

（6）格式规范。这是指审计工作底稿所采用的格式应规范，这主要强调审计工作底稿在设计上应当合理，并有一定的逻辑性，但并不意味着格式要统一。

（7）标识一致。这是指审计符号的含义应前后一致，并明确反映在审计工作底稿上。

（8）记录清晰。这是指审计工作底稿上记录的内容要连贯，计算要正确，文字要清晰，尤其是审计结论中所使用的定性语言，不能含糊其辞、模棱两可，以免引起歧义。

5.4.3.3 获取审计工作底稿的基本要求

对于由被审计单位、其他第三者提供或代为编制的审计工作底稿，审计人员必须做到：

（1）注明资料来源；

（2）实施必要的审计程序；

（3）形成相应的审计记录。

5.4.3.4 审计工作底稿的勾稽关系

审计人员在编制工作底稿时，应通过交叉索引及备注说明等形式来反映相关审计工作底稿之间的勾稽关系，相互引用时，应交叉注明索引编号。

当审计人员按照项目审计实施方案完成全部审计事项后，应将具体审计项目工作底稿中的相关数据和内容进行归类汇总，编制审计发现与差异调节表，并写出审计总结。上述审计工作底稿经复核无误后，才能编制审计报告。

5.4.4 审计工作底稿的基本要素

审计工作底稿的基本要素包括：

（1）被审计单位的名称；

（2）审计事项及其期间或截止日期；

（3）审计程序的执行过程和执行结果记录；

（4）审计结论；

（5）执行人员姓名和执行日期；

（6）复核人员姓名、复核日期和复核意见；

（7）索引号及页次；

（8）审计标识与其他符号及其说明等。

审计底稿的通用格式见表5-3。

表5-3 **审计工作底稿**

索引号：

被审计单位名称			
审计事项			
会计期间或截止期间			
审计人员		编制日期	
审计过程记录：			
审计结论或者审计查出问题摘要及依据：			
处理处罚建议及法律法规依据：			
科目调整要求：			
复核意见			
复核人员		复核日期	

共　　页　　第　　页附件（共　　页）

5.4.5 内部审计工作底稿的质量控制

5.4.5.1 复核制度

《内部审计具体准则第19号——内部审计质量控制》规定，内部审计项目质量控制包括复核审计工作底稿。内部审计机构应当建立审计工作底稿的分级复核制度，明确规定各级复核的要求和责任。内部审计机构负责人对审计工作底稿的复核负完全责任。

由于审计风险的客观存在，且不同审计人员在经验、能力、专业素质等方面存在差别，内部审计人员在编制审计工作底稿时可能存在错误。因此，对审计工作底稿进行分级复核是内部审计机构一项重要的质量控制措施。通过建立审计工作底稿的分级复核制度，可以减少人为的差错，及时发现和解决问题，监控审计质量，降低审计风险。同时通过对审计工作底稿的复核，可以对审计人员的工作做出评价。

内部审计机构应根据组织的具体情况建立审计工作底稿的分级复核制度。具体分为几级对工作底稿进行复核取决于组织内部审计机构的规模、审计项目的重要性等因素。审计工作底稿的复核应由内部审计机构中比工作底稿编制人员职位更高或更具有丰富经验的人担任。

在审计工作底稿的复核中，应主要对是否实施了必要的审计程序，审计工作底稿所引用的资料来源是否客观与可靠，审计证据是否充分、相关、可靠，审计判断是否合理以及审计结论是否恰当等方面进行检查。

5.4.5.2 审计工作底稿的管理

由于审计工作底稿在内部审计工作中的重要性，及其本身应有的保密性，内部审计人员应加强对工作底稿的管理。

在实施内部审计工作的过程中，即使尚未编制完成的工作底稿也应防止无关人员的接触。结束内部审计工作后，应将工作底稿按项目分类存档，在指定的存放地点妥善保管，并可考虑由专人负责审计档案的保管工作。

审计工作底稿一般可分为永久性档案和当期档案。永久性档案是指那些记录内容相对稳定、可以长期使用的，对以后期间的内部审计工作仍有利用价值的档案，如一些法律文件、合同、协议或内部审计报告的副本等。当期档案是指那些与当期的内部审计项目密切相关的底稿资料，对于以后期间的内部审计工作没有直接的借鉴作用。内部审计机构也可以根据组织的具体情况，制订合适的工作底稿分类管理办法，规定适当的档案保管期限，对审计工作底稿进行妥善的保管，保证工作底稿的安全和完整。

5.4.5.3 审计工作底稿的所有权

审计工作底稿的所有权归审计组织，而不是被审计单位或实施内部审计工作的审计人员个人。即使内部审计人员解除了与组织的雇佣关系，该审计人员所编制的工作底稿也应留在组织的内部审计机构保管，而不能带走。

5.4.5.4 审计工作底稿的保密制度

鉴于审计工作底稿的保密性，在一般情况下，应限制内部审计机构以外的个人或机构接触工作底稿。

在必要情况下，内部审计人员可以向被审计单位出示工作底稿，以便解释和说明某项审计意见或建议。但在向被审计单位出示工作底稿时，应考虑其必要性，有选择的出示工作底稿。

组织内部的其他机构或个人出于其工作的需要，在承诺保密的情况下，经内部审计机构负责人或对内部审计机构负领导责任的管理层批准，可以查阅内部审计机构的工作底稿，利用内部审计的工作成果。

如果内部审计机构以外的组织或个人确实需要查阅内部审计工作底稿，则必须获得内部审计机构负责人或其主管领导的批准才能接触内部审计工作底稿，但法院、检察院和其他权力部门依法进行查阅的情况除外。

5.5 审计报告

5.5.1 审计报告的含义及其作用

《内部审计具体准则第7号——审计报告》中指出，审计报告是指内部审计人员根据审计计划对被审计单位实施必要的审计程序后，就被审单位经营活动和内部控制的适当性、合法性和有效性出具的书面文件。审计报告包括终结审计报告和中期报告。

5.5.1.1 含义

1）终结审计报告

审计报告是对被审计单位经营活动和内部控制适当性、合法性和有效性进行审查和评价的最终结果。该审查和评价活动是在审计计划的指导下进行的。一般情况下，审计报告是指审计人员对被审单位实施了必要的审计程序后，在内部审计活动的最终阶段出具的审计报告。

最终审计报告的形式一般采用非标准格式、非公布目的的详式审计报告。它应当对审计的概况、审计的依据、审计结论、审计决定、审计建议等做出详细说明。

终结审计报告格式范例如下：

关于××公司内部会计控制的审计报告

××公司总经理：

为了配合今年年底公司组织的行业检查活动，内部审计人员临时调整了审计计划，组成了以王××为项目负责人的5人审计小组，对公司内部会计控制度进行了局部审计，旨在通过自我评价，消除内部控制的弱点，改善公司管理水平，争取在行业评比中获得优异成绩。内部审计人员的审计目标是测试内部会计控制方面是否存在漏洞，寻找与同行业其他企业的差距。审计涉及的期间是20××年1月1日至20××年12月31日。审核的范围包括会计制度设计、会计核算程序、会计工作机构和人员职责、财务管理制度等方面。

内部审计人员按照内部审计准则的规定计划和实施本项目内部审计工作，并采用了内部审计人员认为应当采用的必要的审计程序，根据抽查结果，内部审计人员认为，下列情况应当予以关注：

1. 没有定期对银行对账单进行调节。截至内部审计人员进行审计时，银行对账单的调节工作已延误了四个月，严重地削弱了公司对资金安全性的控制。（见附件第××页）

2. 由于没有设置投资收益账户上舞弊行为的控制程序，导致超过100 000元的股利被非法挪用。（见附件第××页）

3. ……（其他审计发现）

除上述问题外，内部审计人员认为，组织管理层对内部会计控制的设计在整体上是符合公司的实际情况的，其运行取得了预期的效果。

内部审计人员认为，上述问题的发生，主要原因是相关职位人员配备不足，不相容职务未予以分离。建议财务部门健全资金控制制度，并招聘一名有经验的会计人员充实相关职位。

附件：1. ××

2. ××

3. ××

审计项目负责人：×××

审计小组成员：×××、×××

××审计机构（签章）

××××年××月××日

2）中期报告

《内部审计实务指南第3号——审计报告》规定：正式立项的审计项目应当在终结审计后编制审计报告；如果存在下述情况之一时，应当根据组织适当管理层的要求和内部审计工作的需要编制并报送中期审计报告：

（1）审计周期过长；

（2）被审计项目内容特别庞杂；

（3）被审计期间比较长；

（4）突发事件引起特殊要求；

（5）组织适当管理层需要审计项目进展情况的信息；

（6）其他需要提供中期审计报告的情况。

中期审计报告不能取代终结审计报告，但中期审计报告能够作为终结审计报告的编制依据。中期审计报告不具有终结审计报告的效力。

中期报告的格式范例如下：

关于“出纳付款程序”的中期审计报告

××公司总经理：

从正在进行的公司××××年度财务收支审计中，内部审计人员发现公司财务部付款内部控制存在严重缺陷。出纳员××保管着公司财务专用章及财务经理私章，可随时支取公司款项，在内部审计人员的初步审核中，已经发现未经审批的付款××笔，共计××万元，如果不采取紧急措施，将可能导致更大的舞弊风险。

根据上述情况，内部审计人员建议财务经理收回相关印鉴，对每一笔公司款项的支付严格审核后才能签发，同时责成出纳员说清××万元款项的去向，采取各种手段追回款项，并建议临时停止出纳员的职务工作。

附件：1. ××

2. ××

3. ××

审计项目负责人：×××

审计小组成员：×××、×××

××审计机构（签章）

××××年××月××日

5.5.1.2 内部审计报告的作用

企业内外部环境的变化，导致企业内部受托管理责任关系复杂化和领域、内容、重点的变化，使得对管理控制的需求日益强化，包括董事会对高层管理部门、高层管理部门对各管理责任中心履行受托管理责任和实施有效控制等。因此，内部审计作为董事会及其审计委员会和最高层管理部门实施控制的手段，在企业管理尤其是风险管理、内部控制以及公司治理有关方面、组织运营中的地位和作用日趋突出，成为企业兴衰成败的重要因素。

内部审计报告作为内部审计工作的最终成果，是内部审计活动的客观描述和结晶，也是内部审计机构和人员向组织管理层汇报审计工作的主要方式。具体而言，内部审计报告的作用主要体现在以下几个方面：

（1）通过内部审计报告全面总结内部审计过程和结果，及时反馈内部审计工作完成情况；

（2）通过内部审计报告客观评价被审计单位的经营活动及其内部控制状况，并有针对性地提出审计意见和建议；

（3）通过内部审计及时与组织适当管理层沟通情况，认真指导适当管理层开展各项工作，以利于组织适当管理层纠错防弊，积极改善经营管理，完善内部控制，提高经济效益；

（4）撰写和发布内部审计报告是整个内部审计工作最重要的环节之一，内部审计报告的质量也是组织评价内部审计机构和人员工作业绩、控制内部审计工作质量的重要依据。

5.5.2 内部审计报告的编制原则及要求

5.5.2.1 审计报告的编制原则

《内部审计实务指南第3号——审计报告》规定：编制审计报告应当遵循以下原则：

（1）客观性。审计报告应以可靠的证据为依据，实事求是的反映审计事项，做出客观、公正的审计结论。

（2）完整性。审计报告应当做到要素齐全，内容完整，不遗漏审计发现的重大事项。

（3）清晰性。审计报告应当做到逻辑性强、突出重点，简明扼要的阐明事实和结论。避免使用不必要的过于专业性和技术性的复杂语言。文字应当通顺流畅，用词准确，避免使用“几个、少数、大量”等模糊字眼说明情况。

（4）及时性。审计报告应当及时编制，以便组织适当管理层适时采取有效纠正措施。在保证审计报告质量的前提下，审计报告应当在完成现场审计后尽快编制，经过征求意见和补充修改后分别送达各有关方面。

（5）实用性。审计报告所提供的信息，应当有利于解决经营管理中存在的重要问题，并有助于组织实现预定的目标。

（6）建设性。审计报告不仅应当发现问题和评价过去，而且还应能解决问题和指导未来，应当针对被审计单位经营活动和内部控制的缺陷提出适当的改进建议。

（7）重要性。在形成审计结论与建议时，应充分考虑审计项目相关的风险水平和重要性，对于被审计单位经营活动和内部控制中存在的严重缺陷和漏洞以及审计风险高的领域应当在审计报告中有重点的详细说明。同时，内部审计人员还要考虑被审计单位接受审计建议、采取相应措施的成本与效益关系。

5.5.2.2 审计报告的编制要求

《内部审计实务指南第3号——审计报告》规定：内部审计报告应当体现内部审计项目目标的要求，并有助于组织增加价值。内部审计项目目标的要求主要包括但不限于对以下方面的评价：

（1）经营活动合法性；

（2）经营活动的经济性、效果性和效率性；

（3）组织内部控制的健全性和有效性；

（4）组织负责人的经济责任履行情况；

（5）组织财务状况与会计核算情况；

（6）组织的风险管理状况。

5.5.3 内部审计报告的主要内容

《内部审计具体准则第7号——审计报告》对内部审计报告的各个组成要素和正文的主要内容进行了规范。

5.5.3.1 审计报告的基本要素

（1）标题。审计报告的标题应当包括被审计单位名称、审计事项的主要内容和时间。

（2）收件人。审计报告的收件人应当是被审计单位和组织适当管理层。

（3）正文。在通常情况下，审计报告的正文内容应由审计概况、审计依据、审计结论、审计决定、审计建议等部分组成。但是由于审计对象和审计类型的变化，审计报告的内容并非一定完全由以上部分组成，内部审计人员可视具体审计项目的情况决定审计报告的内容。但仍至少应对审计目的、审计范围和结论做出说明。

（4）附件。应当包括对审计过程与审计发现问题的具体说明、被审计单位的反馈意见等内容。在审计报告的正文中，主要是对审计过程和审计发现的重点问题进行概括性的介绍，在附件中，应对整个审计过程和审计发现的各类问题进行比较详细的说明和介绍，使报告使用者可以在必要的时候，通过附件内容对整个审计项目进行全面的了解。此外，在审计报告的编制过程中，审计人员应当就审计结论、审计意见和建议与被审计单位进行必要和适当的沟通、协调，对于被审计单位的反馈意见，应当作为附件的一部分，让报告使用者同时了解被审计单位的意见和立场。

（5）签章。审计报告应当由内部审计机构签章。

（6）报告日期。应当是内部审计人员完成审计工作的日期。

5.5.3.2 审计报告的主要内容

1）审计概况

（1）立项依据。在审计报告中，应当根据实际情况说明审计项目的来源，包括审计计划安排的项目、有关机构（外部审计机构、组织有关部门）委托的项目、根据工作需要临时安排的项目及其他项目等。

（2）背景介绍。在审计报告中，应当对有助于理解审计项目立项以及审计评价的相关情况进行简要描述，主要包括：

①选择审计项目的目的和理由；

②被审计单位的规模、业务性质与特点、组织结构、管理方式、员工数量、主要管理人员等；

③上次同类审计的评价情况；

④与审计项目相关的环境情况；

⑤与被审计单位事项有关的技术性文件；

⑥其他情况。

（3）整改情况。如有必要，应当将上次审计后的整改情况在审计报告中加以说明。

（4）审计目标与范围。审计报告中应当明确地陈述本次审计的目标，并应与审计计划中提出的目标相一致；还应当指出本次审计的活动内容和所包含的期间。如果存在未进行审计的领域，应当在报告中指出，特别是某些受到限制无法进行检查的项目，应说明受限制无法审计的原因。

（5）审计重点。审计报告应当对本次审计项目的重点、难点进行详细说明，并指出针对这些方面采取了何种措施及其所产生的效果，也可以对审计中所发现的重点问题做出简短的叙述及评论。

（6）审计标准。财务审计的标准主要是国家有关部门所颁布的会计准则、会计制度以及其他相关规范制度。管理审计的标准主要是组织管理层已制定或已认可的各项标准。

2）审计依据

审计依据是审计人员在履行审计职责时做出审计判断和进行审计处理的标准，包括方针政策等宏观性依据、法律法规等中观性依据和技术经济指标等微观性依据。

3）审计发现

审计发现是内部审计人员在对被审计单位的经营活动与内部控制的检查和测试过程中所得到的积极或消极的事实，一般应包括下述内容：

（1）所发现事实的现状及审计发现的具体情况；

（2）所发现事实应遵照的标准，如政策、程序和相关法律法规；

（3）所发现事实与预定标准的差异；

（4）所发现事实已经或可能造成的影响；

（5）所发现事实在目前状况下产生的原因（包括内在原因与环境原因）。

4）审计结论

审计结论是内部审计人员对审计发现所做出的职业判断和评价结果，表明内部审计人员对被审计单位的经营活动和内部控制所持有的态度和看法。

5）审计建议

审计建议是内部审计人员针对审计发现提出的方案、措施和办法。审计建议既可以是对被审计单位经营活动和内部控制存在的缺陷和问题提出的改善和纠正的建议，也可以是对具有显著经济效益和有效内部控制提出的表彰与奖励的建议。

5.5.4 审计报告分级复核制度

为了确保审计质量，提高审计工作效率，减少差错，及时发现和解决问题，《内部审计具体准则第7号——审计报告》第六条规定，内部审计机构应建立健全审计报告分级复核制度，在提交最终的审计报告之前，应对审计报告的编制进行分级复核，并明确规定了各级复核的要求和责任。

5.5.4.1 复核人

复核工作应由内部审计机构的负责人或其指定的具有丰富经验的人员承担。审计报告的最终复核人应由内部审计机构的负责人担任。具体设置多少个级别的复核层次视审计项目复杂程度和内部审计机构的规模、人员配备等各种因素而定。

5.5.4.2 复核的基本内容

复核人应对审计工作底稿进行综合、全面的复核。复核的基本内容包括：

（1）检查是否实施所有必要的审计程序，运用的审计方法是否恰当有效，是否遗漏重要的事项；

（2）所收集的审计证据是否达到标准，审计依据是否恰当，审计判断是否准确，是否支持最终的审计结论、审计决定、审计建议；

（3）审计报告中的审计结论、审计决定、审计建议是否明确、恰当，是否存在错误表述。

5.5.5 内部审计报告的呈报与保管

5.5.5.1 审计报告的呈报

在审计报告完成之后，内审人员应将审计报告送交相关人员，呈报对象包括：

（1）被审计单位。被审计单位是审计报告的基本收件人之一。在将审计报告送交被审计单位时，应要求被审计单位及时采取纠正措施，在规定的期限内解决审计中发现的问题。

（2）组织适当的管理层。组织适当的管理层主要是指主管内部审计机构的管理层、主管被审计机构的管理层以及有权对审计发现问题采取纠正措施或能对采取纠正措施做出指示的管理层。必要时，也可以将报告呈送给董事、监事等相关人员。

（3）组织外部相关机构和人员。主要是指国家审计机关或独立审计组织出于利用内部审计成果的目的，可能会向组织的内部审计机构提出取得审计报告的要求。内部审计机构应根据具体情况，决定是否将内部审计报告送交组织外部的相关机构和人员，或者是以审计报告的部分内容呈送组织外部的相关机构和人员。在做出决定时，应考虑的因素主要有：

①外部机构、人员需要内部审计报告的用途是否合法、合理，是否会危及组织

的相关利益；

②外部机构、人员是否承诺对组织的信息和资料负有保密责任；

③应对外部机构、人员进一步扩散内部审计报告所含信息进行限制。

在决定对外报送内部审计报告时，需经内部审计机构负责人或组织适当管理层的批准程序后才能送出，但是法院、检察院或其他有权部门依照法律进行查阅的除外。

5.5.5.2　审计报告的保管

审计报告是重要的审计资料，内部审计机构应当及时地将审计报告归入审计档案，按照内部审计机构制定的审计档案管理制度加以妥善的保存。审计部门可以考虑对审计报告进行编号存档，以便于管理与查找。

（1）内部审计机构应建立有关制度，限制未经批准的人员随便接近审计报告。

（2）内部审计机构应建立审计报告的借用登记制度，防止借出的审计报告遗失。

5.6　后续审计

5.6.1　后续审计的定义与意义

5.6.1.1　后续审计的定义

与外部审计师出具审计报告就基本完成审计工作不同，内部审计人员在审计报告发出后，仍然要对报告中所涉及的审计结果和审计建议进行跟踪，其目的是为了审查和监督被审计单位是否对报告中提示的问题进行了纠正和改进。

按照《内部审计具体准则第 8 号——后续审计》，后续审计是指内部审计机构为检查被审计单位对审计发现的问题所采取的纠正措施及其效果而实施的审计。被审计单位管理层的责任是对审计中发现的问题采取纠正措施，内部审计人员的责任是评价被审计单位管理层采取的纠正措施是否及时、合理、有效。

后续审计具有以下特点：

（1）后续审计不是一个独立的审计项目。后续审计是前一次审计的延续，内部审计机构负责人如果初步认定被审计单位管理层对审计发现的问题采取了有效的纠正措施，后续审计可以作为下次审计工作的一部分；

（2）在后续审计中，审计人员重点关注的应当是问题能否得以解决以及对被审计单位的影响，而不在于审计报告中所提出的具体建议是否得到严格执行。因此，被审计单位所采取的纠正措施及其效果是后续审计的主要内容；

（3）后续审计的程序与方法与一般的审计程序和方法基本相同，但针对性较强。

5.6.1.2　后续审计的方式

后续审计的常见方式有三种：

（1）高级管理层与被审者协商，决定是否、何时、怎样按照审计人员的建议采取纠正行动；

(2) 被审者按照决定采取行动;

(3) 在报送审计报告之后,经过一段合理的时间,内部审计人员对被审者进行复查,看其是否采取了合适的纠正措施并取得了理想的效果,如果未采取行动,则分析是否是高级管理层和董事会的责任。

5.6.1.3 后续审计的意义

后续审计是内部审计工作中不可或缺的关键程序,具体来说,后续审计的作用包括以下几个方面:

(1) 后续审计能够提高审计工作质量,充分发挥审计职能作用。通过后续审计,审计人员能够评价并报告管理者纠正错误的态度是否积极、措施是否得当、效果是否显著,是确保审计效果的重要措施。

(2) 后续审计可为被审计对象革除管理上的弊端。内部审计人员通过搜集证据、测试,分析了问题的实质,可以初步评价被审计对象。但被审计单位仍有可能表面上虽认可审计结论,实际上却没有采取任何实质性的改进措施,这样内部审计工作的成果也就失去了意义。后续审计能够防止上述情况出现,使被审计单位的工作质量得到真正的改进和提高。

(3) 后续审计是内部审计工作自身规范的一部分,有利于明确组织内部责权划分。在内部审计报告中经常包括了被审计单位对审计工作的反馈,但只有经过后续审计才能真正验证哪一方对存在问题的看法更具有合理性,进而真正解决被审计单位存在的问题。

5.6.2 后续审计的主要步骤

后续审计工作是保证内部审计人员落实审计建议和实现纠错防弊职能的重要步骤,审计人员只有认真履行一定的审计程序才能保证审计质量。后续审计的实施程序如下:

5.6.2.1 认真分析被审计单位的反馈

被审计单位的反馈是指被审计单位对审计报告中的结论、意见或建议的回应。反馈可分为四种类型:一是不反馈;二是反馈不充分;三是被审计单位存在分歧意见;四是被审计单位提交了不采取纠正措施的详细说明。

内部审计人员应有效的区分和充分了解被审计单位的反馈,还可以通过对反馈的认识选定今后的工作和方向,或者澄清事实,或是采取其他纠正措施,但内部审计人员不能把自己的意见强加给被审计单位。

5.6.2.2 对反馈不充分及没有反馈的问题与被审计单位进行探讨

探讨的内容包括不反馈的原因或被审计单位的其他考虑等,通常情况下内部审计人员可采用面谈或电话咨询的方式进行。探讨要采用客观和公正的态度,运用有效沟通和协调的技巧,注意不能发生侵权和越权的行为。

5.6.2.3 对重大的审计结果进行现场追踪审计和测试

现场追踪审计可采用的方法包括访问、面谈、测试以及检查纠正措施的记录资料等。与内部审计实施阶段相似,后续审计的关键步骤在于取得现场追踪数据和实地考察资料并记录于审计工作底稿，形成文件，为以后的审计工作提供参考。

5.6.2.4 针对已采取的各项措施进行评估，对控制风险进行重新评估

针对已采取的各项措施进行评估，对控制风险进行重新评估是后续审计的实质性部分。风险评估采用的模型及风险排序等都可以与前期审计工作一致。

5.6.2.5 提交后续审计报告

后续审计报告的目的是使管理层充分了解后续审计中澄清的事实及重新评估的风险程度。后续审计报告的内容包括后续审计的审计结果、风险重估结果以及被审计单位的反馈等。

5.6.3 后续审计中应注意的问题

内部审计组织必须进行后续审计，以确保被审计单位对审计报告中提出的审计结果采取适当的行动。内部审计组织应确认已经采取的纠正行动和正在达到要求的结果，或者确认高级管理层或董事会已经承担了对在报告中的审计结果不采取纠正行动而产生的风险。后续审计中应注意以下事项：

（1）内部审计组织所进行的后续审计是指他们用以确认管理人员针对报告的审计结果而采取的行动是否合适、有效和及时的一个工作过程。

（2）管理层负责决定针对报告中的审计结果应采取的适当行动，内部审计机构负责人负责评价管理层针对报告中的审计结果或未及时解决审计发现的问题而采取的行动。在确定后续审计的范围时，内部审计人员应考虑由该组织中其他人员所进行的后续审计的程序。由于费用和其他考虑，高级管理层可以决定不采取纠正行动，并承担由此而产生的风险。高级管理层对所有重要审计结果所做的决定都应报告董事会。后续审计的性质、时间和范围应由内部审计机构负责人来确定。

（3）在确定合适的后续审计程序并编制后续审计方案时应考虑如下因素：

①审计决定和建议的重要性；

②纠正措施的复杂性；

③落实纠正措施所需要的期限和成本；

④纠正措施失败可能产生的影响；

⑤被审计单位的业务安排和时间要求。

（4）内部审计机构负责人应制订包括下述内容的程序：

①时间要求，要求管理层在规定的时间内对审计发现做出反应和答复；

②评价管理层的反应和答复；

③核实这种反应和答复（在必要情况下）；

④后续审计（在必要情况下）；

⑤向适当的管理层提交有关不令人满意的反应或行动的报告程序，包括风险的假设。

（5）用以有效地完成后续审计工作的技术包括：

①向负责采取纠正行动的适当的管理层说明审计报告中的审计发现；

②在审计期间或在审计报告发出后的适当时期内，收集和评价管理层对审计结果的反应。如果管理层的反应和答复中包括了足够的资料，能使内部审计机构负责人评价纠正行动的适当性和及时性，则这种反应和答复是很有用的；

③从管理层定期获取最新的资料，以便评价管理层在按照先前审计报告中的要求所做的纠正行动是否合理；

④接受并评价来自其他负责进行后续审计程序的组织单位的报告；

⑤向高级管理层或董事会报告有关审计结果的反应情况。

（6）其他：

①被审计单位管理层的责任是对审计中发现的问题采取纠正措施。内部审计人员的责任是评价被审计单位管理层采取的纠正措施是否及时、合理、有效；

②内部审计机构应在规定的期限内，或与被审计单位约定的期限内执行后续审计；

③内部审计机构负责人应适时安排后续审计工作，并把它作为年度审计计划的一部分；

④内部审计机构负责人如果初步认定被审计单位管理层对审计发现的问题已采取了有效的纠正措施，后续审计可以作为下次审计工作的一部分；

⑤当被审计单位基于成本或其他考虑，决定对审计发现的问题不采取纠正措施，并做出书面承诺时，内部审计机构负责人应向组织的适当管理层报告；

⑥内部审计人员在确定后续审计的范围时，应分析原有审计的决定和建议是否仍然可行。如果被审计单位的内部控制或其他因素发生了变化，使原有审计的决定和建议不再适用时，应对其进行必要的修订；

⑦对于已采取纠正措施的事项，内部审计人员应判断是否需要深入检查，必要时可提出应在下次审计中予以关注的事项。

关键概念

审计计划　审计通知书　审计证据　审计工作底稿　审计报告　后续审计

本章小结

《内部审计基本准则》和《内部审计具体准则》分别从总体程序和具体环节方面规范了内部审计需要开展的主要工作，并将内部审计程序分为四个主要阶段：审计准备阶段、审计实施阶段、审计终结阶段以及后续审计阶段。审计准备阶段主要包括编制审计计划、进行审前调查、制发审计通知书；审计实施阶段包括进一步了解被审项目情况、描述内部控制制度、测试内部控制制度、评价内部控制制度及相关的取证、编制审计工作底稿、编写并出具审计报告等；审计终结阶段的工作包括整理审计资料、建立审计档案等；后续审计则包括检查被审计单位对审计发现的问题所采取的纠正措施及其效果。

阅读案例

××集团股份有限公司2012年度审计工作计划①

一、集团公司内部审计工作总体思路

1. 今后5年公司审计工作的总体目标是：由传统的财务收支审计转变为经济效益审计、内部控制审计、经济合同审计等并重。

2. 2012年审计工作重点是：以内部控制制度审计为基础，以经营业绩审计为中心，提高审计工作质量，加强审计意见的落实，充分发挥内部审计在防范风险、完善管理和提高经济效益中的作用，即在实施审计监督时，提高审计服务职能。

二、2012年度集团公司内部审计工作计划

1. 完善审计工作的内部控制制度，促进集团内部控制管理健全与完善。

首先，完善集团公司内部审计制度，做到审计工作有据可依，根据审计业务类型，准备建立《集团公司内部控制制度审计办法》、《集团公司预算执行情况审计办法》、《集团公司合同管理审计办法》三项内部审计制度。

其次，对内部控制执行情况进行检查与评价，主要评价：

（1）内部控制是否健全、有效，可依赖程度如何；

（2）内部控制在运行中是否得到认真的贯彻和执行，是否有利于公司的经营活动、促进公司的发展等；

（3）发现管理中的薄弱环节，从而确定审计重点，提高审计工作效率，保证审计工作质量，有针对性地提出审计意见，促进下属企业健全和完善内部控制制度，保证其经营活动正常运行。

最后，通过预算审计促进预算管理思想观念转变。目前公司费用开支的相关制度尚未健全，部分单位即以预算作为费用开支的标准（而非以费用制度为预算标准），因此，费用开支丧失了计划性，部分项目突破预算范围。审计将配合财务等相关部门，建立与健全各项费用管理办法，制定相关费用开支标准，同时使之成为预算编制的规范性文件。

2. 以经营业绩审计为中心，促进下属企业加强经营管理，提高经济效益。

2012年，审计工作的中心主要是对下属企业的每半年度经营业绩（预算执行）审计。通过经营业绩审计，不仅要查错防弊，及时发现问题并予以纠正，逐步实现由发现型向预防型的转变，更重要的是要找出影响业绩提高的主要因素，分析原因，抓住关键，提出建议和意见，进而促进下属企业加强经营管理，提高经济效益。主要任务是：

（1）完成对下属企业2011年度经营业绩审计，出具审计报告，提交集团公司考核小组，作为对各下属企业考核的依据。

（2）完成对2012年的半年度预算执行审计，发现预算执行过程与内部控制管

---

① 袁小勇．内部审计怎样才能有所作为［M］．北京：经济科学出版社，2012.

理中存在的问题，敦促其纠正问题、执行集团经营政策、落实经营管理措施，围绕集团年度经营目标提高经营效益。

（3）结合经营业绩审计，开展经济责任审计及其他专项审计，促进内部控制制度贯彻与执行。重点包括三个方面：

一是收入合同审计。集团实行资金集中管理，各企业的收入应全部纳入预算管理，并入账核算，禁设小金库，因此，对下属企业的各项收入项目是否纳入预算管理，收入金额全部入账，以及收入内部控制是否健全、有效进行审计。

二是对各项成本费用支出进行跟踪审计。集团公司与下属企业签订经营责任书，但主营业务成本并不纳入业绩考核，并在ERP中实行预算控制，因此，对下属企业的主营业务成本的开支范围、标准、原始票据合法性进行审计，以确定下属企业各项成本费用支出的真实、合法性。

三是工程项目的竣工结算审计。近年来，集团公司不断有一些修缮工程竣工结算，工程竣工结算均聘请具有工程造价资质的咨询公司审计，因此，主要是对工程招标、合同签订、竣工验收、付款进行审计。

三、依照“审后要追究、审后要整改、审后要运用”的原则，建立审计结果落实反馈制度，加强对审计意见落实情况的跟踪，并定期组织开展审计成果运用执行情况的检查

1. 对下发整改通知责令限期整改的下属企业，要及时进行回访，监督审计意见的落实，使企业存在的问题逐级减少，同样的问题不重复出现，从而达到查违纠偏、防患未然、强化管理、规避风险的目的。

2. 与集团公司各职能部门，尤其是财务部要进一步加强合作与工作沟通，将审计部掌握的相关信息及时通报，避免管理、监督、考核脱节。

四、加大宣传力度，改善内部审计环境，加强审计人员培训，进一步提高审计工作质量

1. 2011年审计队伍人员出现流动，审计岗位配备不足，导致年度工作目标未能全部实现，2012年，需要领导支持与相关部门配合，按岗位设置配备审计人员，充实审计队伍力量。

2. 协助与配合相关部门健全与完善内部控制制度，使管理有制度，审计有依据，处罚有规定，进一步发挥审计事前、事中、事后参与经营管理的作用。

3. 利用公司刊物宣传内部审计，报道一些通过内部审计使被审计单位增加效益的事例，或定期与公司各职能部门及下属企业老总、相关部门座谈，让所有员工了解内部审计在企业中的作用，特别是让下属企业领导从了解、重视到全力支持内部审计工作，为内部审计工作的进一步开展打下更好的基础。

4. 通过审计回访，落实审计问题整改，同时也使审计部门了解下属企业诉求、解决问题存在的困难，深层次了解企业经营情况，更好地服务企业。

5. 要对现有的内部审计人员进行业务培训，组织参加国际内部审计师资格考试等，不断丰富业务知识，提高审计人员自身素养，适应新形势、新任务的需要。

2012 年度审计工作计划表见附件。

××集团审计部
2012 年 1 月 6 日

附件

××集团公司 2012 年度内部审计工作计划表

序号	项目	工作目标与内容	时间安排	负责人与参加人
1	年度审计	审核各企业年度经营情况、年度考核目标完成与预算执行情况	2012 年 2—6 月	傅×× 罗×× 梁×× 张××等
2	预算审计	半年度预算执行情况审计	2012 年 8—12 月	傅×× 梁×× 张××等
3	经营审计	确保实现保费节余与奖金计提，修理材料成本专项审计	2012 年 2—6 月	罗×× 梁×× 李××
4	审计制度	完成《集团公司预算执行情况审计办法》、《集团公司内部控制制度审计办法》、《集团公司合同管理审计办法》三项内部审计制度	第一项制度：2012 年 1—3 月； 第二、三项制度：2012 年 9—11 月	傅×× 罗×× 梁××
5	内部控制审计评价	配合集团营收流程改造，对收入、合同签订内部控制的健全、有效进行评价，配合相关部门完善内部控制制度（修理材料成本等）	不定期穿插进行	傅×× 罗×× 李×× 张××
6	后续审计	审计问题整改	不定期穿插进行	罗×× 梁××
7	工程审计	工程建设合同、工程决算造价、监督工程验收、付款	2012 年 1—12 月	傅×× 黎××
8	其他	领导交办责任审计	不定期穿插进行	罗×× 梁×× 李××
9	审计沟通	组织财务人员沟通年度审计中存在问题，防范风险	2012 年 7 月	傅×× 罗××
10	后续教育	组织审计人员学习内部审计准则与新税法	不定期穿插进行	

第6章　内部审计管理方法

学习目标

通过本章学习，主要掌握说话艺术与沟通技巧，学会各种审计信息的写作，客观评价审计工作的效率，加强审计管理，提高审计工作效率。

6.1　内部审计营销管理

6.1.1　审计营销概述

当社会公众对审计有误解时，当审计工作受到抵触时，当审计结论不被接受时，当审计建议不采纳时，审计工作就需要开展广泛的营销活动。

审计营销是以实现组织的管理目标为根本宗旨，在适当的时间、适当的地点，以适当的服务内容和适当的沟通手段，向高层管理者与被审计部门提供适当的思想、理念、信息与建议，将审计关系的维系和管理融入到各项工作之中的过程，从而实现组织的价值增值。

毛泽东在《论反对日本帝国主义的策略》（毛泽东选集第一卷）中说："长征是宣言书。它向全世界宣告，红军是英雄好汉，帝国主义和蒋介石等辈则是完全无用的。长征宣告了帝国主义和蒋介石围追堵截的破产。长征是宣传队。它向十一个省内大约两万万人民宣布，只有红军的道路才是解放他们的道路。长征是播种机。它散布了许多种子在十一个省内，发芽、长叶、开花、结果，将来是会有收获的。"审计工作也是如此，正确审计理念的树立和审计建议的贯彻落实，单靠管理高层和被审计部门，那是痴心妄想、白日做梦，审计营销完全靠我们审计人自己，每一个审计制度的建立就是一部宣言书，每一个审计小组的工作就是一个宣传队，每一个审计项目的完成就是一个播种机，时时营销、事事营销、世世营销。

审计营销应关注营销识别、理念营销、制度营销、工作营销、信息营销与结果营销。营销识别包括心理分析识别、环境分析识别与需求分析识别。审计营销开展的前提是识别，要识别被审计单位的心理状况，识别被审计单位的内部控制环境，识别被审计单位的现实需求，识别清楚才能对症下药。

理念营销就是注重宣传，攻心为上：宣传审计、理解审计、支持审计；由"要我审计"转向"我要审计"。当管理层和被审计单位不理解审计、误解审计、不支持审计工作时，理念的营销迫在眉睫。

制度营销就是游戏规则的制定，明确领导层、被审计部门与审计组织的权利、责任与义务。审计章程就是审计工作的游戏规则，但是章程的制定必须明确领导层、被审计部门与审计组织三方的权利、责任与义务，不能只仅仅制定审计部门和审计人员的职责权限，如果领导层与被审计部门的权利、责任与义务不明确，再好的审计人员也难以开展工作。

工作营销体现在具体的审计过程中，包括审计的通知、报告、公示等方面，以及审计座谈会、访问、问卷调查等，形成一个人人周知的和谐审计环境。

信息营销体现在审计信息发布，包括审计简报、审计要情、审计工作动态等，审计部门要定期或不定期的主动发布审计的计划、审计的法规、审计的案件、领导的批示等，使广大群众随时可以听到审计的声音或看到审计的影子，使大家耳濡目染，融入审计。

结果营销就是审计结果的运用，体现在对审计意见的领导批示与部门采纳两个方面，通过审计报告的建议，使领导决策更科学更完善，使被审计单位的制度更健全更有效。

6.1.2 审计信息写作

审计信息是审计部门与各级管理层及被审计单位之间沟通的载体，是审计工作发挥作用的重要途径，是审计活动过程的描述，是交流审计情况、指导审计工作、扩大审计影响的重要手段，是审计成果的重要体现。审计信息主要表现形式有审计要情、审计简报、审计工作计划、审计报告和审计工作总结。

审计要情主要反映审计发现的性质恶劣、金额巨大的严重违纪违法问题以及重大风险，反映审计发现的重要的典型问题，需要高层管理者及时了解掌握重要情况。审计要情只能与特定管理高层进行沟通，并注意及时性和准确度，严防信息泄露他人，注意保密。

审计要情写作要点：一是题目要高度概括提炼，突出责任主体、问题性质和金额大小，用词要准确，并有新意和吸引力。二是描述事件涉及的人物、时间、地点、事件、原因和结果等基本信息。三是要分析事件发生的来龙去脉，产生问题的原因分析，事件基本定性和责任人的确定。四是要说明该事件对单位经营活动产生的重大影响及后果，提出解决问题的办法和完善相关制度的建议。

审计简报是反映领导对审计工作的指示、审计工作重要举措、重要成果、典型事例、重要审计项目进展情况、审计工作经验、各界人士对审计评价等方面的信息。审计简报的内容可以是：宣传审计工作法规制度；介绍普及性的财务常识，促使各级管理部门主动防范经营风险和管理风险；介绍本系统内审工作经验；公布单位内审工作计划；总结单位内审工作情况；可以公开的重大或带有普遍性、典型性问题及改进建议；中外经典的正反面审计案例介绍等。

审计简报参考范例：

审计工作简报

第×期

（总第××期）

审计处办公室　编印　　　　　　　　　　　　　　20××年×月×日

发票专题

（介绍发票基本常识和相关法律规范，使各级部门了解熟悉，自觉防范虚假发票引发的管理风险。)

主题词：审计处　简报　发票

报：相关公司领导

送：各部、处、分公司

责任编辑：×××　　　　　　　　　　　　　　　　　　　　核发：×××

审计工作总结是对已经完成的审计工作进行回顾和分析，肯定已经取得的成绩，提出应吸取的教训。审计工作总结一方面要总结审计部门自身完成的业绩和成就，另一方面也要总结各个部门在接受审计工作中的整改业绩和优秀的管理方法与经验，同时也要指明审计部门和各个部门以后一起努力的方向。

审计工作总结参考范例：

20××年××大学审计工作总结

20××年，审计处认真贯彻教育部《20××年教育审计工作要点》文件精神和我校“健全监督机制”的要求，紧紧围绕学校的发展目标，开拓创新、奋发有为，不断使内审工作迈上新台阶。全年共完成各类审计项目××项，审计资金总额××万元，形成审计报告与意见××份，提出建议意见上百条。通过基建修缮工程审计，为学校节约资金支出××万元。充分发挥了内部审计在教育事业发展中防范风险、确保资金安全、规范内部管理和促进提高效益的作用。

(一) 财务收支审计情况

全年共完成××项。通过对二级会计核算或管理单位的财务收支进行审计，查出有问题资金××万元，其中：账务处理不当资金××万元；确定了的损失资金××万元；违纪违规金额××万元；已经纠正违纪违规资金××万元（近年发生的未纳入财务管理资金和漏税情况)。提出的财务手续不全、库存管理不善、账表不符、利润分配方法不确定、固定资产账实不符，以及个别单位财务管理不到位等问题，均得到重视，并陆续得到解决。

(二) 基建修缮工程审计情况

对基建、修缮工程资金继续实行先审计后付款。20××年共完成××项，其中基建工程审计××项，修缮改造项目××项。甲方审定后的送审资金额××万元，审计之后确定付款金额××万元，审减额××万元，平均审减率×%。其中有×项委托社会审计组织协助完成，审减额××万元，审减率×%；其余自审××个项目审减额×万元，审减率×%。

20××年，审计处认真贯彻我校领导提出的“加强审计，特别是事前审计”的要求，加大了事前审计工作力度，除完成以上已经统计在内的×个事前审计项目之外，还增加了事前工程审签项目×项，资金××万元，主要是职能部门准备在开工前进行包死合同的工程。此外，还完成零星基本建设工程及维修改造工程审签项目××项，资金为××万元。20××年，审计处共计完成审签项目××项，资金总额××万元。

（三）其他审计工作情况

全年完成中层领导干部经济责任审计×项；审计调查×项；其他审计×项。主要包括对校办实体、学院领导、科研基地负责人进行的换届审计等。对于个别的公款私存问题，审计之后立即得到纠正。对于违规拆借资金、对外投资损失等问题，审计中指出的危害和提出的建议，均受到重视。

完成科研经费结项审签××项，资金××万元；参加学校及相关的工作会议，主动沟通工作，促进相关工作协调配合。努力参与学校安排的制度建设、银行对账单审签、大额资金管理、房改等涉及决策的重要事项，均竭尽所能发挥作用。据不完全统计，全年共参加校园建设管理处组织的建设工程招投标××次；参加资产与产业管理处组织的设备招投标××次；参加后勤管理处组织的涉及维修改造招标活动×次；参加世纪公司组织的选择物业公司招投标×次；参加网络管理中心单独组织的招投标×次。

6.1.3 说话艺术

审计工作不仅要会做事情和会查账，还要会说话和会写作。但是，目前的实际情况是，我们的审计人员，只会查账，不会说话，更不会写作。审计人员在与相关领导和被审计单位进行沟通时，因不会说话而得罪相关人士、影响审计工作正常开展的情况时有发生。审计工作的写作主要体现在审计报告、工作总结、审计经验介绍、审计论文等方面，审计写作常见问题是，重点不突出，用词不准确，逻辑层次欠佳，思想和语句的提炼不到位。

日常生活常见一些人士能说会道，口若悬河，仅用三寸不烂之舌，让对方听得五体投地，心服口服。有的人“王婆卖瓜、自卖自夸”，把自己标榜的完美无缺，令众人羡慕。有人说：男人要捧、女人要哄，男人要靠女人捧、女人要靠男人哄。我觉得这话有一定道理，是否可以修改为“被审计的男人要靠审计的女人捧、被审计的女人要靠审计的男人哄”、“被审计的女人要靠审计的男人捧、被审计的男人要靠审计的女人哄”，是否有启发呢？

您会说话吗？简单小测试：

- 会不会听话？（要学会说话，首先要学会听话）
- 有没有用情？（听话和说话都要动之以情）
- 有没有“我”字满天飞？（说话不要以“我”为中心）
- 有没有冷落人？（说话时不要自己滔滔不绝，要激发别人说话）
- 有没有打断别人？（他人说话时最好不要打断）
- 有没有让别人感到不安？（揭露隐私，攻击别人）
- 您微笑了吗？（一张笑脸人人喜欢）

怎样说话呢？

第一，真诚。无论是意愿还是态度，面对被审计人员都要真诚，至诚足以感人，真诚到永远，大家好才是真的好。在审计过程中要永远相信被审计单位，即使被审计人员隐瞒、欺骗审计人员，我们至少在形式上也要相信对方。学会换位思考，站在被审计单位的立场，分析其压力、顾虑和需求，真诚提出切实有效的审计建议。

第二，倾听。在审计交流时时时尊重对方，全神贯注不走神耐心倾听，目光随时交流，及时捕捉有价值的信息。倾听时姿势要前倾，不断赞赏与点头，及时回答对方问题，适时提问但不能打断对方思路，及时归纳说话者的观点但不要匆忙下结论，了解对方、理解对方、同情对方。

第三，赞美。真心诚意地赞美对方，赞美一个人的行为或贡献，而非赞美他本人。赞美对方不易人知的优点，学会借用第三者的口吻赞美他人。赞美最微小的进步，赞美要有一定高度。赞美要讲究场合，合乎时宜，赞美要恰到好处。例如，审计人第一天进入被审计单位时说："王总您好！听说您这里最近几个月销售形势不错，老弟我特意来了解学习一下，好给集团领导总结推广您的经验。"赞美要具体，千万不能笼统赞美，世界上最虚假的赞美就是"你真漂亮！"

第四，提问。提问要以对方为中心，时时处处尊重对方。提问要注意技巧，以对方的特长发问，使对方乐于接受。设计好提问的问题答案，千方百计让对方回答说"是"，这样可以使大家全身放松，创造和谐的审计氛围。相同的问题有不同的问法，审计人员要反复推敲，确定合适的询问方式。问题问得太多惹人烦，审计人员要注意适当控制提问问题的数量。可以在恰当的时机故意提问已知答案的问题，以测试对方的诚信与顾虑。提问最好不用封闭式问句，例如，"是盈利还是亏损?"、"星期三您在哪里?"多用开放式问句，例如，"您的意见呢?""业绩怎么样了?"

第五，批评。批评要给足对方面子，学会先表扬后批评，批评只对事不对人，因为审计本身也是对事不对人。批评要注意场合，只说"新账"不翻"旧账"。尽量采用建议式的批评和请教式的批评。例如："您认为存在问题的根源在哪里?""您有什么好的建议?"

第六，本质。常言说：山不在高，有仙则名，水不在深，有龙则灵；吹笛要按到眼、敲鼓要敲到点。审计工作中话不在多，点到就行，把握事物的本质，说到问题的本质。

第七，幽默。幽默是有趣或可笑而意味深长。幽默能在参与者之间产生一种强烈的伙伴感和一致对外的攻击性，幽默能一下子拉近两个人之间的感情距离，产生共同的兴趣爱好。幽默是一种修养、一种文化，是润滑剂、兴奋剂、调味品，幽默是智慧的表现。例如，审计处长在年终考评的述职报告会上说："审计部门无意争先进，希望各个部门都能考评优秀。如果我们审计部门评上先进单位了，你们就出问题了。"

6.1.4 沟通技巧

沟通是人们借助于共同的符号系统，获得、传递和交流信息、思想和情感的个人和社会互动行为。其目的是传递信息、提出请求、回答问题、鼓励激励、发起行动、决定决策、解释、辩解、评论、自夸、总结、了解信息、表达感情等。沟通的分类有正式沟通与非正式沟通；上行、下行、平行沟通；单向沟通与双向沟通；直接沟通与间接沟通；语言沟通与非语言沟通；书面语言沟通与口头语言沟通。每一种沟通都有其自身特点和适用范围，审计人员要依据实际情况，灵活使用沟通方式。沟通方式见表 6–1。

表 6–1 **沟通方式表**

项目	面对面	电话	书面	网络
接触方式	直接	间接	间接	间接
表达方式	语言	语言	文字	文字
沟通内容	深入细致	受限制	全面丰富	全面丰富
情感氛围	可利用	无法利用	无法利用	无法利用
个性心理	有影响	有影响	不影响	不影响
联系方式	较慢较窄	快速广泛	较慢较窄	快速广泛
费用	最大	较大	较少	很少

沟通应注重策略选择，审计人要学会换位沟通，时常站在被审计人的角度开展沟通，只有站在被审计单位的立场，才能体会对方的难处、压力和阻力，设身处地为对方考虑，沟通才能有共同语言。审计要实行目标沟通，站在组织的共同利益上，与被审计单位进行沟通，审计人必须要让被审计单位明白，审计的目的与被审计单位的利益都是在组织共同利益的前提下实现的，只有这样的沟通才能是和谐的审计。但是，中国人的沟通有自己的特点，中国人不会主动讲自己的信息，但是却会高度关注别人的信息。中国人喜欢在合适时间、合适地点、对合适人、以合适方式、说合适的话。中国人的沟通，有时候不沟也不通；有时候沟而不通；有时候沟而能通；有时候不沟就通。

下面我们来学习一下全国政协副主席、国家审计署前任审计长李金华的沟通艺术①。

6.1.4.1 事例一：与时任总理朱镕基的沟通艺术

李金华在谈到 1999 年的审计结果报告要不要如实向全国人大常委会报告时，在总理办公会议上发生了激烈争议。有关部门领导在会上激烈反对点那么多名，找出种种理由反对公开审计报告。由于报告对财政部和发改委点名最多，这两个部门意见比较大。李金华说，我偷偷看了一下总理，总理很不高兴，总理沉下脸问李金华："我曾要求各部门向国务院的报告，凡涉及其他部门的，都要协商一致再报国务院，你审计署为什么没有取得有关部门的同意就报来了？"跟李金华一起参加会议的审计署同志后来说，当时他吓得腿都有点发抖了。可李金华说："总理，您的指示我是非常清楚的。可您讲的是一般工作方面的请示或报告，我这个不一样，我

① 李金华．我与"审计风暴"［J］．纵横，2011（3）．

和这些部门是监督和被监督的关系，有些要取得一致是不可能的。但事实都是准确无误，这些部门都是认可的，只是要不要向人大报告、要不要对外披露，在这方面当然不可能完全一致。”总理说：“你说的也有道理。”接着他问大家：“事实有没有出入?”当时没有人说有出入。总理又问李金华：“这些是不是都是审计署查出来的?”李金华说“是。”总理又问：“你敢负责吗?”李金华说：“我完全负责。”总理斩钉截铁地说：“凡是审计署审计发现的预算执行中的问题，只要事实是准确的，都要如实向人大常委会报告，我们不要修改。我们这届政府就是要敢于揭露我们的缺点。”李金华说：“我很感激朱镕基总理，他给我们以后的审计工作开了个好头。他说没他支持不行，这是肯定的。可话又说回来，没有我的争取，也不一定有这个结果。如果当时看总理不高兴我就不吱声，说‘是我的不对，我们回去再商量商量’，表示退缩，那审计也不会有后来的局面。”

启示：审计人与上级领导的沟通，首先要尊重领导，态度诚恳；其次，说话要简明扼要，有理有据；再次，审计人作为下属，要胆大心细，准备充分。

6.1.4.2　事例二：和被审计单位的沟通

李金华谈到有一次审计一个部门时，这个部门找人说情，说情的人面子还很大。后来李金华想了一个主意，便说：“这个事情你叫我不公开，这是违反规定的，不可能。但是如果公开，我们可以讲两句话，不讲一句话。”

对方问：“什么是两句话？什么是一句话?”

李金华说：“讲一句话就是讲你有什么问题；讲两句话就是说你虽然有这个问题，但是你已经整改了。”

对方说：“你这个办法好。”

李金华说：“我建议你回去让他们开个会，赶快制定整改措施。”最后这个问题解决了。

启示：审计的结果是“双赢”，审计人和被审计人都要有面子，都要有台阶下，大家好才是真的好。

6.1.4.3　事例三：被审计单位领导对审计的体会

原科技部长徐冠华，人很正派。据说从来不请客，退下来后专门要请李金华，表示感谢。李金华非常感动。徐冠华对李金华说：“老实讲，你们刚来审计时，我是反感的，我心里想，我能有什么问题？我的工作忙得不得了，你们却成天来找我的麻烦！后来，我才发现，有好多问题我之前是不清楚的，经过你们审计，我了解到好多情况，这是第一条。第二，你们帮助我们加强了管理，避免了出现更大更多的问题。第三，通过你们审计，解决了我自己解决不了的问题。”

启示：审计不仅仅是揭露问题，更主要的是为高层领导提供更为丰富的信息，通常情况下，被审计单位的基层信息，高层领导并不一定都知道，审计人可以为高层领导提供他们并不知晓的信息。借助审计独立第三人的特殊地位，向上级领导反映情况，为被审计单位解决他们自己不能解决的问题，真正发挥咨询与服务功能。

以上历史再现，不仅使我们感受到朱镕基总理的人格魅力，也学到了李金华副主席作为一个审计人的高尚品格和高超的沟通艺术。

6.1.5 审计谈判

审计谈判是说话艺术与沟通技巧的综合体现，是审计人情商高低的集中反映。审计谈判是审计人和被审计人，为了满足自身利益的需要，对涉及双方切身利益的分歧进行沟通，谋求取得一致性。谈判是以满足某种利益为目标，建立在各自的需求之上。审计人的需求是降低自身审计风险；被审计人的需求是信息保密、职位晋升和经营业绩。谈判是一个沟通的过程，是冲突化解的过程。谈判的实质是一种说服活动，要么是审计人说服被审计人，要么是被审计人说服审计人。

审计谈判的原则：一要坚持人事分开原则，紧紧围绕相关政策和制度、围绕经营管理活动开展谈判，审计谈判不涉及具体人员；二要坚持集中利益原则，审计谈判以增加组织价值为最终目的，无论审计人还是被审计人，大家的最终目的都是为了增加组织价值，防范组织风险；三要坚持双赢原则，审计人和被审计人的双方利益都要照顾到，既要照顾到被审计人的面子，又要使审计人不违反规定；四要坚持客观性原则，审计定性应以客观事实为基础，以审计证据为基础，审计结论要客观公正，不偏不倚，不带个人感情色彩。审计谈判的焦点主要在于双方的分歧，正确分析双方分歧的原因，是证据分歧？审计依据分歧？推理分歧？审计问题披露分歧？还是审计结果公开范围的分歧？审计谈判中审计人员应注意“黑脸”与“白脸”的搭配，审计小组是一个团队，在审计谈判中，一个人态度强硬，另一个人态度和蔼，巧妙的搭配会达到意想不到的结果；注意问题与建议的数量在审计报告中的分布，一般情况下，审计报告中的问题数量要少于建议数量，这样至少在形式上给被审计单位一个面子，如果问题实在太多，可以建议的口气写在审计报告的建议段；注意审计整改与审计披露的选择，审计并不仅仅是要揭露问题，关键是加强整改，审计人是披露被审计单位存在的问题还是披露已经整改的问题，需要慎重选择；审计披露层次的选择，审计报告或审计信息在多大范围内进行披露？是在高层披露？还是在中层披露？还是在全体员工面前披露？这需要审计人平衡考虑信息公开的积极作用和消极影响。

6.2 内部审计制度管理

6.2.1 审计“小制度”

健全完善的内部审计控制制度，有利于保证审计质量。因此，为实现内部审计工作的规范化、制度化，明确审计人员、主审人员、项目负责人、部门负责人的责任，必须制定、完善内部审计的质量控制制度。所谓审计“小制度”，是指审计机构自身的制度，这些制度包括：审计工作制度、质量检查考评制度和责任追究制度。

（1）审计工作制度是审计工作过程的规范性要求，要明确各个责任人的具体权力、责任和义务，涉及审计立项制度、人员委派制度、计划编制规定、主审竞聘制度、主审负责制度、外勤工作管理规定、取证注意事项、工作底稿编制复核制度、审计报告编制复核制度、督导制度、重大问题请示报告制度、审计公告制度等。

（2）质量检查考评制度是对正在进行或已经完成的审计业务进行监督、评价，了解审计状况，提高审计质量，是一种事中和事后的监控制度。审计质量的检查可以是企业内部审计部门的自查与互查，也可以是企业内部高层组织的专门针对内部审计质量的专项检查，也可以是内部审计协会质量检查委员会的外部督促检查。科学考评内部审计质量，应该建立考评指标体系，包括定性指标和定量指标，并以此为依据，作为奖惩的基本依据。

（3）责任追究制度是一种事后补救的质量控制措施，目的在于促使各级内部审计人员明确各自责任，强化责任意识，降低审计风险。实施责任追究制度，在对违规者进行处罚的同时，也对遵循者实施了保护，是确认和解除审计人员审计责任的一种有效机制。

6.2.2 审计“大制度”

所谓审计“大制度”，是指审计机构与高层管理者、被审计单位之间建立的沟通协调制度。审计机构应享有的调查权、检查权、建议权和处罚权，各部门应无条件接受审计人员监督；审计机构经费单独预算制度，应对审计机构实行单独定额预算制度，确保审计活动有足够的经费来源，保证审计活动的有效开展；建立定期审计制度，监督企业各项管理制度的贯彻落实，发现问题及时解决；建立审计建议落实制度，定期检查审计建议的落实情况；建立违规处罚制度，对于违规者处以重罚，使其一日受罚终生不为。

（1）审计共建制度。审计部门和每一个被审计单位签署“审计共建协议”，明确双方各自职责，审计为管理人员提供工程管理、内部控制等审计咨询服务；被审计单位一方面抓生产管理，一方面配合审计工作。通过审计共建协议的签署，减少传统审计带来的误解、偏见和冲突，实现互动性的“双赢”，真正实现审计的管理顾问与经济良医的作用，共同构筑“防火墙”。

（2）审计联络员制度。为最大限度地预防和降低经营风险，应积极推行审计联络员制度，每个部门或分支机构推举一名员工作为本部门的审计联络员，目的是为了实时了解企业情况，构建审计部门与被审计单位的信息反馈渠道，审计联络员定期以书面形式汇报工作情况，及时向审计部门反映企业存在的困难、问题与风险，使领导及时掌握重大情况，使上下信息通畅，充分发挥审计联络员的桥梁纽带作用。

（3）审计指导员制度。为了更好地开展审计工作，规定每位审计人员负责一定数量的部门开展联络工作，每周安排一天时间去相关部门，了解生产经营情况、财务运营状况、制度建立与执行情况、对外投资情况等，重点掌控大额资金流向。通过这一制度建立，促进企业建立健全内部管理体制，同时为常规的审计工作做好铺垫，将风险的发生消灭在萌芽状态，有效实行事前和事中的控制。

（4）自我审计制度。审计工作要积极从“要我审计”转变为“我要审计”，充分调动广大人民群众的积极性和创造性，要求每个部门、每个分支机构，定期开展自我审计，并把自我审计报告递交审计机构，对于自己审计发现的问题，自己主动整改，并且把自己整改的情况也向审计部门递交后续审计报告，审计部门不予追究，但以后不能再重复发生。对于存在的问题，如果每个部门自己审计时没有发现，而被审计部门揭露出来，企业将给予严厉惩处。

（5）审计成果运用制度。审计报告中关于问题的处理意见，要纳入部门的达标考核制度、绩效考核制度和干部任命制度；审计报告中关于相关政策、制度的建议，要纳入高层决策机制；相关高层管理者必须审阅审计报告、批阅审计报告，督促被审计单位整改纠正；建立完善审计意见的督查督办和整改机制，纪检监察部门、组织人事部门、财务管理部门和资产管理部门要形成协查协审机制，促使审计成果转化为生产力。

此外，还有审计报告公开制度、审计意见纠错制度、审计联席会议制度、审计协议制度等。

以上管理制度的创新，依靠审计部门一家是无能为力的，需要高层管理者和各个部门的共同努力。内部控制，人人有责，审计工作，人人有份。但是，审计部门不能坐等制度从天而降，需要我们审计人自己向高层管理者和各个部门开展大量的营销活动，现代新型审计观念的真正落地生根，需要深入开展思想教育，通过积极主动的思想教育推动创新管理制度的建立。如果以上制度不能得到有效建立，审计人员再认真再辛苦地工作，审计项目都可能付之东流，枉费心机。思想掌控制度，制度改变一切。

6.3 内部审计工作绩效评价

6.3.1 关于绩效评价

绩效一词使用相当广泛，其释义包括“业绩、成绩、执行、表现”等，既包括人们从事某一活动所产生的结果，也包括人们在实现预定工作任务过程中所采取的行为，即：

绩效=行为（如何做）+结果（做得怎样）

行为关注的是绩效实现的过程，适用于通过单一方式或程序化的方式达到绩效目标的职位，结果关注的是绩效结果或绩效目标的实现程度。

绩效评价是一个系统，由下列要素构成，即评价主体（评价者）、评价客体（评价对象）、评价目标、评价指标体系（评价指标、评价标准、评价方法）以及相关的激励机制。

（1）评价主体是绩效评价的行为主体，可以是特定的组织机构，也可以是自然人；

（2）评价客体是评价的行为对象，是根据不同的需要和目的而确定的；

（3）评价目标是评价的立足点和目的地；

（4）评价指标体系是评价系统的核心部分，其中评价指标是对评价客体实施评价的重要依据，评价标准是评价的参照系，评价方法是具体实施评价的技术规范；

(5) 激励机制是评价行为的延伸和反馈，有利于评价客体行为的改善。

评价内部审计绩效的主体可以是外部组织、高层管理者，也可以是审计人自己。在目前的环境下，外部评价机制并未建立起来，内部审计人员应积极主动开展审计绩效评估工作，使高层管理者看到内部审计的成效，看到内部审计的希望。

内部审计绩效评价的立足点自然是一个组织价值的增加，评价的客体可以是整个经营活动，也可以是物资采购活动、成本管理、基建工程等方方面面。

至于评价标准、评价方法和评价指标体系，则需要审计人员根据具体评价对象，作出相应选择。

6.3.2 内部审计绩效评价内容分析

内部审计绩效评价分为动态评价和静态评价。

1) 动态评价

动态评价是事中评价，评价审计政策和审计制度落实情况，实际上是审计质量的控制，包括审计计划科学性评价、审计方案可行性评价、审计取证的充分性和相关性评价、审计工作底稿完整性评价、审计日记的真实性评价、审计报告的质量评价、后续审计的有效性评价等。动态评价的标准就是内部审计准则的具体规范要求。

2) 静态评价

静态评价是事后评价，是评价审计工作的结果情况。具体表现有：

(1) 工作量评价。工作量是内部审计机构一年内完成审计任务的数量，具体体现为审计完成的单位数、审计完成的项目数、审计计划项目完成数量、临时审计项目完成数量、审计覆盖率等。审计覆盖率是指审计实际完成的单位数或审计金额占全部单位总数或全部资金的比率。

(2) 工作效果评价。工作效果是指内部审计机构完成各项审计工作后所产生的结果，具体表现为审计发现的违规资金金额、审计意见或建议数量、审计意见或建议的采纳数量、被审计单位整改情况、相关部门和群众对审计工作满意度评价等。

(3) 审计成本评价。审计成本是审计机构完成一定工作量并达到一定工作效果后所消耗的时间和经费，具体表现为：一年内部审计工作消耗的总工时或总经费、平均每个审计项目消耗的工时或经费、每位审计人员平均每年的审计工作总工时或总经费支出等。

(4) 审计工作效率评价。审计工作效率是指内部审计机构在单位时间内完成一定工作量所需要的全部经费与审计工作的实际效果的比较。具体表现为一元钱的审计成本投入带来的价值增值。用公式表示为：

审计工作效率=审计工作带来的成本节约或价值增值÷审计经费

其结果如果大于1，表明审计工作有效率；如果小于1，表明审计工作无效率，当然还要考虑审计经费本身的机会成本。

6.3.3 关于 EVA 的基本原理

经济增加值（EVA），是经调整的企业税后净营业利润扣除企业全部资本成本后的余额。经济增加值法是以企业税后营业净利润及所需投入资本的总成本为依据评价经营绩效的方法，也是以经济增加值理念为基础的管理系统、决策机制及激励制度。

经济增加值的计算公式为：

$$EVA = NOPAT - C \times K_W$$

式中，EVA 表示企业的经济增加值；NOPAT 表示经调整的企业税后净营业利润；C 表示企业全部投入资本的总额；K_W 表示企业加权平均资本成本率。

经济增加值比较充分体现企业创造价值的管理理念，避免会计利润的局限性，降低企业盈余管理的动机，全面考虑了企业的资本成本，促进资源合理配置和提高资本使用效率。EVA 度量的是资本利润，而非企业利润；是资本的社会利润，而非个别利润；是资本的超额收益，而非利润总额。以 EVA 作为评价体系的目的就是使经营者像所有者一样思考，使所有者和经营者的利益趋向保持一致。

审计工作的绩效评价也可以借鉴 EVA 的基本原理。我们首先要明确两个基本概念，一个是审计工作本身发生的成本，表现为审计部门的办公经费、审计人员的工资福利、审计培训费用等；二是经过审计以后给企业带来的经济效益，这个经济效益可以表现为节约的开支、降低的成本、核减的工程造价、新增的投资收益等。基于这两个概念，我们用下列计算公式开展绩效评价：

内部审计绩效=经审计后新增的效益-审计成本　　（公式一）

该计算结果，如果出现大于零，说明审计工作有成效；如果出现小于零，说明审计工作无成效。但是，这一计算方法，没有考虑审计工作占用资金的机会成本，不能体现真正意义上的审计绩效。如果考虑资金成本因素，上述公式改造如下：

内部审计绩效=（经审计后新增的效益-审计成本）-审计成本×加权平均资本成本率　　（公式二）

该计算结果，如果出现大于零，说明审计工作真正有成效；如果出现小于零，说明审计工作根本无成效。

改造后公式二的内部审计绩效计算方法，才使股东利益、管理者的利益和审计人的利益从根本上趋于一致，把这一指标广泛应用于企业管理中，有利于管理体系和管理制度的一体化，既有利于审计工作的开展，更有利于企业经营计划的畅通实施，审计工作不再是管理的“绊脚石”，而是“催化剂”。

6.3.4 EVA 原理在内部审计绩效评价中的应用研究

对于内部审计的绩效，一般理解为内部审计职能的效率与效果，侧重报告如何利用已有资源来实现年度审计计划，常见的表现形式是：年度审计计划中已经完成的审计项目数量；年度审计计划中未完成的审计项目数量；提出建议的数量；被领导和被审计单位采纳的审计建议数量；审计后节约的资金数量；审计工作消耗的总工时数；审计工作的总成本数等。以上这些指标考核内部审计绩效，只是看到了表面现象，至于这些完成的审计项目、提出的建议数量、采纳的建议数量等究竟发挥了多少作用，是否能实现企业发展的战略，高层管理者、被审计单位和审计人员也是心中无数的，只有把审计项目带来的具体效益数据计算出来，内部审计工作才能让大家心服口服。

我们来看一个审计的绩效分析事例：假设采购物资一批，原计划采购总金额20 000元，经审计确定金额为18 000元（降低采购价格、节约运输费用等，但原材料采购的数量、质量和等级保持不变），该项目的审计经费消耗（含人工成本、差旅费、办公费等）1 000元，假设资金成本率为10%。则根据公式一计算如下：

（20 000－18 000）－1 000＝1 000（元）

根据公式二计算如下：

（20 000－18 000）－1 000－1 000×10%＝900（元）

假设上述事例中，审计经费支出变为1 900元，其他资料不变，其计算结果如下：

根据公式一计算如下：

（20 000－18 000）－1 900＝100（元）

根据公式二计算如下：

（20 000－18 000）－1 900－1 900×10%＝－90（元）

显然，两种计算方法得出的结果是不一样的，说明内部审计的绩效也不同。作为股东和高层管理者，更关注依据公式二计算出来的结果来考评内部审计工作的绩效。

以上绩效分析评价方法，可以推广到企业整个经营管理的全过程，可以应用于物资采购、各种成本管理、工程造价等方方面面。但是，这一方法的运用，一定要有前提条件，即审计工作的成本是可以单独量化；审计工作成本有据可查；被审计事项带来的经济效益，有充分的证据表明是由审计工作独立带来的。

以上基于EVA原理进行的内部审计绩效评价方法，也有其局限性：

（1）以企业财务数据指标为唯一的绩效评估标准，容易使审计人员过分注重短期利益和结果，容易导致急功近利，而不考虑企业组织长期目标的实现。甚至，这一评价结果与企业的发展战略是背道而驰的，单一的财务指标考核，没有充分考虑到企业未来发展战略需求。

（2）以收益为基础的财务数据，仅能够衡量现在审计工作的结果，无法评估企业组织的绩效和审计工作的绩效在未来的表现。审计人员的素质、胜任能力以及学习发展都没有涉及，内部审计机构未来持续发展能力无法体现。此外，内部审计工作流程的质量、审计时间使用与节约、审计质量保证技术、高层管理者的满意度、被审计单位的投诉、审计建议执行比例等，这些方面的绩效都无法体现。

（3）内部审计绩效包括了显性价值和隐性价值两个方面。显性价值是指可以直接确认或可以直接计量的价值，表现为审计查出并改正的错弊金额、审计预防风险挽回的损失金额、审计结果带来的资金节约和费用降低等。隐性价值是非直接性价值，表现为审计建议弥补程序缺陷和完善内部控制措施所减少的管理成本和避免的损失，隐性价值体现在业务部门收益增加或成本的减少难以量化。

尽管基于EVA原理的内部审计绩效评价方法具有局限性，但是，这一方法充分考虑了审计工作占用资金的机会成本，强调可接受的最低投资报酬的理念，在这一理念引导下，企业所有营运功能都从同一基本点出发，各个部门会自动加强合作，审计部门的工作也会自然融入到各项管理工作中，使股东、高层管理者及被审计部门的利益趋于一致。

关键概念

说话艺术　审计信息写作　绩效评价

本章小结

目前我们的大多数审计人员技术水平很高，很会查账，这一点毋庸置疑。但是说话与沟通艺术就欠缺了，而审计的各种文书写作更不敢恭维了，会做不会说不会写的审计人员十分普遍。提高我们审计人员的说话艺术和写作水平迫在眉睫。审计制度不仅仅是约束审计机构和审计人员，更重要的是明确审计人与高层领导和各个被审计单位的权利责任义务，明确三方的“游戏”规则。如何提高内部审计工作的审计效率和效果，不仅是审计人关注的重点，更是企业高层领导高度关注的核心问题。

阅读案例

规范管理降成本　创新方法促审计①

上峰集团有限公司创办于1994年，现有员工1 000多人，总资产10亿元，下属6家子公司，是一家以生产瓦楞纸箱、彩印及纸浆模塑为主导产品，集工业、贸易、科研、房地产、实业投资于一体的跨地区、跨行业的民营股份制企业集团，是全国最大的纸包装生产基地之一。

2004年7月，集团公司为适应快速发展和扩张，加强风险控制，成立了审计监察部。目前审计监察部共有专职审计人员5人，兼职7人，全面负责公司内部控制设计及检查、风险控制、工程审计、财务审计、投资审计、内部监察等工作。

自2008年以来，审计监察部努力完善内部审计监督体系、创新内部审计工作方法、加强投资审计和风险控制工作，三年来共开展64个审计项目，36个专项调查，提出审计整改方案368个，处理干部19人次。已开展的审计项目涵盖公司经营管理所有层面，为公司实现年度经营目标，规避运营风险，提供了有力

---

① 上峰集团有限公司审计监察部. 规范管理降成本，创新方法促审计［J］. 浙江内部审计，2011 (2).

的保障。

一、完善审计监督体系

审计监察部以规范管理、降低成本、控制风险、客观评价为目标，以“防范胜于查处，审计寓于服务”为口号，以“只审计，不披露，等于没审计；只披露，不整改，等于没披露；只整改，不见效，等于没整改”为内训，行使监督和评价的职能，不断探索和构建更加完善的审计监督体系，全心全意为公司服务。

在深入学习贯彻《审计法》、《中国内部审计准则》等法规的同时，逐步制订适合公司实际的内部审计制度。在形成《内部审计制度》与《内部审计工作规范》两份基本制度的基础上，2008 年起陆续制订出了以内部控制审计办法、基建项目审计办法、财务审计办法、合同审计办法等为具体审计办法，以财务审计细则、采购控制审计细则、基建项目审计细则等为外围的实务操作指南，以审计公示、年度审计会议、审计奖惩办法、审计监察部考核办法等为保证措施的制度体系，从而有层次有步骤地完善健全了审计监督体系，并将此汇编成《企业管理审计手册》，要求严格按照手册执行，在手册指导下有条不紊地开展审计工作。

二、拓展审计业务范围

1. 开展专项调查，解决突出问题。审计监察部对审计过程中发现的主要问题或重要投诉进行专项调查，及时解决一些突出问题。通过专项调查，明确责任，深度曝光，以点带面，促进职能部门采取措施，修改程序或制度，防止类似投诉再次发生。如 2010 年 5 月，有关人员向审计监察部反映公司模具采购存在问题。审计监察部立即对模具的采购流程和采购执行现状进行调查，特别关注各项重要单据的流转和模具的验收环节。通过对采购、验收等各个环节出现的问题进行分析，最终发现在模具的采购过程中有关人员存在失职行为，致使公司采购成本升高，造成严重的浪费。按照公司《内部审计奖惩办法》规定对责任人提出了处理建议，并督促相关责任部门进行整改。调查后我们及时跟踪，使公司辅助品采购得到了规范，采购成本得到有效控制。

2. 加强符合性测试，确保规章制度贯彻落实。在审计过程中，审计监察部严格以审计法规、公司制度及文件为标准对被审计部门进行审查，检查各部门对法规制度的落实执行情况。如 2010 年 5 月，在进行物流部仓储管理审计时，我们严格按照《成品仓库兼运输管理作业指导书》等相关规章制度的要求对入库、仓库管理、出库、发货等各个环节进行符合性测试，发现了一些违规操作行为。在督促责任部门整改的同时，审计部门要求相关子公司领导和责任部门积极完善作业指导书，以保证规章制度适应公司的经营发展。

3. 关注基建工程审计，节约基建投资成本。基建工程审计是严把资金审查关口、减少企业资金流失、加强投资控制的重要保障。审计监察部重点做好前期的招标工作和后期的结算过程。通过招标，在相同的质量要求下控制价格；通过验收，核实数量的准确性，保证工程的质量。在参与过程中，审计监察部实施了事前控制，对投标单位资格的审查、价格的确定、质量的保证及合同等都进行事前审计。

集团公司及其所属公司的重点工程项目建设，审计监察部均派工程审计专员进行过程监督，实施全过程工程造价审计。自2008年至今，集团公司共实施了大小26项工程项目招标实施，审计监察部全部参与了全过程造价审计工作，为公司共节省基建成本1 300多万元，挽回了600多万元的直接损失。

4. 重抓销售风险审计，加强风险控制。自2008年全球金融危机爆发后，公司一些客户由于业务的影响，产生了资金紧张的现象，致使公司逾期应收账款不断增加，市场风险加剧，个别客户还因资金链断裂倒闭，形成坏死账。为此，审计监察部重抓销售风险审计，对销售过程中发生的市场风险和信用风险进行全面审计，包括对客户评审、合同签订、货款回笼、对账管理和坏账处理等方面。通过审计，完善了信用体系建设，前移客户信用控制关口，对于新进客户，在产品打样之前，必须得到审计监察部的信用评估和业务评估的确认，保证开发良好信用和潜力增长的客户。对于已经发生业务的客户，在信用政策控制前提下，加强对应收账款的预警，及时提醒业务部门和人员采取措施，对于已经逾期的客户督促跟踪催讨。对逾期确实时间较长，多次催讨无果的客户及时建议诉讼。通过审计的监督督促，今年集团在销售额增加的情况下应收账款总量基本保持不变，客户结构不断改善，坏账数额没有明显增多。

5. 开展投资审计，降低投资风险。集团公司近几年快速发展，为了开拓发展空间，公司加大了对外投资力度，包括股权投资、实业投资、合资等。为了确保投资安全和投资效益最大化，审计监察部积极制订投资审计办法，开展投资审计工作。从项目可行性分析开始，审计监察部一直参与项目的筹建到投产的工作，参与过程中积极向公司董事会提出投资建议，确保投资利益最大化。集团核心子公司浙江上峰包装有限公司为拓展市场，计划自2010年起将在全国多个省市设立分公司，因此，在今后的工作中，审计监察部将把投资审计当做一项常规工作来抓，以降低投资风险，提高投资效益。

三、创新审计工作方法

1. 开展内审营销，宣传审计工作。在集团公司内部开展内审营销工作，拓展渠道宣传审计工作。一是利用公司内部OA办公系统，建立内审网站，搭建一个有效的沟通平台，同时拓宽了审计证据搜集的途径；二是在公司报纸《上峰报》上开辟审计专栏，宣传审计工作，并对审计情况进行公示。

2. 开展模拟审计，促进事前整改。模拟审计就是在正式审计之前，被审计单位主动要求内部审计帮助其开展自我检查、提供咨询服务、事前解决问题、实现公司目标的一种方式。自2008年12月份以来，我们创新审计模式，通过模拟审计的方式，帮助被审计单位及时揭露问题，共同解决自身难以解决的问题。在俞建虎董事长的大力支持下，模拟审计在公司全面开展。一方面提升了部门的管理水平，更好地实现部门、公司的管理目标，实现了由立场对立或职能不相关的刚性审计向主动要求、沟通无顾虑、友好合作、共商对策、共谋发展的柔性审计过渡，促进了优化管理和企业的更大发展；另一方面也拓宽了内部审计的视野，拓展了内部审计职能。通过为被审计单位提供咨询服务，扩大了内部审计作用，提升了内部审计工作水平，增强了内部审计的权威，推动了内部审计的发展。

3. 倡导协同审计，提高审计效率。在开展工作的过程中，审计人员发现，由于知识面的局限及公司实际情况的影响，单靠审计监察部的力量不能很好地发挥作用。因此审计监察部积极与财务部、品管部、总务部等相关部门或人员建立协同机制，不但节省工作量，提高工作效率，减少被审计对象的麻烦，而且开拓审计范围，充分识别风险，提高了审计效果。譬如在物料管理审计中，审计部建立了与财务部、品管部组成的审计组，对物料的入库、领用、保管、报废的控制进行了专项审计，根据各部门的工作特点，有针对性的分工，提高了工作效率，增加了专业化程度，达到了预期目标。另外，审计监察部也聘任了一些资深业务人员为“兼职审计员”，在上下流交叉审计中发挥积极作用，取得较好效果。

4. 编制审计案例，杜绝问题复发。根据审计调查情况，形成审计案例，供大家学习借鉴，杜绝问题重复发生。如2009年9月某彩盒退货事件，审计监察部通过对事件发生的前因后果进行全面调查，对此事件的关键点进行分析，明确各个部门的责任，形成审计案例，提供大家借鉴，有利于相关责任人进行思考，以防止类似事件再次发生。

通过审计监察部的有效工作和其他部门的通力协助，集团继续保持良好的发展势头。2008年至2010年，集团公司销售额和利润同比增长20%以上，累计盘活资金近1.9亿元，节约成本和费用2 100多万元。全体员工的责任意识和风险意识进一步增强，企业应对金融危机能力显著提高。

内部审计工作能够取得一定成果，主要原因有以下几个方面：(1) 最高决策层高度重视且认识不断深化。审计工作是“一把手”工程，自审计部门成立以来，集团董事长高度重视，一直在创造良好的审计环境并及时给予指导，这是审计工作能够很好地展开并取得成绩的基础。(2) 狠抓审计效果，突出增值服务。增值服务是审计工作的出发点和归宿点，是审计部门存在的理由和目的，没有审计效果，存在就是一种资源浪费。(3) 重视员工培训，提高审计专业性。在部门建设中通过内部和外部加强人员建设，提高内审人员的素质，这是保证审计工作高质量完成的一个重要因素。

第 7 章　内部控制自我评价

学习目标

通过本章学习，掌握内部控制的基本要素及其包含的具体内容，明确企业内部控制自我评价的方式与评价内容。

为了加强内部控制自我评价对内部审计作用的发挥程度，中国内部审计协会 2003 年发布的《内部审计具体准则第 5 号——内部控制审计》、2006 年发布的《内部审计具体准则第 21 号——内部审计的控制自我评估法》都对相关事项进行了规范。

2008 年 6 月 28 日，财政部联合五部委发布了《企业内部控制基本规范》，执行基本规范的上市公司，应当对本公司内部控制的有效性进行自我评价，披露年度自我评价报告，并可聘请具有证券、期货业务资格的中介机构对内部控制的有效性进行审计。2010 年，五部委联合发布的《企业内部控制评价指引》对企业应当如何构建完善的内部控制制度并确保其有效运行以及如何对自身的内部控制实施效果进行评价等事项进行了规范。

7.1　内部控制概述

7.1.1　内部控制的含义

《企业内部控制基本规范》指出，内部控制是由企业董事会、监事会、经理层和全体员工实施的，旨在实现控制目标的过程。内部控制的目标是合理保证企业经营管理合法合规、资产安全、财务报告及相关信息真实完整，提高经营效率和效果，促进企业实现发展战略。

内部控制的含义可从以下几个方面进行理解：

（1）内部控制必须体现为全员控制。从企业董事会、监事会、经理层到全体员工都是内部控制的主体。

（2）内部控制力求实现五种目标：合理保证企业经营管理合法合规、资产的安全完整、财务报告及相关信息真实完整、提高经营的效率和效果、促进企业实现发展战略。

（3）内部控制是一个过程（process）。内部控制并不是静止的，它与企业的经营活动交织在一起，是渗透到企业活动中的一系列行为。

（4）内部控制只能为企业目标的实现提供合理保证（rational assurance）。决策中人为判断的错误、失误以及两个或更多人的串通舞弊等原因都会导致内部控制失效。

7.1.2 内部控制的原则

7.1.2.1 全面性原则

全面性原则强调内部控制应当贯穿决策、执行和监督的全过程，覆盖企业及其所属单位的各种业务和事项。

内部控制的全面性包括两层含义：一是对企业活动全过程的控制，内部控制必须渗透到经营活动的各项业务过程和各个操作环节；二是对企业经营活动全方位的控制，内部控制必须涵盖企业所有的部门和岗位，不能留有任何死角。

7.1.2.2 重要性原则

重要性原则要求内部控制应当重点关注重要业务事项和高风险领域，在全面控制的基础上，将可能面临重大风险的重要业务事项和高风险领域作为内部控制的重点。

7.1.2.3 制衡性原则

制衡性原则要求内部控制在治理结构、机构设置及权责分配、业务流程等方面相互制约、相互监督，同时兼顾运营效率。在公司治理层面，企业要做好决策权、监督权和执行权之间的权责分配和制衡；在公司运营层面，对于任何一项完整的经济业务，完成某个环节的工作需要来自彼此独立的两个部门或人员的合作协调、相互监督和相互制约。

7.1.2.4 适应性原则

适应性原则要求内部控制与企业经营规模、业务范围、竞争状况和风险水平等适应，并随着情况的变化加以调整。

7.1.2.5 成本效益性原则

内部控制的建立健全和有效实施需要耗费企业的资源，因此，企业在设计内部控制时，一定要考虑控制的投入成本和控制的产出效益之比，既不能因为内部控制的缺失给企业带来负面影响，也不能一味追求完美而无节制的耗费成本。内部控制不是控制得越严格越好、越全面越好，而是“适当”即可。

7.1.3 内部控制的构成要素

1992 年，美国反对虚假财务报告委员会所属的内部控制专门研究委员会——发起机构委员会（Committee of Sponsoring Organizations of the Treadway Commissions，简称 COSO 委员会），在进行专门研究后提出专题报告《内部控制——整体框架》（Internal Control-Integrated Framework），也称 COSO 报告。COSO 报告认为内部控制由控制环境、风险评估、控制活动、信息与沟通、监督五要素构成。

2004 年，COSO 委员会发布了《企业风险管理——整合框架》（Enterprise Risk Management — Integrated Framework，简称 ERM 框架），在五要素的基础上，将风险评估细分为目标设定、事项识别、风险评估和风险应对，将内部控制从五要素拓展成了八要素。

根据我国的实际情况，2008 年财政部联合五部委发布的《企业内部控制基本规范》以 COSO 五要素为基础，将内部环境、风险评估、控制活动、信息与沟通和内部监督纳入内部控制的五要素之中。《企业内部控制基本规范》内控构成要素与 COSO 内部控制框架的比较见表 7-1。

表 7-1 《企业内部控制基本规范》内控构成要素与 COSO 内部控制框架的比较

COSO 的内部控制整体框架	我国《企业内部控制基本规范》
控制环境	内部环境
风险评估	风险评估
控制活动	控制活动
信息与沟通	信息与沟通
监督	内部监督

7.1.3.1　内部环境

内部环境是企业建立与实施内部控制的基础，一般包括治理结构、机构设置及权责分配、内部审计、人力资源政策、企业文化等。内部环境决定了企业在道德标准、价值导向方面的基调，往往受高层管理者的直接影响，并影响着企业员工的控制意识和行为方式，是其他四个要素的基础。如果企业没有良好的内部控制环境，其内部控制各项活动都将难以得到恰当实施。

1）治理结构

治理结构是由股东大会、董事会、监事会和管理层构成的，决定着公司内部决策过程和利益相关者参与公司治理的方法，主要作用在于协调公司内部不同产权主体之间的经济利益矛盾，克服或减少代理成本。

2）机构设置及权责分配

按照治理结构安排，董事会在公司管理中居于核心地位，董事会应对公司内部控制的建立、完善和有效运行负责。监事会对董事会建立与实施内部控制进行监督。公司管理层对内部控制制度的有效运行承担责任。

3）内部审计

内部审计是公司治理的四大基石之一，内部审计控制是内部控制的一种特殊形式。

4）人力资源政策

任何内部控制制度的成效都取决于其审计水平和高素质人员的贯彻执行。因此，人力资源政策是内部控制的一个重要因素。人力资源政策包括：员工的聘用、培训、辞退与辞职；员工的薪酬、考核、晋升与奖惩；关键岗位员工的强制休假制度和定期岗位轮换制度；掌握国家秘密或重要商业秘密的员工离岗的限制性规定等。

5）企业文化

企业文化是企业在长期的经营实践中形成的共同思想、作风、价值观念和行为准则，是一种具有企业个性的信念和行为方式。企业文化包含四个要素：制度文化、物质文化、行为文化、精神文化，这四者相互影响、相互作用，共同构成企业文化的完整体系。

7.1.3.2 风险评估

风险评估是内部控制的重要环节，在企业生产经营过程中，只有进行科学的风险评估，自觉地将风险控制在可承受范围之内，才能实现企业的可持续发展。风险评估主要包括：

1）目标设定

企业开展风险评估，应当准确识别与实现控制目标相关的内部风险和外部风险，确定相应的风险承受度。风险承受度是企业能够承担的风险限度，包括整体风险承受能力和业务层面的可接受水平。

2）风险识别

风险识别作为风险评估环节的重要环节，关注的问题主要是：存在哪些风险、哪些风险应予以考虑、引起风险的主要因素是什么、这些风险所引起的后果及严重程度如何、风险识别的方法有哪些等。而其中企业在风险评估过程中，更应当关注引起风险的主要因素，应当准确识别与实现控制目标有关的内部风险和外部风险。

3）风险分析

一旦风险得到识别，企业就应当对风险进行分析和评估，这样管理层就能根据已经识别出的风险的重要性来计划如何应对风险。因此，企业应当采用定性与定量结合的方法，按照风险发生的可能性及影响程度等，对识别的风险进行分析和排序，确定关注重点和应当优先控制的风险。

4）风险应对

在分析了各种风险发生的可能性及影响程度后，企业应当确定如何进行风险应对。根据风险分析的结果，结合风险承受度，权衡风险与收益，确定风险应对策略，如风险规避、风险降低、风险分担和风险承受等。

7.1.3.3 控制活动

控制活动是指结合具体业务和事项，运用相应的控制政策和程序或称控制手段实施控制。《企业内部控制基本规范》规定，企业应当结合风险评估方法，通过手工控制与自动控制、预防性控制与发现性控制相结合的方法运用相应的控制措施，将风险控制在可承受范围之内。企业控制措施一般包括：

1）不相容职务分离控制

企业应进行全面系统的分析，梳理业务流程中所涉及的不相容职务，实施相应的分离措施，形成各司其职、各负其责、相互制约的工作机制。

2）授权审批控制

授权可分为常规授权和特别授权。常规授权是企业在日常经营管理活动中按照既定的职责和程序进行的授权；特别授权是指在特殊情况和特定条件下进行的授权。企业各级管理人员应当在授权范围内行使职权和承担责任；企业对于重大的业务和事项，应当实行集体决策审批或联签制度，任何个人不得单独进行决策或擅自改变集体决策。

3）会计系统控制

会计系统控制要求企业严格执行国家统一的会计准则制度，加强会计基础工作，明确会计凭证、会计账簿和财务会计报告的处理程序，保证会计资料真实完整。

4）财产保护控制

企业应建立财产日常管理制度和定期清查制度，采取财产记录、实物保管、定期盘点、账实核对等措施，确保财产的安全完整；严格限制未经授权人员接触和处置资产。

5）预算控制

预算控制要求企业实施全面预算管理制度，明确各责任单位在预算管理中的职责权限，规范预算的编制、审定、下达和执行程序，强化预算约束。

6）运营分析控制

企业应建立运营情况分析控制，经理层应当综合运用生产、购销、投资、筹资、财务等方面的信息，通过因素分析、对比分析、趋势分析等方法，定期开展运营情况分析，发现存在的问题，及时查明原因并加以改进。

7）绩效考核控制

绩效考核制度要求企业建立和实施绩效考评制度，科学设置考核指标体系，对企业内部各责任单位和全体员工的业绩进行定期考核和客观评价，将考评结果作为确定员工薪酬以及职务晋升、评优、降岗、辞退等的依据。

7.1.3.4　信息与沟通

信息是管理活动的基础，信息与沟通是企业及时、准确、完整的收集和获取与管理该企业相关的财务信息和非财务信息，并以一定形式、在一定的时间范围内传递给需要的人，以便他们能够履行其内部控制和其他职责的过程。企业应当建立信息与沟通制度，明确内部控制相关信息的收集、处理和传递程序，确保信息在企业内部、企业与外部之间进行有效沟通，这是企业实施内部控制的重要条件。

1）信息搜集

企业应当对搜集的各种内部信息和外部信息进行合理筛选、核对、整合，以提高信息的有用性。企业可以通过财务会计资料、经营管理资料、调查报告、专项信息、内部刊物、办公网络等渠道，获取内部信息；通过行业协会组织、社会中介机构、业务往来单位、市场调查、来信来访、网络媒体以及有关监管部门等渠道，获取外部信息。

2）信息传递

企业应当将内部控制相关信息在企业内部各管理层级、责任单位、业务环节之间与外部投资者、债权人、客户、供应商、中介结构和监管部门等有关方面之间进行沟通和反馈。信息沟通过程中发现的问题，应当及时报告并加以解决。

3）信息共享

企业的内部控制系统实质上是一个信息系统，是一个对信息进行搜集、核对、整合、传递的过程，并且通过反馈机制改进信息的搜集、处理和传递，从而形成一个灵敏的信息沟通机制，促进内部控制目标的实现。为了使信息流、物流、资金流在企业内部部门之间、企业与外部机构之间充分流动，企业就必须依赖信息技术搭建信息共享的平台。因此，企业应当加强对信息系统的开发与维护、访问与变更、数据输入与输出、文件储存与保管、网络安全等方面的控制，保证信息系统安全稳定运行。

4）反舞弊机制、举报人投诉制度和举报人保护制度

有效的信息交流机制可以对防范以及及时发现舞弊行为产生积极的作用。因此，企业应当建立反舞弊机制，坚持惩防并重、重在预防的原则，明确反舞弊工作的重点领域、关键环节和有关机构在反舞弊工作中的职责权限，规范舞弊案件的举报、调查、处理、报告和补救程序。企业应当建立举报投诉制度和举报人保护制度，设置举报专线，明确举报投诉处理程序、办理时间和办结要求，确保举报、投诉成为企业有效掌握信息的重要途径。

7.1.3.5 内部监督

内部控制监督是指企业应对内部控制建立与实施情况进行监督检查，评价内部控制的有效性，发现内部控制缺陷，应当及时加以改进，这是企业实施内部控制的重要保证。

内部监督包括日常监督和专项监督。日常监督是指企业对建立与实施内部控制的情况进行常规、持续的监督检查；专项监督是指在企业发展战略、组织结构、经营活动、业务流程、关键岗位员工等发生较大调整或变化的情况下，对内部控制的某一或某些方面进行有针对性的监督检查。专项监督的范围和频率应当根据风险评估结果以及日常监督的有效性等予以确定。

内部控制的自我评价就属于内部监督的一种方式，企业定期对内部控制的有效性进行评价，出具内部控制评价报告，有利于发现内部控制的缺陷并及时进行整改。

7.1.3.6 内部控制五要素的关系

在内部控制五要素中，控制环境是其他控制要素的基础；风险评估和控制活动必须借助企业内部信息的有效沟通；实施有效的监督可以保障内部控制的运行效果。内部环境、风险评估、控制活动、信息与沟通和内部监督构成了内部控制框架的五大要素，而企业实施内部控制的目的是为了合理保证经营管理合法合规、资产安全、财务报告及相关信息真实完整、提高经营效率和效果以及企业战略目标的顺利实现（五大目标）。内部控制五要素的关系可以在图7-1中得到体现。

7.1.4 内部控制的局限性

企业内部控制无论如何有效，都只能为实现各项目标提供合理保证。内部控制目标实现的可能性受其固有局限的影响，这些局限包括：

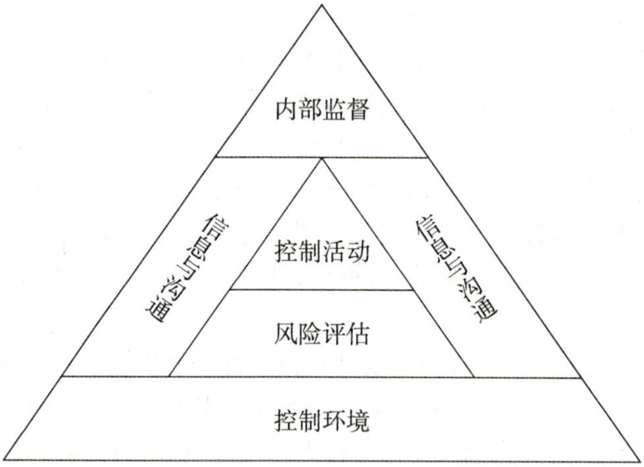

图 7-1　内部控制五要素关系图

（1）人为的判断不可避免地会出现失误，从而使内部控制中的那些基于判断的决策出现失误，进而导致内部控制失效；

（2）内部控制可能会由于误解、疏忽等多方面的原因失效；

（3）经理层凌驾于内部控制之上可能导致内部控制失效；

（4）两个或多个人的串通行为可能导致内部控制失效；

（5）由于考虑和权衡内部控制的成本与效益，可能会影响内部控制的有效性。

7.2　内部控制自我评价的程序及方法

2010 年，我国财政部、证监会、审计署、银监会、保监会五部委联合发布的《企业内部控制评价指引》对企业应当如何构建完善的内部控制并确保其有效运行以及如何对自身的内部控制实施效果进行评价等事项进行了规范。

《企业内部控制评价指引》第二条规定，企业内部控制评价是指企业董事会或类似权力机构对内部控制有效性进行全面评价、形成评价结论、出具评价报告的过程。一般而言，是由内部审计人员与被评估单位管理人员组成一个小组，管理人员在内部审计人员的帮助下，对本部门内部控制的恰当性和有效性进行评价，然后根据评价和集体讨论来改进建议出具报告，并由管理者实施。

7.2.1　内部控制自我评价的作用

7.2.1.1　内部控制评价有助于企业自我完善内控体系

内部控制评价是通过评价、反馈、再评价，报告企业在内部控制建立与实施中存在的问题，并持续的进行自我完善的过程。通过内部控制评价查找、分析内部控制缺陷并有针对性的督促落实整改，可以及时堵塞管理漏洞，防范偏离目标的各种风险，并举一反三，从设计和执行等全方位健全优化管控制度，从而促进企业内控体系的不断完善。

7.2.1.2　内部控制评价有助于提升企业市场形象和公众认可度

企业开展内部控制评价，需形成评价结论，出具评价报告。通过自我评价报告，将企业的风险管理水平、内部控制状况以及与此相关的发展战略、竞争优势、可持续发展能力等公布于众，树立诚信、透明、负责任的企业形象，有利于增强投资者、债权人以及其他利益相关者的信任度和认可度，为自己创造更为有利的外部环境，促进企业的长远可持续发展。

7.2.1.3 内部控制自我评价有助于使每个职员参与内部控制

通过实施内部控制自我评价，内部审计人员与高层管理者不再是以指令的形式下达命令、下级员工只能完全服从执行，而是通过倾听职员的意见，利用他们在实践中的特长，让他们参与到内部控制的完善和改进之中。这种由部分人员参与到职员广泛参与的转变，实现了仅有审计人员对控制负责向所有职员对控制负责的转变。

7.2.1.4 内部控制评价有助于实现与政府监管的协调互动

政府监管部门有权对企业内部控制建立与实施的有效性进行监督检查。事实上，在有关政府部门，比如审计机关开展的国有企业负责人离任经济责任审计中，已将企业内部控制的有效性，以及企业负责人组织领导内控体系的建立与实施情况纳入审计范围，并日益成为十分重要的一部分。尽管政府部门实施企业内控监督检查有其自身的做法和特点，但监督检查的重点内容是基本一致的，比如大多涉及重大经济决策的科学性、合规性以及重要业务事项管控的有效性等。

实施企业内控自我评价，能够通过及早排查风险、发现问题，并积极整改，有利于在配合政府监管中赢得主动，并借助政府监管成果进一步改进企业内控实施和评价工作，促进自我评价与政府监管的协调互动。

7.2.2 内部控制评价的对象及原则

7.2.2.1 内部控制评价的对象

内部控制评价是对内部控制有效性发表意见。所谓内部控制有效性，是指企业建立与实施内部控制对实现控制目标提供合理保证的程度，包括内部控制的设计有效性和内部控制的运行有效性。

1）设计有效性

内部控制的设计有效性，是指为实现控制目标所必需的内部控制要素都存在并且设计恰当。

设计有效性的根本判断标准是所设计的内部控制是否能为内部控制目标的实现提供合理保证。对于财务报告目标而言，所设计的相关内部控制是否能够防止或发现并纠正财务报告的重大错报，是判断其设计是否有效的标准；对于合规性目标而言，所设计的相关内部控制是否能够合理保证遵循适用的法律法规，是判断其设计是否有效的标准；对于资产安全目标而言，所设计的内部控制是否能够合理保证资产的安全、完整，防止资产流失是判断其是否有效的标准；对于战略、经营目标而言，由于其实现还受到许多不可控的因素的影响，因而判定相关内部控制的设计是否有效的标准，是所设计的内部控制是否合理保证董事会和经理层及时了解这些目标的合理性和实现程度，从而调整目标和改进控制措施。

2）运行有效性

内部控制的运行有效性，是指现有内部控制按照规定程序得到了正确执行。评价内部控制的运行有效性，应当着重考虑以下几个问题：

（1）相关控制在评价期内是如何运行的；

（2）相关控制是否得到了持续一致的运行；

（3）实施控制的人员是否具备必要的权限和能力。

评价运行有效性，就是对于设计有效的内部控制，考察其是否按照设计的那样一贯执行的过程。如果评价证据表明内部控制在设计上存在缺陷，即内部控制的设计不符合设计的有效性标准，那么即使内部控制制度按照该设计得到了一贯执行，我们也不能认为其运行是有效的。当然，如果评价证据表明内部控制的设计是有效的，但是没有按照设计的那样得到一贯执行，我们就可以得出其不符合运行有效性的结论。

需要强调的是，即使同时满足设计有效性和运行有效性标准的内部控制，也只能为内部控制目标的实现提供合理保证，而不能提供绝对保证。这是因为，内部控制目标的实现除受到许多不可控因素的影响之外，其本身也存在着固有局限。因此在评价内部控制设计和运行的有效性时，应当立足于“合理保证”的概念，而不应不切实际的期望内部控制能够绝对保证内部控制目标的实现，也不应以内部控制目标的最终实现情况和程度作为唯一依据直接判断内部控制设计和运行的有效性。

7.2.2.2 内部控制评价的原则

根据《企业内部控制评价指引》第三条规定，企业对内部控制评价至少应遵循以下原则：

1）全面性原则

全面性原则强调的是内部控制评价的涵盖范围应当全面，具体来说，是指内部控制评价工作应当包括内部控制的设计与运行，涵盖企业及其所属单位的各种业务和事项。

2）重要性原则

重要性原则强调内部控制评价应当在全面性的基础上，着眼于风险，突出重点。具体来说，主要体现在制订和实施评价工作方案、分配评价资源的过程之中，它的核心要求主要包括两个方面：一是要坚持风险导向的思路，着重关注那些影响内部控制目标实现的高风险领域和风险点；二是要坚持重点突出的思路，着重关注那些重要的业务事项和关键的控制环节，以及重要业务单位。

3）客观性原则

客观性原则强调内部控制评价工作应当准确地揭示经营管理的风险状况，如实反映内部控制设计和运行的有效性。只有在内部控制评价工作方案制订、实施的全过程中始终坚持客观性，才能保证评价结果的客观性。

在内部控制评价实务中，以下因素将影响到客观性原则的遵循：

（1）经理层对内部控制评价认识不够，有意识或无意识地在评价方案、评价报告等方面回避存在的问题；

（2）内部控制设计与评价不独立；

（3）缺乏较为科学的手段，评价人员专业知识和业务能力不足，依靠印象等因素主观评价；

（4）评价人员独立性不强，下属单位管理层干涉评价过程或结果，甚至有意制造障碍；

（5）专业部门、审计部门与内部控制部门缺乏良好的沟通机制，内部控制评价方案不能确定最佳的检查评价范围和重点，测试样本选择不合适，以偏概全。

7.2.3 内部控制评价的组织形式和职责安排

《企业内部控制评价指引》第四条规定，企业应当结合内部控制设计与运行情况，制定具体的内部控制评价办法，规定评价的原则、程序、方法和报告形式等，明确相关机构或岗位的职责权限，落实责任制，按照规定的办法、程序和要求，有序开展内部控制评价工作。

企业内部控制评价办法应当结合《企业内部控制基本规范》第四十四条的规定，具体明确内部控制评价的组织形式，特别明确各有关方面在内部控制评价中的职责安排，处理好内部控制评价和内部监督的关系，定期由相对独立的人员对内部控制有效性进行科学的评价，界定内部控制缺陷认定标准，保证内部控制评价有序的开展。

7.2.3.1 内部控制评价的组织形式

企业可以授权内部审计机构或专门机构负责内部控制评价的具体组织实施工作。

内部控制评价机构必须具备一定的设置条件：一是能够独立行使对内部控制系统建立与运行过程及结果进行监督的权力；二是具备与监督和评价内部控制系统相适应的专业胜任能力和职业道德素养；三是与企业其他职能机构就监督与评价内部控制系统方面应当保持协调一致，在工作中相互配合、相互制约，在效率效果上满足企业对内部控制系统进行监督与评价所提出的有关要求；四是能够得到企业董事会和经理层的支持，有足够的权威性来保证内部控制评价工作的顺利开展。

具体来说，企业可根据自身特点，决定是否单独设置专门的内部控制评价机构。由于内部审计机构在企业内部处于相对独立的地位，加上其工作内容和业务专长对于内部控制评价工作有着密切的关联，因而由内部审计机构来负责内部控制评价的具体组织实施工作是比较合理、可行的选择。

（1）对于单独设有专门的内部控制机构的企业，也可以由内部控制机构来负责内部控制评价的具体组织实施工作。一般来说，为了保证评价的独立性，负责内部控制设计和评价的部门应适当分离。

（2）在实务中，也有由组织内部的非常设内部控制评价机构，如抽调内部审计机构、内部控制机构等相关机构的人员组成内部控制评价小组，来负责内部控制评价的具体组织实施的做法。

（3）企业可以委托会计师事务所等中介机构实施内部控制评价。此时，董事会（审计委员会）应加强对内部控制评价工作的监督与指导。从业务形式上讲，中介机构受托为企业实施内部控制评价是一种非保证服务，内部控制评价报告的责任仍然应由企业董事会承担。另外，为保证审计的独立性，为企业提供内部控制审计的会计师事务所，不得同时为同一家企业提供内部控制评价服务。

应当说明的是，内部控制有效性评价可以将内部审计工作中的审计结果作为重要的借鉴因素，以提高评价的效率和效果，但是不能作为最终评价标准。审计结果应由审计机构或内部控制评价机构专门从内部控制角度进行复核、汇总、分析，必要时需补充测试，扩大抽样业务范围和数量，做出全面的内部控制评价结果。

7.2.3.2 有关方面在内部控制评价中的职责

1）董事会对内部控制评价承担最终的责任

《企业内部控制评价指引》第四条规定，企业董事会应当对内部控制评价报告的真实性负责。董事会可以通过审计委员会来承担对内部控制评价的组织、领导、监督职责。董事会或审计委员会应听取内部控制评价报告，审定内部控制重大缺陷、重要缺陷整改意见，对内部控制部门在督促整改中遇到的困难，积极协调，排除障碍。监事会应审议内部控制评价报告，对董事会建立与实施内部控制进行监督。

2）经理层负责组织实施内部控制评价

经理层也可以授权内部控制评价机构具体组织实施，并积极支持和配合内部控制评价活动的开展，为其创造良好的环境和条件。经理层应结合日常掌握的业务情况，为内部控制评价方案提出应重点关注的业务或事项，审定内部控制评价方案和听取内部控制评价报告，对于内部控制评价中发现的问题或报告的缺陷，要按照董事会或审计委员会的整改意见积极采取有效措施予以整改。

3）内部控制评价机构根据授权承担内部控制评价的具体组织实施

通过复核、汇总、分析内部监督资料，结合经理层要求，拟定合理评价工作方案并认真组织实施；对于评价过程中发现的重大问题，应及时与董事会、审计委员会或经理层沟通，并认定内部控制缺陷，拟定整改方案，编写内部控制评价报告，及时向董事会、审计委员会或经理层报告；沟通外部审计师，督促各部门、所属企业对内部控制评价进行整改；根据评价和整改情况拟定内部控制考核方案。

4）各专业部门应负责组织本部门的内控自查、测试和评价工作

对发现的设计和运行缺陷提出整改方案及具体整改计划，积极整改，并报送内部控制机构复核，配合内控机构（部门）及外部审计师开展企业层面的内控评价工作。

5）组织所属单位应逐级落实内部控制评价责任

建立日常监控机制，开展内控自查、测试和定期检查评价，发现问题并认定内部控制有缺陷时，需拟订整改方案和计划，报本级管理层审定后，督促整改，编制

内部控制评价报告，对内部控制执行和整改情况考核。

7.2.4 内部控制自我评价的内容

《内部审计具体准则第 21 号——内部审计的控制自我评估法》规定，控制自我评估主要包括：确定组织整体或职能部门的目标，识别其主要风险；评估组织内部控制的适当性、合法性及有效性；确认内部控制重大缺陷或存在严重风险的业务环节；评估组织非正式的控制及其有效性；评估组织的业务流程及其运作效率；对内部控制自我评估中发现的问题提出改进建议等。

《企业内部控制评价指引》第五条到第十条具体介绍了内部控制评价应包括以下内容：内部控制评价应紧紧围绕内部环境、风险评估、控制活动、信息与沟通、内部监督五要素进行，企业应结合《企业内部控制基本规范》、各项应用指引以及本企业的内部控制制度，确定具体评价内容，对内部控制设计与运行情况进行全面评价。具体评价内容应该在建立内部控制核心指标体系的基础上展开，企业可以根据实际情况将每一个指标逐级细化，增加更详尽、实用的内容。

7.2.4.1 内部环境评价

内部环境是影响、制约企业内部控制建立与执行的各种内部因素的总称，是实施内部控制的基础。内部环境主要包括治理结构、组织机构设置与权责分配、发展战略、企业文化、人力资源政策、社会责任等。

7.2.4.2 风险评估机制评价

风险评估本质上是一个识别变化并采取必要措施的过程。风险是与企业的目标相伴随的，企业首先必须有目标，包括企业层面的目标和业务层面的目标。随着经济、行业和监管等外部环境的变化，企业的风险识别应当考虑到目标实现的过程中面临的各种可能出现的风险。

7.2.4.3 控制活动评价

企业应当结合风险评估的结果，通过常规控制与例外控制、预防性控制与发现性控制相结合的方法，运用相应的控制措施，将风险控制在可承受的范围以内。

在对企业控制活动测试评价时，要重点审核组织结构方面采取的控制措施和内部控制方面采取的控制活动。在组织结构方面重点审核：机构、岗位及职责权限是否合理设置和分工，不相容职务是否分离，对采购与验收等环节是否设置相互监督制度等。在内控制度建设方面重点审核：企业是否制定了董事会的议事规则、总经理事权规则、财务管理制度、采购管理制度、投资管理制度、内控检查监督制度等。

7.2.4.4 信息与沟通评价

企业应当以内部信息传递、财务报告、信息系统等相关应用指引为依据，结合本企业的内部控制制度，对信息收集、处理和传递的及时性、反舞弊机制的健全性、财务报告的真实性、信息系统的安全性，以及利用信息系统实施内部控制的有效性等进行认定和评价。

7.2.4.5 内部监督评价

内部监督指企业对内部控制建立与实施情况进行监督检查，以评价内部控制的有效性，发现内部控制缺陷，及时加以改进的过程。

企业应当制定内部控制监督制度，明确各机构部门在内部监督中的职责权限，规范内部监督的程序、方法和要求。

上述具体评价内容确定后，根据《企业内部控制评价指引》第十一条规定，内部控制评价工作应形成工作底稿，详细记录企业执行评价工作的内容，包括评价要素、主要风险点、采取的控制措施、有关证据资料以及认定结果等。

7.2.5 内部控制自我评价的程序

《企业内部控制评价指引》第十二条至第十四条对企业组织内部控制评价程序和人员、预算等问题做出了具体规定。内部控制评价程序一般包括制订评价工作方案、组成评价工作组、实施现场测试、汇总评价结果、编报评价报告等。概括而言，主要分为以下几个阶段：

7.2.5.1 准备阶段

1）制订评价工作方案

内部控制评价机构应当根据企业内部监督情况和管理要求，分析企业经营管理过程中的高风险领域和重要业务事项，确定检查评价方法，制订科学合理的评价工作方案，经董事会批准后实施。评价工作方案应当明确评价主体范围、工作任务、人员组织、进度安排和费用预算等相关内容。

评价工作方案既可以以全面评价为主，也可以根据需要采用重点评价的方式。一般而言，内部控制建立与实施初期，实施全面综合评价有利于推动内部控制工作的深入有效开展；内部控制系统趋于成熟后，企业可在全面评价的基础上，更多地采用重点评价或专项评价，以提高内部控制评价的效率和效果。

2）组成评价工作组

评价工作组在内部控制评价机构领导下，具体承担内部控制检查评价任务。内部控制评价机构根据经批准的评价方案，挑选具备独立性、业务胜任能力和职业道德素养的评价人员实施评价。评价工作组成员应当吸收企业内部相关机构的熟悉情况、参与日常监控的负责人或业务骨干参加。企业应根据自身条件，尽量建立长效内部控制评价培训机制，培养内部控制评价专业人员，使其熟悉内部控制专业知识及相关规章制度、业务流程及需要重点关注的问题、评价工作流程、检查评价方法、工作底稿填写要求、缺陷认定标准、评价人员的权利与义务等内容。

7.2.5.2 实施阶段

1）了解被评价单位基本情况

评价工作组与被评价单位进行充分沟通，了解其经营业务范围、企业文化和发展战略、组织结构设置及职责分工、领导层成员构成及分工、评价期间内生产经营计划和预算完成情况、财务管理核算体制、内部控制工作概况、最近一年内监督（包括内部控制评价）发现问题的整改情况等。

2）确定检查评价范围和重点

评价工作组根据掌握的情况进一步确定评价范围、检查重点和抽样数量，并结合评价人员的专业背景进行合理分工。检查重点和分工情况可以根据需要进行适时调整。

3）开展现场检查测试

评价工作组根据评价人员分工，综合运用各种评价方法对内部控制设计与运行的有效性进行现场检查测试，按要求填写工作底稿、记录相关测试结果，并对发现的内部控制缺陷进行初步认定。评价人员应遵循客观、公正、公平原则，如实反映检查测试中发现的问题，并及时与被评价单位进行沟通。由于内部控制从纵向检查测试流程，因此工作中成员之间应注意沟通、协调，以获取更多有价值的发现。

7.2.5.3 汇总评价结果、编制评价报告阶段

评价工作组汇总评价人员的工作底稿，初步认定内部控制缺陷，形成现场评价报告。评价工作底稿应进行交叉复核签字，并由评价工作组负责人审核后签字确认。评价工作组将评价结果及现场评价报告向被评价单位进行通报，由被评价单位相关责任人签字确认后，提交企业内部控制评价机构。

内部控制评价机构汇总各评价工作组的评价结果，对工作组现场初步认定的内部控制缺陷进行全面复核、分类汇总，对缺陷的成因、表现形式及风险程度进行定量或定性的综合分析，按照对控制目标的影响程度判定缺陷等级。

内部控制评价机构以汇总的评价结果和认定的内部控制缺陷为基础，综合内部控制工作整体情况，客观、公正、完整的编制内部控制评价报告，并报送企业经理层、董事会和监事会，由董事会最终审定后对外披露。

7.2.5.4 报告反馈和跟踪阶段

对于认定的内部控制缺陷，内部控制评价机构应当结合董事会和审计委员会要求，提出整改建议，要求责任单位及时整改，并跟踪其整改落实情况；已经造成损失或负面影响的，企业应当追究相关人员的责任。

7.2.6 内部控制评价的方法

《企业内部控制评价指引》第十五条规定，内部控制评价工作应当对被评价单位进行现场测试，综合运用个别访谈法、调查问卷、专题讨论、穿行测试、实地查验、抽样和比较分析等方法，充分收集被评价单位内部控制设计和运行是否有效的证据，按照评价的具体内容，如实填写评价工作底稿，研究分析内部控制缺陷。

7.2.6.1 个别访谈法

个别访谈法主要用于了解公司内部控制的现状，在企业层面评价及业务层面评价的了解阶段经常使用。访谈前应根据内部控制评价需求形成访谈提纲，撰写访谈纪要，记录访谈的内容。对于同一问题应注意不同人员的解释是否相同。例如，分别访谈人力资源部和关键岗位员工，以了解是否有员工流失现象。

7.2.6.2 调查问卷法

调查问卷法主要用于企业层面评价。调查问卷应尽量扩大对象范围，包括企业

各个层级员工，应注意事先保密性，题目尽量简答易答（如答案只需为“是”、“否”、“有”、“没有”等）。

7.2.6.3 穿行测试法

穿行测试法指在内部控制流程中任意选取一笔交易作为样本，追踪该交易从最初起源直到最终在财务报表或其他经营管理报告中反映出来的过程，即该流程从起点到终点的全过程，以此了解控制措施设计的有效性，并识别出关键控制。

7.2.6.4 抽样法

抽样法分为随机抽样和其他抽样。随机抽样是指按随机原则从样本库中抽取一定数量的样本；其他抽样是指人工任意选取或按某一特定标准从样本库中抽取一定数量的样本。

使用抽样法时一要注意样本库要包含符合测试要求的所有样本，测试人员应首先对样本库的完整性进行确认，二要确定选取的样本应充分和适当，充分是指测试的证据的数量应当能合理保证相关控制的有效性；适当是指获取的证据应当与相关控制的设计与运行有关，并能可靠的反映控制的实际运行状况。

7.2.6.5 实地查验法

实地查验法主要针对业务层面控制，它通过使用统一的测试工作表，与实际的业务、财务单证进行核对的方法进行控制测试。

7.2.6.6 比较分析法

比较分析法指通过数据分析，识别评价关注点的方法。数据分析可以是与历史数据、行业标准数据或行业最优数据等进行比较。

7.2.6.7 专题讨论法

专题讨论法主要是集合有关专业人员就内部控制执行情况或控制问题进行分析，既可以是控制评价的手段，也可以是形成缺陷整改方案的途径。如对于同时涉及财务、业务、信息技术方面的控制缺陷，就需要由内部控制管理部门组织召开专题讨论会议，综合各部门的意见，确定整改方案。

此外，还可以使用观察、重新执行等方法，也可以利用信息系统开发检查方法，对于企业通过系统进行自动控制、预防控制的，应在方法上注意与人工控制、发现性控制的区别。

7.3 内部控制自我评价报告

企业每年应对内部控制进行评价并予以披露。《企业内部控制评价指引》第十九条规定，企业内部控制评价机构应当编制内部控制缺陷认定汇总表，结合日常监督和专项监督发现的内部控制缺陷及其持续改进情况，对内部控制缺陷及其成因、表现形式和影响程度等进行综合分析和全面复核，提出认定意见（针对财务报告内部控制的缺陷，一般还应当反映缺陷对财务报告的具体影响），并以适当的形式向董事会、监事会或者经理层报告。

7.3.1 内部控制缺陷的认定

内部控制缺陷是描述内部控制有效性的一个负向的维度。企业开展内部控制评价，主要内容之一就是找出内部控制缺陷并有针对性的进行整改。

内部控制缺陷认定在一定程度上决定内部控制评价的成效，且具有一定难度，还需要运用职业判断。为了指导企业科学、合理地认定内部控制缺陷，切实帮助企业有效开展内部控制评价，《企业内部控制评价指引》第十六条至第十九条对内部控制缺陷的分类、认定做出了专门的解释。

7.3.1.1 内部控制缺陷的分类

（1）按照内部控制缺陷成因或来源，内部控制缺陷包括设计缺陷和运行缺陷。

设计缺陷是指企业缺少为实现控制目标所必需的控制，或现存控制设计不适当，即使正常运行也难以实现控制目标。运行缺陷是指设计有效（合理且适当）的内部控制由于运行不当（包括由不恰当的人执行、未按设计的方式运行、运行的时间或频率不当、没有得到一贯有效运行等）而形成的内部控制缺陷。

内部控制存在设计缺陷和运行缺陷，会影响内部控制的设计有效性和运行有效性。

（2）按影响企业内部控制目标实现的严重程度，内部控制缺陷分为重大缺陷、重要缺陷和一般缺陷。

重大缺陷，是指一个或多个控制缺陷的组合，可能导致企业严重偏离控制目标。当存在任何一个或多个内部控制重大缺陷时，应当在内部控制评价报告中做出内部控制无效的结论。重要缺陷，是指一个或多个控制缺陷的组合，其严重程度低于重大缺陷，但仍有可能导致企业偏离控制目标。重要缺陷的严重程度低于重大缺陷，不会严重危及内部控制的整体有效性，但也应当引起董事会、经理层的充分关注。一般缺陷，是指除重大缺陷、重要缺陷以外的其他控制缺陷。

将内部控制评价中发现的内部控制缺陷划分为重大缺陷、重要缺陷和一般缺陷，需要借助一套可系统遵循的认定标准，认定过程中还需要内部控制评价人员充分运用职业判断。一般而言，如果一个企业存在的内部控制缺陷达到了重大缺陷的程度，我们就不能说该企业的内部控制是整体有效的。

（3）按照影响内部控制目标的具体表现形式，还可以将内部控制缺陷分为财务报告缺陷和非财务报告缺陷。

财务报告内部控制是指针对财务报告目标而设计和实施的内部控制。由于财务报告内部控制的目标集中体现为财务报告的可靠性，因而财务报告内部控制的缺陷主要是指不能合理保证财务报告可靠性的内部控制设计和运行缺陷，即不能及时防止或发现并纠正财务报告错报的内部控制缺陷。

非财务报告内部控制是指针对除财务报告目标之外的其他目标的内部控制。这些目标一般包括战略目标、资产安全目标、经营目标、合规目标等。为了避免企业操纵内部控制评价报告，非财务报告缺陷认定标准一经确定，必须在不同评价期间保持一致，不得随意变更。

7.3.1.2 内部控制缺陷的认定标准

《企业内部控制评价指引》第十六条规定，企业对内部控制缺陷的认定，应当以构成内部控制的内部监督要素中的日常监督和专项监督为基础，结合年度内部控制评价，由内部控制评价机构进行综合分析后提出认定意见，按照规定的权限和程序进行审核，由董事会予以最终确定。

首先，内部控制评价从属于内部监督，是监督结果的总体体现。在企业正常的生产经营中，内部控制评价倚重内部监督。其次，在充分利用日常监督与专项监督结果的基础上，企业至少每年由内部控制评价机构对内部控制的五要素独立地进行评价，全面的、综合的分析，提出认定意见，报董事会审批。再次，企业应根据评价指引，结合自身情况和关注的重点，自行确定内部控制重大缺陷、重要缺陷和一般缺陷的具体认定标准。最后，根据具体认定标准认定企业存在的内部控制缺陷，由董事会最终审定。企业在确定内部控制缺陷的认定标准时，应当充分考虑内部控制缺陷的重要性及其影响程度。

7.3.1.3 内部控制缺陷的报告与整改

1）内部控制缺陷报告的格式和途径

企业对于认定的重大缺陷，应当及时采取应对策略，切实将风险控制在可承受度之内，并追究有关部门或相关人员的责任。内部控制缺陷报告应当采取书面形式，可以单独报告，也可以作为内部控制评价报告的一个重要组成部分。

一般而言，内部控制的一般缺陷、重要缺陷应定期（至少每年）报告，重大缺陷应立即报告。对于重大缺陷和重要缺陷及整改方案，应向董事会（审计委员会）、监事会或经理层报告并审定。如果出现不适合向经理层报告的情形，例如存在与管理层舞弊相关的内部控制缺陷，或存在管理层凌驾于内部控制之上的情形，应当直接向董事会（审计委员会）、监事会报告。重要缺陷并不影响企业内部控制的整体有效性，但是应当引起董事会和管理层的重视。对于一般缺陷，可以向企业经理层报告，并视情况考虑是否需要向董事会（审计委员会）、监事会报告。

2）内部控制缺陷整改方案及期限

企业对于认定的内部控制缺陷，应当及时采取整改措施，切实将风险控制在可承受度之内，并追究有关机构或相关人员的责任。

企业内部控制评价机构应当就发现的内部控制缺陷提出整改建议，并报经理层、董事会（审计委员会）、监事会批准。获批后，应制订切实可行的整改方案，包括整改目标、内容、步骤、措施、方法和期限。整改期限超过一年的，整改目标应明确近期和远期目标以及相应的整改工作内容。在整改工作中遇到协调困难甚至阻碍的，内部控制机构有权直接向董事会（审计委员会）报告，董事会（审计委员会）应予以足够的支持和帮助。

7.3.2 内部控制自我评价报告

内部控制自我评价报告是内部控制评价的最终体现，按照编制主体、报送对象和时间，分为对内报告和对外报告。对外报告的内容、格式等强调符合披露要求，时间具有强制性，对内报告则主要以符合企业董事会（审计委员会）、经理层需要为主，编制主体层级更多，内容上更加详尽，格式更加多样，时间可以定期或不定期。

《企业内部控制评价指引》第二十条规定，企业应当根据《企业内部控制基本规范》、应用指引和评价指引，设计内部控制评价报告的种类、格式和内容，明确内部控制评价报告编制程序和要求，按照规定的权限报经批准后对外报出。

7.3.2.1 内部控制自我评价报告的编制时间

《企业内部控制评价指引》第二十三条规定，企业应当根据年度内部控制评价结果，结合内部控制评价工作底稿和内部控制缺陷汇总表等资料，按照规定的程序和要求，及时编制内部控制评价报告。

企业应定期进行内部控制评价并发布内部控制评价报告。企业至少应当每年进行一次内部控制评价并由董事会对外发布内部控制评价报告。年度报告应当以12月31日作为基准日。

非定期内部控制评价报告可以是因特殊事项或原因而对外发布的内部控制评价报告，例如，企业因目标变化或提升而发布的内部控制评价报告，或者针对内部控制缺陷整改而发布内部控制评价报告，或者对某一对社会影响较大事项所做的内部控制方面的承诺和说明。也可以是企业针对发现的重大缺陷进行专项内部控制评价等向董事会（审计委员会）或经理层报送的内部报告（即内部控制缺陷报告）。

7.3.2.2 内部控制评价报告的编制主体

内部控制评价报告的编制主体包括单个企业和企业集团的母公司。单个企业内部控制评价报告指某一企业以自身经营业务和管理活动为辐射范围编制的内部控制评价报告，属于对内报告；企业集团母公司内部控制评价报告是企业集团的母公司在汇总、复核、评价、分析后，以母公司及下属（或控股）子公司的经营业务和管理活动为辐射范围编制的内部控制评价报告，是对企业集团内部控制设计有效性和运行有效性的总体评价，可以是对内或对外报告。

7.3.2.3 内部控制评价报告的报送

《企业内部控制评价指引》第二十四条至二十六条规定了评价报告及内部控制审计报告对外报送的要求。

此外，企业内部控制评价报告应按照规定报送有关监管部门，如国有控股企业应按要求报送国有资产监督管理部门和财政部门、金融企业应按照规定报送银行监督管理部门和保险监督管理部门、公开发行证券的企业应报送证券监督管理部门。

7.3.2.4 内部控制评价报告的内容和格式

（1）董事会声明。声明董事会及全体董事对报告内容的真实性、准确性、完整性承担个别及连带责任，保证报告内容不存在任何虚假记载、误导性陈述或重大遗漏。

（2）内部控制评价工作的总体情况。明确企业内部控制评价工作的组织、领导体制、进度安排，是否聘请会计师事务所对内部控制有效性进行独立审计。

（3）内部控制评价的依据。说明企业开展内部控制评价工作所依据的法律法规和规章制度，一般包括《企业内部控制基本规范》及《企业内部控制应用指引》、《企业内部控制评价指引》、企业制定的内部控制及相关制度、评价方法等。

（4）内部控制评价的范围。描述内部控制评价所涵盖的被评价单位，以及纳入评价范围的业务事项，及重点关注的高风险领域。内部控制评价的范围如有所遗漏的，应说明原因，及其对内部控制评价报告真实完整性产生的重大影响等。

（5）内部控制评价的程序和方法。描述内部控制评价工作遵循的基本流程，以及评价过程中采用的主要方法。

（6）内部控制缺陷及其认定。描述适用本企业的内部控制缺陷具体认定标准，并声明与以前年度保持一致或做出的调整及相应原因；根据内部控制缺陷认定标准，确定评价期末存在的重大缺陷、重要缺陷和一般缺陷。

（7）内部控制缺陷的整改情况。对于评价期间发现、期末已完成整改的重大缺陷，说明企业有足够的测试样本显示，与该重大缺陷相关的内部控制设计且运行有效。针对评价期末存在的内部控制缺陷，公司拟采取的整改措施及预期效果。

（8）内部控制有效性的结论。对不存在重大缺陷的情形，出具评价期末内部控制有效性结论；对存在重大缺陷的情形，不得做出内部控制有效的结论，并需描述该重大缺陷的性质及其对实现相关控制目标的影响程度，可能给公司未来生产经营带来的相关风险。自内部控制评价报告基准日至内部控制评价报告发出日之间发生重大缺陷的，企业须责成内部控制评价机构予以核实，并根据该检查结果对评价结论进行相应调整，说明董事会拟采取的措施。

7.3.3 内部控制评价报告的披露和使用

7.3.3.1 评价报告的披露

公司的价值创造力不仅取决于现有的经营基础和目前的盈利水平，更主要取决于公司的决策科学性和管控能力。公众公司必须向社会披露内部控制评估报告，满足投资者及利益相关者了解企业治理水平、管理规范化和抵御各类风险的能力的需要，更好地服务于他们做出投资决策和相关决策。

7.3.3.2 评价报告的使用

企业内部控制评价对外报告的使用者包括政府有关监管部门、投资者以及其他利益相关者、中介机构和研究机构等；对内报告的使用者主要是企业董事会（审计委员会）、各层级管理者以及有关监管部门。

内部控制评价时企业董事会对本企业内部控制有效性的自我评估，具有一定的主观性，在此基础上形成的内部控制自我评价报告也因此只能作为有关方面了解企业内部控制设计与运行情况的途径之一。在使用内部控制评价报告时，还应注意与内部控制注册会计师审计报告、内部控制监管信息、财务报告信息等相关信息结合使用，以起到全面分析、综合判断、相互验证的效果。

《企业内部控制评价指引》第二十七条规定，企业应建立内部控制评价工作档案管理制度。内部控制评价的有关文件资料、工作底稿和证明材料等应当妥善保管，年度报告应永久保存。

关键概念

内部控制　内部控制五要素　内部控制缺陷　内部控制评价报告

本章小结

内部控制评价对于加强内部审计作用的发挥有着重要的作用，《企业内部控制基本规范》与《企业内部控制评价指引》对公司进行内部控制有效性进行自我评价的要求进行了规范。本章内容对内部控制自我评价的作用、原则、内容、程序等进行了阐述，并介绍了内部控制评价报告的内容、格式的编制要求。

阅读案例

××股份有限公司20××年度内部控制评价报告①

××股份有限公司全体股东：

根据《企业内部控制基本规范》等法律法规的要求，我们对本公司（以下简称“公司”）内部控制的有效性进行了自我评价。

一、董事会声明

公司董事会及全体董事保证本报告内容不存在任何虚假记载、误导性陈述或重大遗漏，并对报告内容的真实性、准确性和完整性承担个别及连带责任。

建立健全并有效实施内部控制是公司董事会的责任；监事会对董事会建立与实施内部控制进行监督；经理层负责组织领导公司内部控制的日常运行。

公司内部控制的目标是：[一般包括合理保证经营合法合规、资产安全、财务报告及相关信息真实完整，提高经营效率和效果，促进实现发展战略]。由于内部控制存在固有局限性，故仅能对达到上述目标提供合理保证。

二、内部控制评价工作的总体情况

公司董事会授权内部审计机构［或其他专门机构］负责内部控制评价的具体组织实施工作，对纳入评价范围的高风险领域和单位进行评价（描述评价工作的组织领导体制，一般包括评价工作组织结构图、主要负责人及汇报途径等）。

公司［是/否］聘请了专业机构［中介机构名称］实施内部控制评价，并编制内部控制评价报告；公司［是/否］聘请会计师事务所［会计师事务所名称］对公司内部控制有效性进行独立审计。

三、内部控制评价的依据

本评价报告旨在根据中华人民共和国财政部等五部委联合发布的《企业内部

① 财政部会计司．企业内部控制规范讲解2010［M］．北京：经济科学出版社，2010.

控制基本规范》（以下简称“基本规范”）及《企业内部控制评价指引》（以下简称“评价指引”）的要求，结合企业内部控制制度和评价办法，在内部控制日常监督和专项监督的基础上，对公司截至20××年12月31日内部控制的设计与运行的有效性进行评价。

四、内部控制评价的范围

内部控制评价的范围涵盖了公司及其所属单位的各种业务和事项，重点关注下列高风险领域：

[列示公司根据风险评估结果确定的前“十大”主要风险]

纳入评价范围的单位包括：

[描述公司及其所属单位的明确范围]

纳入评价范围的业务和事项包括（根据实际情况充实调整）：

（一）组织架构

（二）发展战略

（三）人力资源

（四）社会责任

（五）企业文化

（六）资金活动

（七）采购业务

（八）资产管理

（九）销售业务

（十）研究与开发

（十一）工程项目

（十二）担保业务

（十三）业务外包

（十四）财务报告

（十五）全面预算

（十六）合同管理

（十七）内部信息传递

（十八）信息系统

上述业务和事项的内部控制涵盖了公司经营管理的主要方面，不存在重大遗漏。

（如存在重大遗漏）公司本年度未能对以下构成内部控制重要方面的单位或业务（事项）进行内部控制评价：

[逐条说明未纳入评价范围的重要单位或业务（事项），包括单位、或业务（事项）描述、未纳入的原因、对内部控制评价报告真实完整性产生的重大影响等]

五、内部控制评价的程序和方法

内部控制评价工作严格遵守基本规范、评价指引及公司内部控制评价办法规定的程序执行［描述公司开展内部控制检查评价工作的基本流程］。

评价过程中，我们采用了（个别访谈、调查问题、专题讨论、穿行测试、实地查验、抽样和比较分析）等适当方法，广泛收集公司内部控制设计和运行是否有效的证据，如实填写评价工作底稿，分析、识别内部控制缺陷［说明评价方法的适当性及证据的充分性］。

六、内部控制缺陷及其认定

公司董事会根据基本规范、评价指引对重大缺陷、重要缺陷和一般缺陷的认定要求，结合公司规模、行业特征、风险水平等因素，研究确定了适用本公司的内部控制缺陷具体认定标准，并与以前年度保持了一致［描述公司内部控制缺陷的定性及定量标准］，或做出了调整［描述具体调整标准及原因］。

根据上述认定标准，结合日常监督和专项监督情况，我们发现报告期内存在［数量］个缺陷，其中重大缺陷［数量］个，重要缺陷［数量］个。重大缺陷分别为：［对重大缺陷进行描述，并说明其对实现相关控制目标的影响程度］。

七、内部控制缺陷的整改情况

针对报告期内发现的内部控制缺陷（含上一期间未完成整改的内部控制缺陷），公司采取了相应的整改措施［描述整改措施的具体内容和实际效果］。对于整改完成的重大缺陷，公司有足够的测试样本显示，与重大缺陷［描述该重大缺陷］相关的内部控制设计且运行有效（运行有效的结论需提供90天内有效运行的证据）。

经过整改，公司在报告期末仍存在［数量］个缺陷，其中重大缺陷［数量］个，重要缺陷［数量］个。重大缺陷分别为：［对重大缺陷进行描述］。

针对报告期末未完成整改的重大缺陷，公司拟进一步采取相应措施加以整改［描述整改措施的具体内容及预期达到的效果］。

八、内部控制有效性的结论

公司已经根据基本规范、评价指引及其他相关法律法规的要求，对公司截至20××年12月31日的内部控制设计与运行的有效性进行了自我评价。

（存在重大缺陷的情形）报告期内，公司在内部控制设计与运行方面存在尚未完成整改的重大缺陷［描述该缺陷的性质及其对事项相关控制目标的影响程度］。由于存在上述缺陷，可能会给公司未来生产经营带来相关风险［描述该风险］。

（不存在重大缺陷的情形）报告期内，公司对纳入评价范围的业务与事项均已建立了内部控制，并得以有效执行，达到了公司内部控制的目标，不存在重大缺陷。

自内部控制评价报告基准日至内部控制报告发出日之间［是/否］发生对评价结论产生实质性影响的内部控制的重大变化［如存在，描述该事项对评价结论的影响及董事会拟采取的应对措施］。

我们注意到，内部控制应当与公司经营规模、业务范围、竞争状况和风险水平等相适应，并随着情况的变化及时加以调整。［简要描述下一年度内部控制工作计划］未来期间，公司将继续完善内部控制制度，规范内部控制制度执行，强化内部控制监督检查，促进公司健康、可持续发展。

董事长：（签名）

××股份有限公司

20××年××月××日

第 8 章　舞弊审计

学习目标

通过本章学习，了解舞弊及其相关概念，理解舞弊审计的含义，掌握运用舞弊三角理论分析管理层舞弊及雇员舞弊的方法，了解舞弊审计的防范策略。

舞弊现象古往今来在各个领域、各个国家、各个历史阶段都存在。内部审计从其诞生时起便与舞弊结下不解之缘。不论舞弊涉及金额有多大，在性质上它都被认为是重要的。如果舞弊行为不加以制止，就会迅速蔓延，给组织带来不堪设想的严重后果。

8.1　舞弊审计概述

8.1.1　舞弊

8.1.1.1　舞弊的定义

舞弊是一个宽泛的法律概念，我国第 5 版《现代汉语词典》中对舞弊的解释是："用欺骗的方式做违法乱纪的事。"

审计职业界对舞弊的定义经历了不同的阶段。国际内部审计师协会（IIA）1993 年发布的《内部审计实务标准》指出："舞弊包含一系列故意的不正当和非法欺骗行为，这种行为是由一个组织外部或内部的人来进行的。"美国注册会计师协会（AICPA）2002 年发布的《审计准则公告》第 99 号（SAS No. 99）对舞弊的表述是："舞弊是一种有意的行为，通常涉及故意掩盖事实。"舞弊是导致审计师审计财务报表出现重大错报的故意行为。

我国内部审计协会 2003 年发布的《内部审计具体准则第 6 号——舞弊的预防、检查与报告》第一章第二条称："舞弊是指组织内、外人员采用欺骗等违法违规手段，损害或谋取组织经济利益，同时可能为个人带来不正当利益的行为。"

2005 年国际审计与鉴证准则理事会（IAASB）发布的《国际审计准则》第 240 号公报（ISA No. 240）对舞弊的定义是："舞弊是指管理层、治理层、雇员或第三方的一个或多个人使用欺骗的手段获得不公正的或非法利益的故意行为。"

2010 年《中国注册会计师审计准则第 1141 号——财务报表审计中与舞弊相关的责任》将舞弊定义为："舞弊是指被审计单位的管理层、治理层、员工或第三方使用欺骗手段获取不当或非法利益的故意行为。"

舞弊是一种有目的的行为，通常涉及欺骗、信任和计谋，故意掩盖事实真相，谋取不正当利益，损害个人或组织的非诚信行为。舞弊行为通常是一些违反法律、法规的行为，其性质恶劣，对于组织的形象和内部控制具有强烈的破坏作用。

8.1.1.2 舞弊相关概念辨析

1）错误与舞弊

人们习惯将财务经济活动中的错误和舞弊称为错弊，但实际上错误和舞弊在性质上、目的上、结果上都有很大的不同。

错误，是注册会计师审计准则中的术语之一，指财务人员由于种种原因可能造成财务报表错报的非故意行为的差错，主要包括：编制财务报表中、收集和处理数据过程中发生的失误；疏忽和误解有关事实等做出不恰当会计估计；在运用与确认、计量、列报（包括披露）有关的会计政策时发生的失误。

错误并非出于故意，而且从客观后果上看，经办人员并没有从中获益；差错可能会对组织的财务状况和经营成果造成影响，也可能并不影响会计信息的合法性、公允性和真实性，而只是在业务处理过程和方法上有不妥当之处；往往只是个人行为，而非团伙行为；往往易于查找和纠正，一般不具有隐蔽性。

舞弊重视的是出现有意歪曲事实的故意行为，它与错误形式上相同或相近，但本质上却有不同。舞弊是不敢公之于众的，见不得人，需要一定形式的伪装、掩饰，通过隐瞒真相或虚列事实等手段做假，一般很难发现。

舞弊一般都是故意行为，当事人舞弊是为达到某种企图，这一企图通常是不正当的，导致企业会计信息被歪曲或掩盖，造成对客观事实的违背，违反有关法规和企业会计准则，无法准确、公允地反映企业财务状况和经营成果；可能是个人舞弊行为，也可能是团伙的串通舞弊行为，由于一般都会有预谋，因而手段比较隐蔽，较难发觉；通常后果比较严重，往往导致组织财产的受损，国有资产的流失，国家税收的流失等经济后果，并与经济违法、犯罪行为相伴而生。

总而言之，错误与舞弊表现在：

（1）原因不同，错误形成的原因是客观的；而舞弊的原因是主观的、故意的；

（2）手段不同，错误发生时没有故意的手段，发生后没有实施掩盖的手法；舞弊在发生时采取故意的手段，发生后往往采取种种掩盖的手法；

（3）形式不同，错误一般是原理性和技术性错误，形式比较明显；舞弊在形式上较为隐蔽，难以发现和纠正；

（4）目的不同，错误不是故意行为，不以错误的结果为目的；舞弊则是为了实现舞弊的结果；

（5）结果不同，错误由于是无意行为，其结果往往有不确定性；舞弊由于有特定目的，其结果往往对核算内容造成实质性错误，从而造成国家或他人的资产损失；

（6）性质不同，错误属于过失行为；舞弊属于不法行为。

舞弊不同于无意的错误。区别错误与舞弊的关键是看造成行为是否故意。错误是非主观故意，舞弊是主观故意。但在一定条件下，两者可能相互转化，要特别关注借“错误”之名行“舞弊”之实的情形（如图8-1所示）。

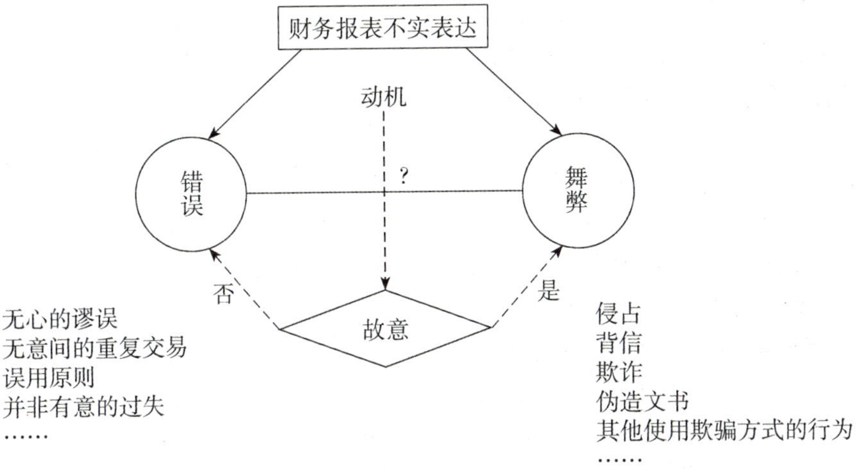

图 8-1 错误与舞弊

2）腐败与舞弊

腐败作为一种社会历史现象，国际学术界迄今尚未就腐败的定义达成共识。“腐败”原意指物质由原初的纯粹状态而变质、腐烂。《辞海》将“腐败”解释为“腐烂”。国际货币基金组织将腐败定义为：“腐败是滥用公共权力以谋取私人的利益。”一个更广义的定义是：“腐败乃是通过关系而有意识地不遵从，以企图从该行为中为个人或相关的个体谋取利益。”

腐败存在于历史上各种阶级社会和各种不同社会制度的国家之中，腐败行为既是一种政治行为和法律行为，也是一种经济行为。在经济领域，腐败主要表现为利用人民给予的权力或履行公务之便，拿权力或原则做交易，谋取个人好处。腐败的实质是一种非正式的获取政治影响的过程，当某个群体感到其核心利益在正式政治体系内被忽视或被认为是非法之时，这一群体的成员就会被吸引到那些获取影响的非正式渠道中去，而这些渠道又往往以腐败的形式表现出来。

舞弊与腐败在一定的情况下交叉甚密。腐败往往以舞弊为手段，达到腐败的目的，但不是所有舞弊行为都导致腐败。两者存在很多相似之处，但也存在差别。

（1）舞弊与腐败的相似之处。从动因上分析，两者都具有不良的动机或企图，都是为了获取不正当的利益，在属性上均属于故意的行为。在结构上，两者都具有侵害性，它们的存在或发生，会损害和侵犯他人的利益，但腐败影响面往往比舞弊更广。腐败是一种侵占行为，也是一种职务侵占行为。舞弊中也有侵占资产的行为，也存在职务舞弊。

（2）舞弊与腐败的不同之处。就范围与时限而言，舞弊往往限于特定组织内部及财务报告时期，而腐败有时超过特定组织范围并且不受财务会计资料呈报时间的限制。从审计角度来看，舞弊指公司或企业故意错报、漏报财务报告的行为，以及雇员对公司资产的侵占行为。舞弊审计一般由社会审计和内部审计实施。腐败与权力紧密相连，是权力的不正当运用，损害社会公平与正义，腐败行为它不可能发生在无职无权的工作人员身上。反腐败审计一般上由国家审计力量介入，重点关注重点领域、重点部门、重点资金等腐败的多发领域，如行政审批、建设工程招投标、财政税收管理、政府采购、资金拨付、管理和使用等是腐败的多发环节。

8.1.1.3 舞弊的动因

有关企业舞弊动因理论很多，国外具有代表性的舞弊动因规范性理论主要有四种，分别是舞弊冰山理论也称二因素论、舞弊三角理论也称三因素论、GONE 理论也称四因素论及舞弊风险因子理论。

1）舞弊冰山理论（二因素论）

舞弊冰山理论把舞弊看做为海平面上的冰山，只是冰山一角露在海平面上，更庞大部分隐藏在海平面下面。从结构与行为方面将舞弊因素分为两大类。第一类因素：海平面上是结构部分，一般能较为直观地甄别，指人人都看得见的客观存在，包含的内容是组织的内部管理方面。第二类因素：海平面下是行为部分，需要谨慎对待，指更庞大危险部分，它通常隐藏在海平面以下，越是主观化、个性化的内容，就越容易被掩饰，包括行为人的态度、感情、价值观、满意度等。

该理论说明，一个公司是否发生舞弊，不仅取决于自身内部控制的严密性和健全性，更重要的是，这取决于该公司是否存在财务压力，是否有潜在的败德可能性。

2）舞弊三角理论（三因素论）

舞弊三角理论，是迄今舞弊理论中最具影响力和代表性的理论。最早由美国内部审计之父劳伦斯·索耶（Lawrence B. Sawyer）先生于20 世纪 50 年代提出，舞弊的产生必须有三个条件：异常需要、机会和合乎情理。而后由美国注册舞弊审核师协会（ACFE）的创始人、四年的美国反舞弊财务报告委员会管理组织（COSO①）成员 W. 斯蒂文·爱尔伯莱彻教授（W. Steve Albrecht，1995）进一步发展了舞弊学理论。他认为舞弊的产生由压力、机会和借口三要素共同作用而成。

第一因素：压力要素（pressure）是舞弊者行为动机，是舞弊行为的直接驱动因素。刺激个人为其自身利益而进行舞弊的压力大致可以分为四类：经济压力，恶癖压力，与工作相关的压力及其他压力。

第二因素：机会要素（opportunity）是指进行舞弊而又能掩盖起来不被发现或能逃避惩罚的时机，主要有六种情况：缺乏发现企业舞弊的内部控制；缺少工作质量的判断标准；缺乏相应的惩罚措施；不对称信息；缺乏相关知识和能力不足；内部审计制度不健全。

第三因素：借口要素也称自我合理化（rationalization），是指舞弊者进行舞弊的理由，使舞弊行为与其本人的道德观念和行为准则是相吻合的，使其行为合理

① COSO 委员会是美国反舞弊财务报告委员会赞助组织，是自愿性非营利性组织，致力于通过商业道德、建立完善有效的内部控制和法人结构来提高财务报告的质量，为美国经济监管部门，如财务监督、审计等部门进行建议性指导。

化。法律条文本身并不清晰，容易被曲解并利用；别人都这么做了，我若不做就是一笔损失；我也是被迫的，无可奈何；我们只是为了度过暂时困难时期；没有人会因此受到伤害等。

该理论指出，舞弊三个要素缺一不可，构成了互为依存关系，缺少上述任一项要素都不会真正形成舞弊（如图 8-2 所示）。

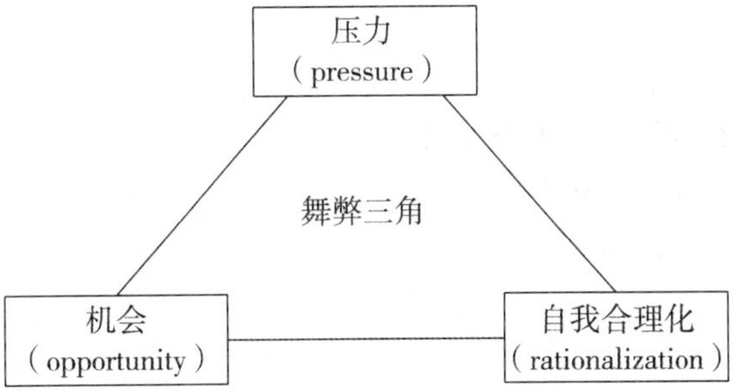

图 8-2　舞弊三角理论

3）舞弊 GONE 理论（四因素论）

舞弊 GONE 理论由泊洛亚（G. Jack Bologua）等人在 1993 年提出，他认为舞弊由贪婪（G-greed）、机会（O-opportunity）、需求（N-need）、暴露（E-exposure）四因素组成，四个因子相互作用，密不可分，共同决定了舞弊风险。四个因子实质上表明了舞弊产生应当具备四个条件，舞弊者有贪婪之心而且迫切需要钱财时，当机会出现，并且事后难以被发现，就会出现舞弊。舞弊者在现实情形中，舞弊四因子均有不同的不利影响，而当特定环境中全部因子组合形成重大不利影响，舞弊行为必会实施。

在 GONE 理论中，“贪婪”和“需要”与个体有关，“机会”和“被发现”则与组织环境相关，这一点上与二因素论是相通的，跟三因素相比，四因素论更加细化，它将舞弊动机解释为个人需要，并把道德和价值取向解释为贪婪的根源，并且增加了“暴露”因素，即认为舞弊行为被发现并被揭露的可能性，以及被发现并被揭露后惩罚措施的强弱将在多大程度上影响舞弊者会否实施舞弊行为，更加具有可操作性（如图 8-3 所示）。

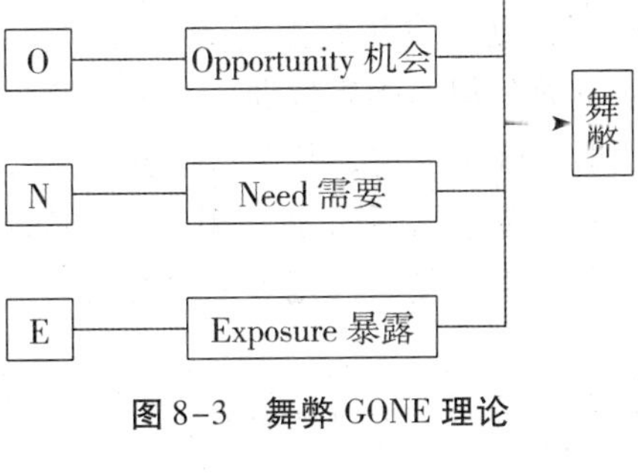

图 8-3　舞弊 GONE 理论

4）舞弊风险因子理论

舞弊风险因子理论是伯洛格那（G. Jack Bologana）等人，根据GONE理论发展形成的，被认为是迄今为止最为完善的舞弊动因理论（见表8-1）。根据该理论，企业舞弊的可能性和舞弊的影响水平是由作用于企业的一般风险因子和特殊风险因子决定的。一般风险因子有舞弊机会、舞弊被发现概率、舞弊者受罚的程度，是组织或企业所能控制的；特殊风险因子有道德品质及动机，通常因人而异，是组织或企业所不能控制的，多跟行为人个体相关联。一般风险因子与特殊风险因子相结合，且舞弊者感觉有利时，就必然发生舞弊。

表8-1 **舞弊风险因子与舞弊“GONE”理论的对应关系**

舞弊风险因子理论		GONE理论
个别风险因子	道德品质	G（贪婪）因子
	动机	N（需求）因子
一般风险因子	舞弊机会	O（机会）因子
	发现可能性	E（暴露）因子
	受处罚的性质与程度	

8.1.1.4 舞弊的危害

舞弊不仅危及整个组织的正常生存与健康发展，而且会侵害国家及社会公众的利益，偷逃国家税款，导致国家税收流失，直接影响国家财税收入，造成经济指标失真，导致国家的经济政策、法规背离实际状况，影响宏观调控，破坏市场经济秩序，带来严重的不公平竞争，造成社会资源不合理配置，损害了国家及社会公众利益。美国注册舞弊检查师协会（ACFE）出具的2010年度美国全球职业舞弊报告①，于2008年1月至2009年12月，从全球的106个国家发生的1 843例职业舞弊事件（40%以上的案例发生在美国之外），以全球视角来研究职业舞弊，报告显示：美国各类型公司机构中每年因舞弊造成的平均损失高达公司全年总收入的5%。按照2009年度的全球商品毛收入58.07万亿美元估算，舞弊导致了至少2.9万亿美元的全球损失。

舞弊加剧组织、集团和部门间的信用危机，误导各类决策者，导致决策错误，破坏市场游戏规则，加剧市场投机和市场波动，扰乱社会经济秩序，影响社会安定，严重破坏市场经济秩序，助长贪污腐败行为的滋生，导致严重的经济社会后果。昔日巨头安然公司、世通公司的惨痛教训，意大利跨国食品巨头帕玛拉特卷入的财务丑闻，背后一大批会计师事务所，甚至包括安达信等国际知名会计师事务所也因未能承担应有的舞弊审计责任受到牵连，其带来的影响力远超过舞弊丑闻本身。同样，在我国，琼民源、银广夏、科龙等事件对我国证券市场的影响及其造成

---

① ACFE 2010 Global Fraud Study. report to the nations: on occupational fraud and abuse [R]. http://www.acfe.com/documents/2010-rttn.pdf.

的损失尤为深远，并直接导致了中天勤会计师事务所的注销。一项《上市公司信息披露质量调查分析报告》显示，对于上市公司披露的财务会计信息只有 8.45% 的个人投资者认为可信，而所有的机构投资者都认为不可信或不完全可信。这反映出有些上市公司不惜以信誉为代价，公然违背信用原则，人为地丧失了“诚信”这一赖以生存发展的有限资源，使其步入“物择其流，适者竞存”的优胜劣汰生存法则之中，让市场逐出竞争的舞台。

8.1.1.5　舞弊的种类

舞弊可以按不同标准、不同状况进行分类。通常按照舞弊行为主体的不同，即舞弊者在企业内部所处的层次，将舞弊划分为管理层舞弊与雇员舞弊。这种分类有利于深入剖析舞弊的根源，寻找防范舞弊的有效途径。

美国国家审计准则第 82 号通知将舞弊限制在较窄的范畴内：舞弊是指公司或企业故意错报、漏报财务报告的行为，即进行欺诈性的财务报告，称为“管理层舞弊”（Management Fraud）；员工对公司资产的侵占行为，称之为“雇员舞弊”（Employee Fraud）。该准则从舞弊行为的对象阐述舞弊的行为主体。侵占资产通常指盗用企业资金或其他资产（如挪用、贪污、盗窃或回扣等）行为，一般属雇员舞弊居多，但也可能是管理层舞弊。财务报告舞弊通常属于管理层舞弊，它是有一个或多个管理层或治理层成员参与的舞弊，该舞弊将损害投资者、债权人或企业职工的利益。管理层往往拥有足够高的职位，可以驾驭、逃避日常内部控制或不受内部控制的管理人员。

管理层舞弊可以是对企业有利，也可能损害企业的利益。如价格制定、逃避税收、违反环境法等通常对提高企业的经营业绩有利。雇员舞弊是一般只有员工参与的舞弊，利用职务之便或内部控制中的缺陷，非法获取公司资产或其他个人利益的行为。雇员舞弊通常靠伪造单据、越权处理、与他人共谋或串通等方式进行，一般与其职务密切相关。该类舞弊将损害组织的利益。

财务报表舞弊是管理层舞弊的主要特征，侵占、挪用资产是雇员舞弊的主要特征。ACFE 美国注册舞弊检查师协会 2010 年舞弊报告中指出：资产挪用是最常见的舞弊，占所有舞弊的 90%，造成的平均损失是 13.5 万美元；财务报表舞弊，虽占不足 5%，但造成的平均损失却高达 400 万美元。

按照舞弊的性质可以将舞弊分为组织舞弊和职务舞弊（见表 8-2）。组织舞弊是由组织进行的损害外部利益集团的舞弊行为，如偷逃税款、发布虚假财务信息等，一般属于管理层舞弊，常用的手段就是编制舞弊性财务报告。职务舞弊，是组织内员工利用工作机会并针对组织自身外的舞弊，如贪污、挪用等，为谋取个人利益而损害公司利益的行为，常用的方式一般就是侵占资产，往往也会涉及舞弊性财务报告。

此外，按舞弊者与公司之间的关系，可分为内部舞弊和外部舞弊。所谓内部舞弊是指由公司经营管理者或业务操作人员的舞弊。所谓外部舞弊是指与公司有关的外部利益主体，主要是供应商、零售商、承包商等，通过虚开账单，用低价商品替代及重复报账等手法，从事损害公司利益的行为。

表 8-2 舞弊的种类

舞弊的行为主体	舞弊的行为对象	舞弊的性质	表现形式
管理舞弊	财务报告舞弊	组织舞弊	伪造或篡改会计记录或相关文件
			故意作不实声明或故意漏列交易、事件或其他重大资讯
			故意误用与评价、分类、表达或揭露有关会计原则
			……
雇员舞弊	挪用、侵占资产舞弊	职务舞弊	贪污、窃取、挪用等侵占款项
			偷取实体资产或智慧财产
			使企业未取得商品或服务支付款项
			未经适当核准将企业资产作为个人资产使用
			……

8.1.2 舞弊审计

8.1.2.1 舞弊审计的概念

目前对于舞弊审计的概念，各国审计准则尚未作出明确的定义。在美加两国专家合著的《美加两国查处舞弊技巧与案例》中指出，舞弊审计是指涉及用前摄的手段和方法辨别舞弊，即是一种寻找舞弊证据的审计，其目的是查处舞弊行为。

从社会公众对舞弊审计的需求来看，舞弊审计可分为以下三个层次：

1）内部控制审核（internal control review）

内部控制审核是指审计师接受专门委托，对被审核单位特定日期的内部控制设计和运行有效性进行审核，并发表审核意见。内部控制可区分为两种情况：①审核和报告被审核单位与财务报表相关的内部控制；②执行商定的与内部控制效果有关的其他程序。内部控制审核的目的是为了评估内部控制的设计与运行效果，可以帮助管理层从源头上制止舞弊。

2）舞弊关注审计（fraud awareness auditing）

舞弊关注审计是指审计师在接受委托执行财务报表审计时，应当关注舞弊发生的可能性，从而对财务报表不存在重大错报提供合理保证。它是财务报表审计必不可少的组成部分，它的目标是确定舞弊对审计风险的影响以及财务报表合法性和公允性的影响，以保证发表正确的审计意见。

3）舞弊专门审计（fraud specific auditing）

舞弊专门审计属于商定程序[①]范畴。在舞弊专门审计中，审计人员接受委托对特定信息执行与委托人或业务约定书中所指明的其他报告使用人商定的程序，并就执行的商定程序及其结果出具报告。舞弊专门审计的审查范围和提供保证的程序都取决于商定的结果。舞弊专门审计具体可分为两种情形：①反馈式舞弊审计（reaction fraud auditing），也称舞弊审核（fraud examination），指舞弊审核师依据法律、犯罪学以及组织舞弊、职务舞弊的各种知识，相应地设计审核程序，以证实或者解除舞弊怀疑。②前馈式舞弊审计（proactive fraud auditing），指在未发现舞弊迹象时进行的审计。常涉及两个过程，即舞弊风险的识别和评估；并就经批准已识别舞弊展开舞弊调查，确认舞弊，并出具审计意见。舞弊专门审计这两个过程的结合和扩展，不仅需要识别和评估舞弊风险，包括内部控制评估，还需进行舞弊调查，通常也涉及司法行动的协助和内部控制的建议。

舞弊审计是财务报表审计的必要组成部分，舞弊专门审计是建立在财务报表审计基础上。舞弊审计融入财务报表审计是大势所趋。如国际审计准则（ISA）第240条要求审计人员应当在整个审计过程中以职业怀疑态度计划和实施审计工作，充分考虑由于舞弊导致财务报表发生重大错报的可能性。《中华人民共和国国家审计准则》（2010）第一百一十二条规定，审计人员执行审计业务时，应当保持职业谨慎，充分关注可能存在的重大违法行为。

舞弊审计的对象是舞弊行为。舞弊审计不能被简化为一种简单的核对表。从广义上说，舞弊审计是一种意识，即许多要素，如人类要素、组织行为、舞弊知识、证据和验证标准融汇在一起而形成的一种意识。这也是一种舞弊潜在可能性的意识和一种被称为觉察危险信号事项的能力。

舞弊审计并非内部审计的常规性审计任务，它是一种发现性冒险活动，通过其他审计来发现线索。它在审计主体、审计目标、取证来源、证据充分性等方面与财务审计及其他常规性审计均明显不同，具有层次性、特殊性、困难性、复杂性、风险性等特点。

广义而言，舞弊审计是集会计学、审计学、法学及管理学、心理学、犯罪学等为一身的边缘学科，舞弊行为可能有线索也可能没线索，注重的不仅是方法，更重要的是思维方式，要像警察抓小偷那样，选择内部控制链条最薄弱的环节入手。

8.1.2.2 舞弊审计特征

1）目标的局限性

舞弊审计目标十分明确且具体，它负责发现并揭露有意曲解事实的记录和非法占用资产行为。在舞弊审计中，审计人员应当特别注意发现与具体违法行为相关的证据，确定具体的舞弊细节，以及舞弊带来的损失金额和影响范围，内部控制的薄弱环节和控制效率问题。从某种意义上来说，舞弊审计并非仅仅停留在这一阶段，

① 商定程序一般是指由委托人和会计师事务所之间商讨确定、由审计人员实施的一些程序。

而是集中在已经发生的事件上，所以说舞弊审计目标有局限性。

2）性质的重要性

从现象上看，一旦发生舞弊，说明被审计单位内部控制系统出现了薄弱环节，若不加以改进，会影响经营目标的实现。实际上，不论舞弊涉及的金额多高，它都是重要的。不加以制止的舞弊行为会迅速蔓延，不但危及组织的生存与发展，而且会侵害国家及社会公众的利益，制约整个社会的正常有序发展，妨碍人们日常的工作与生活。

3）舞弊审计时间上随机性、灵活性

《内部审计实务标准》实务公告 1220－1 指出："无论何时开展内部审计，审计师都应该考虑存在重大违法乱纪现象或不遵守有关规定的现象的可能性。"常规审计一般具有较强计划性和次序性，舞弊审计却不然，它要求审计人员在常规审计的每时每刻，都高度警惕，不断提高专业熟练性，发现有嫌疑的舞弊行为，随时检测与调查。

4）范围的广泛性

受经济利益目标的驱使，在注重经济发展的形势下，舞弊行为大肆蔓延，具体表现便是涉及人员众多，从政府部门到企事业单位，舞弊现象无所不在。

5）过程的风险性

舞弊审计较大的风险性主要表现在审计执行过程及审计报告两个阶段。舞弊审计过程中，审计人员很难把握深度和职责范围，容易越权审计而触犯有关法律，从而导致审计风险。编制审计报告的时候，也往往会忽视了舞弊审计报告不同于常规审计报告，不征求法律顾问的建议，导致措辞或定性不当，造成审计报告违法。管理当局不当地施加压力、审计难度、关联方影响、内部控制环境薄弱以及对实物账户的估价等众多因素的存在，也会对审计的独立性造成一定的影响，从而给舞弊审计带来较大的风险。

由于舞弊审计存在的这些特点，使得舞弊审计工作具有很大的困难性、复杂性和风险性。

8.1.2.3 舞弊审计责任

舞弊审计责任是审计人员在承办舞弊审计业务中所应履行的职责。对舞弊审计责任的认识和划分影响到审计的效果。《舞弊的预防、检查与报告准则》第四条规定："组织管理层应对舞弊行为的发生承担责任。建立、健全并有效实施内部控制，预防、发现及纠正舞弊行为是组织管理层的主要责任。"第五条规定："内部审计机构和人员应当保持应有的职业谨慎，合理关注组织内部可能发生的舞弊行为，以协助组织管理层预防、检查和报告舞弊行为。"这两条对组织管理层和内部审计机构与人员在预防、发现、纠正和报告舞弊中的责任作了界定。

预防、发现和纠正舞弊行为是组织管理层的责任。健全有效的内部控制可以遏制舞弊行为的发生。管理层负有建立健全内部控制制度的责任，应根据内部审计人员提交的报告和建议，制止和纠正已发生的舞弊行为，追查、预防可能的舞弊，不断完善内部控制制度。

实施舞弊审计是内部审计人员的基本职责之一。内部审计机构是内部控制的重要组成部分，内部审计人员要审查、评价组织内部控制的适当性、合法性和有效性来协助遏制舞弊，有责任发现组织内部控制的重大缺陷。即使是在不以舞弊行为为主要目标的常规内部审计过程中，内部审计人员也应以应有的职业谨慎，警惕可能引发舞弊的机会。内部审计人员必须在预防和发现财务报表舞弊的过程中扮演前摄角色，具备足够的舞弊知识来识别可能发生舞弊的线索。

目前内部审计人员的舞弊审计效率还是很低，许多情况下舞弊行为的发现取决于运气或是舞弊行为人的自我暴露。审计人员以应有的职业谨慎进行内部审计活动，也不能保证能够发现所有的舞弊现象。设计良好的内部控制也可能会因人员的串通，故意伪造文件等各种因素而失效。而这些正是内部审计人员运用正常审计程序无法审查出来的。《舞弊的预防、检查与报告准则》第七条规定指出："内部审计并非专为检查舞弊而进行。即使审计人员以应有的职业谨慎执行了必要的审计程序，也不能保证发现所有的舞弊行为。"管理层和内部审计师在发现舞弊方面的责任见表8-3。

表8-3　**管理层和内部审计师在发现舞弊方面的责任**

责任内容	管理层	内部审计师
内部控制制度	负有建立并维护控制的首要责任	通过检查和评估内部控制系统适当性和有效性来协助遏制舞弊
目标	建立和维持有效的控制系统	向组织提供被审计活动的分析、评估、建议、咨询和信息，帮助其履行职责

8.1.2.4　舞弊审计与财务审计

舞弊审计与财务审计在审计独立性、审计主体等方面有着共同之处。舞弊审计实际上是必要情况下财务审计的延伸，它是在财务审计的基础上发展起来。舞弊审计遵循常规审计的基本程序。

舞弊审计与财务审计的不同之处在于它更多地需要审计人员的职业判断和职业敏感性，而不仅仅是掌握审计方法。舞弊审计侧重于例外、特殊、古怪的事，以及会计违规事项和行为结构上，而不仅仅是错误遗漏。

美国审计准则委员会发布的审计准则SAS No. 82号列举了舞弊审计和财务审计的区别，大致包括审计目标、审计原因、审计价值、审计证据来源、审计证据充分性等方面。结合现有的资料，将舞弊审计与财务审计的区别总结列示为表8-4。

舞弊审计是发现性的而非论断性的审查活动，财务审计被视为一种论断性的审计活动。舞弊审计比财务审计更具复杂性和风险性。审计师一般寻找存在问题的痕迹或征兆、被审计单位内控系统的薄弱环节，提出审计建议，修补存在的漏洞，提高被审计单位管理水平。

表 8-4 舞弊审计与财务审计的区别

区别项	舞弊审计	财务审计
1. 重要性原则	无论数额多大的舞弊都被认为是重要的	编制审计计划时，对审计重要性评估，确定实质性测试的可容忍误差
2. 审计目标	通过证据判断舞弊是否存在或是否正在发生，以及舞弊者	通过证据支持关于财务报表是否合法及公允的审计意见
3. 审计动因	确定舞弊已经、正在或将要发生	满足财务报表使用者的需求
4. 管理者价值	判定舞弊是否存在以及谁是责任者	给第三者的财务信息提供信用保障
5. 证据来源	更加宽泛，不仅来源于财务数据，更多来源于非财务数据，如内部文件审查、公共文件审查和会见当事人等	财务审计证据的主体
6. 成本效益原则	一般不考虑成本效益	考虑成本效益
7. 证据充分性	获取充分的证据保证自己所做的舞弊结论免受指责	依赖审计师有说服力的证据

8.2 管理层舞弊与审计

8.2.1 管理层舞弊概况

20 世纪末 21 世纪初国内外相继发生了一系列极具震撼力的舞弊丑闻。管理层实施财务报告舞弊带来严重的经济后果，中国的银广夏、美国的安然都属于管理层舞弊。管理层舞弊现象无论在规模上还是在复杂程度上都层出不穷，它给社会带来了一系列危害，已成为社会经济发展的“毒瘤”。

管理层舞弊是管理人员为获利而实施的欺骗行为。根据目的的不同，管理层舞弊又可分为获取组织利益的舞弊和为获取个人利益的舞弊。管理层舞弊从实施者的性质到舞弊的手段，都不同于其他类别的舞弊。管理层舞弊最为常见的形式就是管理当局对于财务报表的舞弊操纵。美国舞弊财务报告调查委员会（Treadway）的调查报告（2010）中显示：有 44% 的舞弊财务报告发生在经济不景气或面临严重衰退的行业。有 87% 的舞弊问题，涉及会计信息披露事项的操纵。最常用的舞弊手法是收益确认及列示方法的不适当占 47%，故意多列资产占 38%，将当期费用不恰当地予以递延占 16%。在控告注册会计师的诉讼案中，有 45% 的案件是因企业内部控制存在严重缺陷而导致的舞弊行为发生。有 66% 的诉讼案发现查账人员未收集到充分适当的证据。有 35% 的案件发现审计人员对于审计过程中所发现的舞弊风险因素未能提高警惕，保持足够的职业怀疑。从舞弊者的层次看，高级管理层舞弊，影响很大，虽然审计师与管理当局合谋舞弊的案例数量只占22%，舞弊金额却高达80%；而低层人员舞弊，多属于职务之便的监守自盗，数量占78%，舞弊金额较小，只占20%。舞弊活动大小与犯罪者的位置有一定的相关性，舞弊者层次越高，危害也就越大。

8.2.2 管理层舞弊的三因素理论

8.2.2.1 管理层舞弊的第一因素：压力

压力因素是管理层舞弊的行为动机，有动机才会有行动。在各种压力驱使下，管理层铤而走险。任何类型的管理舞弊行为都存在某种压力，只是压力的具体形式有所差异。管理层舞弊压力大体可以归结于：经济压力和工作压力。

经济压力一方面是由于预期的生活与实际收入的差距造成，差距越大则压力越大；另一方面是由于现时的经济困难造成的，如意外财产损失、高额负债、应急需要、虚荣或贪婪等恶癖（诸如赌博、吸毒、醉酒等）导致的压力往往直接或间接的造成经济压力。

工作的压力是由于进行工作所引起的压力，包括失去工作的威胁（行业竞争、外部融资等）、提升受阻、对领导不满意等压力，如业绩考核、新增资本、政治和政策因素。为了达成预算目标，借以表现其为成功的高层管理人员，或是为了绩效奖金或年底分红等物质报酬，谋取以财务业绩为基础的私人报酬最大化。其都会促使管理层通过舞弊的手段来缓解压力获得利益。

8.2.2.2 管理层舞弊的第二因素：机会

机会因素指可进行管理舞弊而又能掩盖起来不被发现或逃避惩罚的时机。管理层舞弊机会更多依赖于管理者在组织中的职位。

机会因素主要有以下六种形成原因：①缺乏发现管理舞弊的内部控制，有效的内部控制制度是预防和发现企业雇员舞弊的最重要的方法之一，而无效的内部控制往往是企业舞弊的温床；②无法判断工作的质量，如专业性较强的工作，一般人无法判断这些职业的工作是否符合要求并与报酬相符，从事此类工作的人容易利用此机会进行舞弊；③缺乏应有的惩罚机制，舞弊者的舞弊行为发现后往往惩罚较轻或不会受到应有的惩罚，对舞弊者形不成威慑力，以致会使舞弊者有恃无恐；④信息不对称的存在，现代企业是一种典型的委托代理，信息不对称会带来逆向选择和道德风险①，管理层披露信息时，会有选择性地提供对其有利的信息而隐藏不利信息（逆向选择）；管理过程中选择最有利于自己福利的行为（道德风险）；⑤监督能力的不足，监管人员或者被欺骗对象在某些方面无知或能力不足，给管理层舞弊者造成可乘之机；⑥会计和内部审计制度的不健全，管理层对会计与审计在发现和调查舞弊方面的能力比较了解，不够完善的会计制度、审计系统会成为他们利用的机会。

---

① “逆向选择”（adverse selection），经济学领域的术语，指信息不对称所造成市场资源配
象。常存在于二手市场、保险市场。“道德风险”（moral hazard），签约一方不完全承担风险后
身效用最大化的自私行为，也称道德危机。

8.2.2.3　管理层舞弊的第三因素：借口

在面临压力和获得机会后，真正形成管理层舞弊还需具备最后一个因素即借口，一个自我合理化的过程，即管理层舞弊必须找到一个理由，使舞弊行为与其个人道德观念及行为准则相吻合，理由是否真正合理不重要，重要的是最终凌驾于企业控制之上将舞弊付诸行动。

管理舞弊者常用的借口有：凭自己对公司的贡献应获得更多的报酬；只是为了暂时度过困难时期，一旦危机过后，肯定会改过来；没有人会因此而受到损害；会通过其他方面予以更多的回报；大家都这么做；某些东西如荣誉或正直等是可以牺牲的等。

合理化实质上是一种个人的道德价值判断，制造"合理"的理由来解释并遮掩自我。舞弊当事人常常经过自我说服，扫除心理障碍，使舞弊进行得心安理得。

8.2.3　管理层舞弊的主要手段和信号

8.2.3.1　管理层舞弊主要手段

管理层舞弊的形式多种多样，但从审计角度看，舞弊的具体表现形式是粉饰。以人为的手段改善运用资本情况，粉饰经营业绩或财务状况，实现财务报表的情形或经营成果表现良好，误导财务信息使用者。舞弊手法各种各样，但就管理层的财务报表舞弊，常见手段主要是不恰当的收入确认、高估资产、低估费用，利用虚构经济业务和交易事项等调节利润，其利用关联方交易进行舞弊粉饰利润早已成为管理层乐此不疲的"游戏"。

管理层虚构经济业务和交易事项来虚列资产、虚增利润的主要操作手法见表8–5。

表8–5　**虚构经济业务和交易事项**

舞弊的主要手段	舞弊的主要手段的操作
虚构经济业务	伪造、篡改、制假单据、虚开发票
	虚构合同、协议、文件
交易事项	采用大大高于或低于市场价格的方式，进行购销活动、资产转换和股权置换
	低息或高息发生资金往来，调节财务费用
	收取或支付管理费用或分摊共同费用调节利润
	关联交易的非关联化①
	非货币性交易的货币化

8.2.3.2　管理层舞弊信号

管理层之所以成为审计中的高风险领域，主要源于管理层舞弊自身的复杂性及

① 目前出现的关联交易非关联化主要有：通过出售股权等方式解除关联方关系；隐瞒关联方关系；找桥公司将关联交易复杂成非关联交易。

报告阶段。而目前审计实务中会很好地使用它的人甚少。在舞弊审计技术中是最重要的一种方法和程序，是揭露舞弊的重要工具，尤其是在管理层舞弊的识别上具有明显的作用。因为管理层可以操纵某些财务或非财务信息，但不可能操纵全部业务信息。不同信息之间往往存在一定的相关性，有效的分析程序有助于审计师识别影响财务报表的异常交易、事项、金额、比例、趋势以及在细节测试中不易察觉的舞弊迹象。分析性复核程序应贯穿于审计的全过程。

具体而言，分析性复核程序主要用作审计师的风险评估程序，了解被审计单位及其环境，并在审计结束时运用分析性程序对财务报表进行总体复核。一般程序包括以下几个步骤：①选定适当的数据关系；②分析数据关系；③识别异常的数据关系和波动；④调查异常数据关系和波动；⑤得出结论。使用该方法主要目的在于查明特定项目间是否存在异常波动，如果异常波动的数额较大，就存在舞弊的可能性，审计师必须查明原因，以确定审计范围。“异常波动”并非仅指财务数据存在重大波动，它可以通过与同行业的横向比较；前后期财务数据的分析；非财务信息（经营数据）与财务信息的比较，是否存在冲突；财务信息构成要素之间的勾稽关系等进行。针对不可避免的管理层逾越内控行为，执行专门的实质性程序，如合并抵消、重分类调整等的调整项目；复核重大会计估计和评估重大非经常性交易的合理性。此外，深入了解被审计单位及其环境，是不可逾越的程序。企业的经济状况不佳，管理层可能产生舞弊的动机压力就比较大。

总体而言，管理层舞弊审计要深入了解分析经济情况、行业情况及内部情况环境，寻找管理层舞弊的动机。着重关注可能导致被审计单位财务报表舞弊的主客观条件、内外部因素，初步评估其风险水平，从而指导审计程序和方法的制定。始终保持“职业怀疑”精神，充分运用分析性复核，贯穿于整个审计过程，此外，审计师可以根据管理舞弊审计过程中的具体情况采用其他适合审计程序的审计方法。

8.3 雇员舞弊与审计

8.3.1 雇员舞弊概况

雇员舞弊通常是企业管理当局下层雇员涉入。20 世纪 90 年代，注册舞弊检查师协会（ACFE）着手对2 000 多名注册舞弊检查师所报告的2 600 多种不同的舞弊进行研究，并得出了许多有价值的研究结果，表明每年全美企业的舞弊成本超过4 000亿美元，企业因舞弊而造成的每个雇员每天的平均损失超过 9 美元，且各类舞弊所造成的损失约占企业年收入总额的 6% 。雇员和管理层舞弊就像一种有害的杂草，一旦得到适宜沃土与温度促使其种子发育成长，就会迅速蔓延开来。

雇员舞弊手段与早期相比发生了巨人变化。早期，如果雇员想从企业里盗取财物，就必须对资产进行实物转移。由于舞弊者惧怕人赃俱获，舞弊的规模往往很小。而现在，随着计算机、网络和复杂信息系统的问世，雇员现在只需打一个电话、错误地填写购货发票的地址、贿赂供货商、篡改计算机程序或仅仅动动键盘上的某个按键，就能够贪污盗用公司的资产。高科技舞弊手法随之带来的舞弊规模和金额也相继剧增。

8.3.2 雇员舞弊三因素理论

8.3.2.1 雇员舞弊压力

雇员舞弊压力是产生舞弊的决定因素，对利益的追求是舞弊产生的最大根源。雇员的利益不都与管理层一致。通过合法和非法的手段追求报酬，使自身受益。从事舞弊活动往往是个人人品和外部环境各种力量共同作用的结果。私欲充斥雇员作业的每一环节，个人为了自身利益而实施舞弊的不同压力，与管理层舞弊一样可划分为经济压力和工作压力。

有研究表明，约95%的舞弊与经济压力有关，如高额账单、个人债务，生活奢华、入不敷出，个人经济损失，意料之外的经济需要，信用不佳，贪婪、恶习等压力。

经济压力是雇员舞弊发生的主要原因，但雇员舞弊中有部分雇员实施舞弊却是为了向雇主争取平等的权利。诸如工作业绩没有得到充分的承认、对工作的不满、害怕失去工作、对升职期望过高、认为工资报酬过低等诸多因素导致舞弊的发生。

8.3.2.2 雇员舞弊机会

机会是舞弊者进行舞弊能不被发现或能逃避惩罚的时机。机会是舞弊实现的前提条件，机会要素的存在，使舞弊动机的实现成为可能。其主要出在内部控制制度的薄弱环节，如缺乏控制、无效控制、超越控制或控制存在缺陷，难以防范和发现舞弊行为。许多舞弊都是在控制制度名存实亡的环境下发生。此外，制造舞弊的成本和事后被发现遭到惩戒的损失成本低廉。低廉的舞弊成本为雇员敢于以身试法提供了极大的诱惑，事后被发现的可能性较低，被发现后遭到惩戒的损失远远小于舞弊带来的利益是促成舞弊得以产生的最重要因素。这是由于我国对舞弊者的处罚制度不完善、力度不够。如走法律途径则耗费时间和金钱，许多企业都只是开除那些不诚实的雇员，就此了结。而雇员可以重新更换工作，其求职简历上可以美化以往受过撤职处分的工作经历。

8.3.2.3 雇员舞弊借口

合理化的过程有助于雇员掩盖其不诚实行为，几乎所有的舞弊都涉及合理化。舞弊者通常会说我只是暂时借用这笔钱，以后会归还；一旦渡过这一难关，会马上修改账簿；我有权得到更多，这是企业欠我的；没有人因此受到损害等之类的不计其数的合理化方法，并不认为自己是罪犯，以扫除心理的各种不安及良心的谴责。

8.3.3 雇员舞弊手段和信号

大多数雇员舞弊一开始金额都比较小，如果没有被发现，则后来舞弊的金额就变得越来越大。大多数舞弊的规模都会随着时间的推移急剧扩大。

雇员舞弊一般试图以现金或资产为个人谋利。常见的雇员舞弊包括三步：①偷窃有价值财产；②将财产偷换成现金；③罪行的隐瞒与躲避检查。

8.3.3.1 雇员舞弊的手段

具体而言，雇员舞弊的手段包括但不限于以下几种：

（1）偷窃商品、工具、存货和其他设备；

（2）从现金和现金登记簿中转移小额资金；

（3）没有记录商品销售，同时将现金据为己有；

（4）通过少记使现金和现金登记簿发生溢余；

（5）扩大费用账户范围或将货品预付款变为个人使用；

（6）从某账户中收款，将钱据为己有，同时将该账户冲销；从已核销的账户中收款，但是不报告；

（7）为虚假的客户做索赔申请并返还款项；

（8）没有每日将现金存入银行，或只将部分现金存入银行；

（9）在工薪表上填制虚假的额外帮工，或提高工资率或增加小时数；

（10）员工实际离职日期后的很长时间内，还将员工保留在工薪表上；

（11）在工薪表上伪造其他名字，将无人索要的工资留下来；

（12）通过串通，增加供货商发票上的金额；

（13）通过不正确使用采购订单的办法，由组织为个人采购付款；

（14）将偷来的商品运到某员工或亲戚家；

（15）伪造库存商品以便掩盖偷窃行为或失职；

（16）将应付给组织或供货商的支票扣留下来；

（17）插入虚假的分类账账页；

（18）形成虚假错误的现金收入和支出账簿的脚注；

（19）“卖掉”门钥匙或保险库及金库的密码；

（20）获得空白支票（未采取保护措施）并伪造签名；

（21）给予客户特定价格或特殊优惠，或将业务交给其偏向的供货商，目的是获得回扣。

8.3.3.2　雇员舞弊的信号

对雇员个体生活习惯和方式及其变化的观察，可以在一定程度上发现舞弊的信号。如舞弊者通常有以下的个人生活特征：失眠、醉酒、吸毒、神经质等。同时舞弊者也无法掩饰一些生活方式改变的现象，如购买高档住宅、汽车和宝石等，而这些现象又无法用其正常的工薪收入来解释。

雇员舞弊方面的主要“红旗”：①雇员有不法前科记录；②雇员有大额负债或具有吸毒、赌博等不良嗜好；③由某人处理某项重要交易的全部业务；④会计信息系统失效或内部控制设计不合理等。

8.3.4　雇员舞弊审计

不论是管理舞弊，还是雇员舞弊，最终都会导致企业财务报表有重大不实表述，产生不实财务报告、虚假财务报告或舞弊财务报告。雇员舞弊往往利用会计核算上的漏洞及内部控制上的薄弱环节来达到目的。审计师通过掌握财务账目的审计技巧与方法实施。审计原始凭证和记账凭证是重点关注的项目。在审计中要着重原始凭证的合法性、合理性及真实性。充分审查鉴别凭证的真伪，如果发现内容互相矛盾、数字互不对口或严重违反纪律和制度的问题，应深入追查原因。凭证是否有刮、擦、涂改、挖补等迹象。记账凭证审计中审查财务会计科目对应关系的合理性；其科目与经济业务内容是否相符；经济内容与会计凭证摘要的说明是否一致；转账凭证附件是否完备等。

尽管舞弊者想方设法进行伪装。但要想人不知，除非己莫为。只要我们实施科学的审计方法是可以做到“审”网恢恢，疏而不漏。典型的舞弊是雇员避开企业的内部控制系统来谋求私利。雇员舞弊审计可以实施以下行之有效的措施。

内部审计师可以通过测试和评价内部控制建立、健全、有效来协助。学习“小偷”的思维方法，像“小偷”那样想问题：“在这一内部控制的链条中，哪里是最薄弱的环节”。实施舞弊审计时，可以通过制造错误法，观察其能否通过控制系统，据以评估控制系统的弱点和易受舞弊破坏的环节。计算机的普及，使得审计师实施计算机舞弊审计法成为必要，事前审计计算机系统，对信息系统内部控制进行审计测试，聘请相关专家，开发辅助审计软件。

此外，雇员舞弊审计中，审计师仍应保持应有的职业怀疑态度，充分应用分析性复核程序，复核会计估计以发现导致重大错报的舞弊。从异常现象中捕捉疑点，搜寻线索。

雇员舞弊审计仍需运用谨慎性原则，充分考虑和控制审计风险。应有的审慎性要求具有相当谨慎的内部审计人员，恰当运用专业审计技巧，并对出现的疏忽和差错、故意做错、低效率与浪费、利益冲突概率有所警惕。同时，警惕可能出现的不正当活动。

雇员舞弊审计仍应对被审计单位内部控制进行测试、评价，以及时发现并协助被审计单位纠正控制缺陷。从审计角度来看，舞弊之所以存在与发生，通常缘于管理漏洞、内控的薄弱环节。实施舞弊审计时，必须审查并评价内部控制。审计人员有责任通过相应的检查，来评价各个部门存在的可能风险，识别舞弊行为。

审计人员应遵循审计准则要求，通过恰当的审计程序，灵活运用相关方法与技巧，发现并揭露舞弊。通常用到的方法有交易实质分析法、分析性复核法、资产负债表日后事项分析法、资产质量分析法、税项分析法。值得一提的是，舞弊审计必须对舞弊暴露进行分析，即执行“风险分析”程序，“必须比罪犯更聪明”，这有助于制订审计计划，特别是在评估舞弊可能性时，重点突出那些易受袭击的资产。

舞弊审计一般应作为单独审计项目进行，也可结合其他审计项目。舞弊有以下三类，一是已发现的舞弊，二是已发现线索但缺乏证据的舞弊，三是尚未察觉的舞弊。通常，80%的舞弊都没有被发现，绝大多数已被发现的也都是偶然发现的。因此，对舞弊的审计也有两种，一是没有线索的，二是已经有线索的。由于舞弊审计具有一定特殊性，通常应作为单独的审计项目进行，特殊情况下也可与其他审计项目一并进行。

舞弊的性质恶劣，危害较大。而大多数的舞弊规模都会随着时间的推移急剧扩大，因此，当舞弊发生时，尽早发现是极为重要的。发现舞弊主要有两种途径：一是偶然发现；二是有意识地搜索并鼓励尽早识别舞弊迹象。过去，大多数舞弊都是偶然发现。发现时，已经持续一段时间，企业遭受了巨大损失。近年来，企业内部和对企业实施审计的社会中介机构都实施了许多积极的措施，以更好地发现舞弊。

8.4 舞弊防范

舞弊审计只是一种手段，对进行舞弊的主体进行处罚，防范舞弊行为的发生才是最终目的。防范舞弊是减少舞弊损失最为经济的方法。舞弊现象若不防患于未然，待其发生时造成巨大的损失，才去关注则悔之甚晚。应积极采取措施预防舞弊的发生。

《舞弊的预防、检查与报告准则》第十一条规定："舞弊的预防是指采取适当行动防止舞弊的发生，或在舞弊行为发生时将其危害控制在最低限度以内。"

两种防范舞弊的途径：一是毁灭舞弊机会，即通过会计准则等一系列制度建设遏制舞弊，建立完善的内部控制来执行反舞弊制度，并运用独立的外部审计作为反舞弊的最后一道防线来发现和识别舞弊；二是加大违规成本，即通过制定和实施清晰、完善、严肃、到位的处罚措施加大舞弊违规的惩处力度。

发现舞弊的双方（实施方和受害方）都会受到惨重的损失。因此为了减少舞弊的损失，我们一定要做到"未雨绸缪"、"防患于未然"，即做足必要充分的措施来防范舞弊的发生。一般来说，舞弊调查的成本非常高，因此防范舞弊就更显得至关重要。然而在实际中，由于成本效益等原因想要绝对的防范舞弊一般是不可能的，企业只能通过各种措施将舞弊损失减少到最低程度。一个完善的预防舞弊方案同时关注四个方面：舞弊防范；舞弊发现；舞弊调查；后续法律行动。

8.4.1 管理层舞弊防范

内部控制是防止和发现舞弊的第一道防线。企业内控与舞弊发生、存在有直接联系。一般来说，企业内控越薄弱，逾越内控的风险越大，舞弊就越可能发生。

8.4.1.1 内控的建立、执行、评估、完善

在防范舞弊的方法中，最为大家所公认的就是建立良好的控制制度。因为几乎所有的舞弊事件都与内控的薄弱环节相联系。防范舞弊的主要机制是内部控制。内部审计人员需要寻找企业内控薄弱环节，然后予以加强和完善，审计人员及时跟踪检查这些问题，从而在一定程度上减少舞弊的发生。当前我国企业内部控制比较薄弱，社会经济现象日趋复杂，这造成难以防范舞弊。据COSO的成果，企业内部控制包括控制环境、风险评估、控制活动、信息与沟通、监督等五要素。应完善企业的法人治理结构，减少并消除内部人控制现象，建立起有效的内部控制。

内部控制是防范舞弊的防护系统的一部分，旨在预防错误并且确保尽早发现错误。控制程序：①职责划分或交互牵制；避免某个人员完全操纵某项工作，同一项工作要求由两个人一起完成；②授权批准制度；③独立稽核；④实物防护；⑤凭证和记录。

大多数舞弊的发生都是由于无视或忽视现有的控制制度，而不是缺少控制

制度。

然而需要指出的是，无论设计和实施上花费多大的精力，没有哪种内部控制制度是可以完全“防范舞弊”。即使实施了最完善的内部控制，其有效性也要取决于执行人员的能力和信任。可以说，无论内控多么完善，信息是如何畅通，只要“有心”，总能发现薄弱环节，特别是管理层“有心”时，就可能凌驾于内部控制之上，产生内部人控制问题，由此而产生的舞弊对企业危害更大。

8.4.1.2　保证信息的及时、准确的沟通，减少信息不对称

信息的不对称是指每个人掌握着私人信息，这些信息不为他人所知，从而占有某方面的信息优势地位，但也正处于其他方面的信息劣势地位。在企业中，由于所有权与经营权的分离，经营者处理企业的日常运作事宜，而企业的所有者无权插手，他们只对关系到企业发展的重大问题作出决策。因此，我们可以看出在经营者和所有者之间存在着一定的信息不对称。经营者享有的关于企业生产经营的信息远多于所有者，所有者处于信息劣势。在这种情况下，如果经营者具有损人利己、肥私的意图时，舞弊行为就可能会发生。如果经营者发生了舞弊，他们就会刻意隐瞒一些重要信息，从而使信息不对称更为严重。我们知道信息准确而及时在企业内部传递可以提高组织内部运作的效率和透明度，这在一定程度上可以减少信息不对称。在世通的案例中由于管理层对董事会成员信息传递不及时甚至故意隐瞒重要信息，对员工提供的信息不予理睬，以及审计委员会、内审部和安达信之间的沟通不顺畅等，都推动了这一世界骗局的形成。因此，应在企业内部建立信息与沟通系统，使得企业内部的员工能取得他们在执行、管理和控制企业经营过程中所需的信息，并交换这些信息。

管理层舞弊已经日益成为审计的高危领域。管理层舞弊非一般内部控制制度所能有效防止。管理层舞弊一般是公司自上而下的“一条龙造假”行为，管理层是绝大多数财务舞弊事件的背后主使，管理层舞弊是一种常见的社会现象，也是社会发展的必然产物，危害大。在一定的经济体制下，从人性的角度来讲，管理层舞弊又很难避免，只能通过合理的法律法规尽可能的抑制这种现象，以使其趋于最小。

会计系统之外的一个更重要的控制应该是对管理层道德操守的控制。这一控制无论怎样强调都不为过，因为公司的道德状况由高层领导确定并且服务。优秀的管理层应该确保雇员均经过适当的培训，确保他们均阅读过并且遵守书面的操作手册，并且都清楚诚信政策的强制性。雇用所有层次的员工都应该通过筛选程序谨慎地进行。

8.4.2　雇员舞弊防范

几乎所有的企业都存在这样或那样的舞弊现象。只有那些对自身的舞弊风险进行仔细审查并采取防范措施以建立良好环境的企业才能成功地防范舞弊行为的发生。

雇员舞弊防范主要包括：道德建设，倡导诚实正直的企业文化；评估舞弊风险并明确具体的对策降低风险、消除机会。

8.4.2.1 强调“德”防范

人是社会经济活动中最活跃的因素，从根本上说，一切违法的、不恰当的问题，归根到底都是人的问题。制度能改变人以及社会的一些行为，但永远没法左右所有的行为。制度的这种局限性，可部分地由文化、道德等一些非正式制度因素弥补。

当身处于一个诚信度低、控制差、会计责任松懈、压力大的环境中，人们就会变得越来越不诚实。为从根本上杜绝舞弊行为，要在企业形成一种忠实诚信的氛围。首先，企业的管理层应要坚持以身作则。管理层的言行往往成为其他雇员效仿的对象。其次，在雇佣员工时考虑道德品质方面的因素。每个人的诚实水平和个人道德素质都不相同。如果企业想要成功地防范舞弊，应当具备能够有效区分个人道德素质高低的雇佣政策，尤其是对关键职位的招聘。再次，定期在企业内部宣传管理当局对雇员的相关方面的要求。明确正确的价值观和道德观，对雇员进行培训，帮助他们了解日后遇到问题，如何进行应对。舞弊教育有助于防范舞弊，并确保已经发生的舞弊尽早被发现。把违规者的处罚公之于众。培养企业全体员工的好品质，树立诚信这一优良品质。最后，企业还应针对舞弊制定并实施行之有效的处罚政策。无论企业如何积极地倡导诚实正直，但仍有可能会发生舞弊。有效的舞弊处理政策应当确保彻底调查事实真相、严肃处理舞弊者、评估风险并改进控制、进一步加强沟通和培训。

8.4.2.2 评估舞弊风险并明确具体的对策以降低风险、消除机会

舞弊三因素中一旦将机会消除，舞弊就难以发生，企业可以通过准确识别舞弊源头并评估风险，确定风险最大的区域并评价、测试降低风险。可以实施适当的防范并发现舞弊的控制，比如良好的控制环境、有效的会计信息系统及适当的控制程序，都有利于舞弊降低风险。可以发动雇员进行全面监督。有研究表明，大多数舞弊都是雇员和管理人员发现的，而不是审计人员发现的。可以实施独立稽核，进行有效的审计。实施防范性舞弊审计的企业使得雇员了解到他们的行为随时都会受到检查。通过增加雇员的畏惧感，防范性的舞弊审计减少了舞弊行为的发生。

首先，可以通过以下手段防止舞弊：①启用无不良记录的人；②岗位分离；③公开、高效的举报系统；④定期审计；⑤严厉惩罚违犯者。

其次，可以用数据分析来查处舞弊的原因：①越来越依赖于计算机；②计算机辅助工具的性能在日新月异地发展；③在计算机辅助工具发展中的问题；④完整分析和增值审计；⑤认识计算机辅助工具的机遇；⑥制订一个舞弊调查计划；⑦舞弊调查计划范例。

再次，可以解决数据问题：①计算机辅助工具的目录；②设定审计目标；③决定所需信息；④获取数据；⑤数据路径；⑥数据文件属性及结构；⑦获取数据完整性；⑧应用系统概况；⑨数据概况。

此外，发动群众防范、揭示舞弊。企业可以设置举报和投诉热线电话。雇员、合作者等可以匿名通过热线电话提供线索。热线可以由公司自己来开通，也可以由

其他独立的组织代理。在美国，注册舞弊检查师协会就提供了收费热线的服务。对此，我国也可以借鉴。当然，这可能会出现一些无中生有的举报电话，但同时企业会发现许多以前未被发现的舞弊情况。

8.4.3 开展舞弊审计急需解决的问题

防范舞弊的内外部环境尚待优化。从目前公司的基本情况来看，普遍存在以下问题：内部控制薄弱，缺乏内部控制标准；内部控制的合理性、完整性及有效性缺乏公认的标准体系；内部审计机构定位不清晰；交叉任职情况严重，董事责任淡化、缺乏独立性，缺乏“关键人”的有效制衡；监事会功能被弱化，无法履行充分的监督管理职能；股权结构、股东大会都需要进一步完善。

亟待提高审计人员的素质。审计人员具有较高的执业水平和良好的职业道德是舞弊审计的重要保障。专业熟练性可提高内部审计人员识别舞弊行为的能力，有助于提高工作效率。专业熟练性的确切含义是：第一，必须遵守职业道德准则，内部审计人员应道德情操高尚，“诚实、客观、勤奋”地执行审计工作；第二，熟练运用内部审计实务准则、程序和方法，精通会计准则和处理方法，熟悉管理原则，注重审计相关经济法、税法以及定量分析方法的基本原理。第三，与人进行有效沟通交流的技能，利用后续教育保持专业胜任能力。随着经济的发展，舞弊的手段也在不断变化，这就需要内部审计人员不仅要通过自身学习，还要通过与政府审计、社会审计及有关院校的交流与合作来提高技能、开阔眼界、增长知识。只有这样，内部审计人员才可以提高识别舞弊行为的准确率，保证舞弊审计的恰当性。

完善相关配套的舞弊审计制度。舞弊审计对审计师的专业素质和道德修养要求很高。审计师队伍的建设通过培训、法制宣传等活动和修改法律加大处罚力度等措施提高审计师的道德修养，使得审计师在从业时能严格保持中立，争取杜绝与管理层联合舞弊现象。有些舞弊设计得相当巧妙，然而如果调查者知道如何寻找，大部分舞弊是非常直接的。很多非常聪明的人进行舞弊但还是被抓住，是因为每一个舞弊者都会留下痕迹并且都会犯错。审计师想要成功地发现舞弊，将不得不花费大量精力观察舞弊是如何发生的以及为什么发生。

舞弊审计是当前内部审计工作面临的重要课题，有待于我们不断地学习和探索。“魔高一尺，道高一丈”，只要我们不断总结经验，掌握舞弊审计的规律和方法，做到与时俱进，充分发挥内部审计在打击舞弊行为中的重要作用。虽然舞弊审计已经有很长的历史，但日新月异的科学技术、瞬息万变的国际环境又赋予这项工作以新的生机和活力，审计人员只有遵循道德准则及与舞弊审计相关的实务标准，不断研究、探讨这一领域的新问题、新方法、新经验，才能在新形势下顺利开展舞弊审计，从而为中国鼎立于世界而尽职尽责。

关键概念

舞弊审计　管理层　雇员　舞弊防范

本章小结

本章对舞弊审计的有关内容进行了阐述。舞弊是一种有目的，通常涉及欺骗、信任和计谋，故意掩盖事实真相，谋取不正当利益损害个人或组织的非诚信行为。舞弊动因规范性理论主要有舞弊冰山理论也称二因素论、舞弊三角形理论也称三因素论、GONE 理论也称四因素论及舞弊风险因子理论。其中，舞弊三角理论是迄今舞弊理论中最具影响力和代表性的理论，该理论认为舞弊的产生是由压力、机会和借口三要素共同作用而成，缺一不可。舞弊行为通常是一些违反法律、法规的行为，其性质恶劣，对于组织的形象和内部控制具有强烈的破坏作用。因舞弊行为主体的不同，即舞弊者在企业内部所处的层次，将舞弊划分为管理层舞弊与雇员舞弊。

舞弊审计是指涉及用前摄的手段和方法辨别舞弊，即是一种寻找舞弊证据的审计，其目的是查处舞弊行为。从社会公众对舞弊审计的需求来看，将舞弊审计分为内部控制审核（internal control review）、舞弊关注审计（fraud awareness auditing）、舞弊专门审计（fraud specific auditing）三个层次。舞弊审计具有以下特征：目标的局限性、性质的重要性、时间的随机性、范围的广泛性、过程的风险性。由于舞弊审计存在的这些特点，使得舞弊审计工作具有很大的困难性、复杂性和风险性。实施舞弊审计是内部审计人员的基本职责之一，通过检查和评估内部控制系统适当性和有效性来协助遏制舞弊，向组织提供被审计活动的分析、评估、建议、咨询和信息，帮助其履行职责。管理层在内部控制制度上负有建立并维护控制的首要责任。

管理层舞弊是管理人员为获利而实施的欺骗行为。根据目的的不同，管理层舞弊又可分为获取组织利益的舞弊和为获取个人利益的舞弊。管理层舞弊从实施者的性质到舞弊的手段，都不同于其他类别的舞弊。管理层舞弊最为常见的形式就是管理当局对于财务报表的舞弊操纵。管理层舞弊的形式多种多样，但从审计角度看，舞弊的具体表现形式是粉饰。"红旗标志"是识别管理层舞弊信号的有效方式。

雇员舞弊通常是企业管理当局下层雇员涉入。舞弊的雇员通常以现金或其他资产为个人谋利。雇员舞弊有三种：①偷窃有价值的财产；②将资产转成现金；③隐瞒罪行以躲避检查。对雇员个体生活习惯和方式及其变化的观察，可以在一定程度上发现舞弊的信号。不论是管理层舞弊，还是雇员舞弊，最终都会导致企业财务报表有重大不实表述，产生不实财务报告、虚假财务报告或舞弊财务报告。管理层舞弊审计要深入了解分析经济情况、行业情况及内部环境情况，寻找管理层舞弊的动机，始终保持"职业怀疑"精神。雇员舞弊往往利用会计核算上的漏洞及内部控制上的薄弱环节来达到目的。审计师通过掌握财务账目的审计技巧与方法实施审计。

舞弊审计只是一种手段，对进行舞弊的主体进行处罚、防范舞弊行为的发生才是最终目的。防范舞弊是减少舞弊损失最为经济的方法。内部控制是防止或发现舞弊的第一道防线。管理层舞弊防范主要包括：内控的建立、执行、评估、完善；保证信息的及时、准确的沟通，减少信息不对称及管理层道德操守的控制。雇员舞弊防范主要包括：道德建设，倡导诚实正直的企业文化；评估舞弊风险并明确具体的对策降低风险、消除机会。

阅读案例

雇员舞弊案——对某交运集团 1 300 多万元资金挪用舞弊案的思考

一、案例简介：小会计 3 年伸手 128 次捞钱 1 300 多万

作为国有全资公司的 A 交运集团①是某省最大的国有公路运输骨干企业，全国道路运输企业的百强企业。A 集团下属有 40 多家子公司、分公司。其中一家下属单位（B 公司）的一个小职员，于 2008 年 3 月以来，利用职务便利，短短两年多时间里以“蚂蚁搬家”式，先后伸手 128 次，挪走公款 1 300 多万。东窗事发，2011 年 5 月，B 公司需要一笔几十万元的支出，而单位账户资金已不足以支付，公司开始对沈某的行为有所觉察，而沈某眼看事情败露，开始潜逃。

上述提到的嫌犯是 A 集团下属控股单位的原主办会计沈某。现年 39 岁，高中文化程度，1993 年 2 月成为 A 集团的职工，2006 年 12 月至 2010 年 4 月，被集团指派到旗下控股的 B 运输有限责任公司担任出纳，2010 年 5 月至 2011 年 5 月升至主办会计。负责编制全公司凭证报账、税务、报表及全系统财务管理活动等财务工作。

据了解，在同事眼中，沈某是一个“老实人”，生活朴素、为人低调。即使在接受检察机关询问时，仍有同事不相信他因为炒外汇、赌博而贪污千万余元公款。至于为什么一个普通职员能挪用数额如此多的资金，而且伸手这么多次居然没有被发现。他的同事坦言：“虽然公司的财务制度严格，但很多事情并不会完全按制度来办。他虽然不是领导，但在财务工作多年，平时工作兢兢业业，大家对他都很信任，与银行关系比较熟悉，转移资金比较容易。”

---

① 本案例的公司和人物均隐去真名，以化名代之。

二、案例透视：1 300 多万资金挪用手法揭秘

像 A 集团应该说是有着较为健全的企业管理制度和严格的财务制度，尤其是内部控制制度，财务管理常抓不懈。公司账目每年都会委托会计师事务所进行审计。在这样的审查、审计制度下，为何一个主办会计持续三年挪用公款却无人发现？

让我们来看一下 B 公司内部控制流程和沈某的作案手法，他是怎么将单位这么多钱转走的？

据了解 B 公司的财务支出需经四道程序，出纳制表、会计审核、财务经理签字、法人代表盖章，每道程序有专人负责，并加盖专门公章。此外，公司的公章和网银 U 盾，锁在抽屉或保险箱里。网络转账需要 2 个网银 U 盾，一个进行操作，一个进行审核，分别掌握在沈某和科长手中。

常用的一种手法是直接盗用现金支票，将加盖公章空白支票占为己有。沈某法庭上交代，四道程序中，他掌握公司法人公章，负责保管单位的现金支票和转账支票，只要再加盖上同事保管的财务章，支票就可以兑现了。于是，平时他趁办理业务能拿到财务章的机会，事先在空白支票上偷偷多盖几个财务章，填好数额就可以跑到银行提现或转账。沈某利用职务之便，先后 79 次通过在自己保管的现金支票上擅自加盖 B 公司法人章和偷盖他人保管的公司财务章，并填写金额，再利用经手 B 公司公款的便利，到银行通过承兑现金支票的方式提取 B 公司现金共计 351 万余元。

常用的另一种手法就是网络转账。沈某交代，他任会计后没有交出当出纳时保管的做账 U 盾，趁机偷得由科长保管的负责审核的 U 盾，并通过解密软件破解该 U 盾密码。作案时，他用自己保管的 U 盾做好账，再用偷得的审核 U 盾进行审核确认，交易生效，公款就这样转到了其个人银行卡上。先后 49 次通过相同的方式到另一家银行以承兑转账支票的方式和网银 U 盾网上银行转账的方式，将 B 公司银行账户内的公款共计 1 038 万余元转移到其本人账户和他人的账户上。

他是如何制作假账应付检查的？为什么可以多次“伸手”，捞到这么多钱？

伪造对账单，瞒天过海。沈某以虚假的公司日记账和伪造的银行对账单等欺骗单位及审计部门。为了掩盖犯罪事实，沈某买来类似银行对账单所用的纸张，根据真实的银行对账单上显示的信息，在自己电脑上制作 EXCEL 账单表格，删除自己的提现和转账记录，将账面资金和公司实有资金对齐，再打出来加盖上自己伪造的公章及私章后，交给科室领导审核。而真的银行对账单，沈某不是藏起来，就是直接扔掉。案发后，办案人员在沈某的租住处，发现 11 枚伪造公章和一些银行打印凭证专用纸等作案工具。此外，沈某不管做出纳还是做会计，每次单位需要去银行开对账单，沈某都要“亲力亲为”，抢着去银行。2008 年至 2011 年 5 月，B 公司曾接受多次审计，却均没有发现异常，沈某通过伪造会计师事务所的询证函，瞒过了审计部门。

三、案例的思考和启示

该案例的发生暴露了B公司在内部控制方面的诸多不足，也反映出了国有资产管理、审计中的漏洞，对其他企业来说也有很多值得借鉴的启示。

减少舞弊机会，树立正确内部控制理念，完善公司货币资金管理的内部控制。本案例中，沈某就是充分利用B公司的支票管理内部控制缺陷，利用资金收支业务的职务便利条件，私设银行账户，侵吞公款，得以挪用上千万资金。在账务处理上舞弊：私自提现，通过涂改、伪造银行对账单，使银行存款日记账上金额相等、平衡。由于B公司的公章管理不严，他能轻易拿到单位转账所需的公章和网银U盾，会计师事务所账目审查不细，如此有利于舞弊的机会，何乐而不为？

关注舞弊防范的重点，增加舞弊发现的概率。雇员舞弊的动机一般与其个人状况息息相关，雇员为扩充个人权势财富或是经济状况发生恶化，舞弊者抱着不易被发现的冒险心理，编制虚假财务信息以谋取资金。案例中，沈某2007年迷上投资外汇保证金，几次小赚之后开始赔本，最多一次赔了40多万元。赔光积蓄后，忍痛卖掉房子继续炒外汇，而卖房的钱也赔光后，他将手伸向了自己保管的公款，除通过转账归还28万元外，沈某将剩余的1 361万余元用于投资外汇保证金、网络赌博及日常生活消费等。沈某的行为并非个例，类似案件在很多地方都有发生过。舞弊动机、舞弊机会再加上自我合理化，舞弊行为就真正发生了。这样的案件，确实需要反思，国有单位应该加强对账目管理、审计的监管。

因此，在货币资金流转过程中各个环节进行事前、事中的防范。做好风险评估，注重对关键控制点的控制。把好用人关；把好制度关；把好票据印鉴关；把好监督关。

关键岗位建立强制轮换制度，出纳人员除负责银行存款日记账外，不得兼管稽核，会计档案保管和收入、费用、债权债务账目的登记工作。在货币资金盘点核对制度中，强调货币资金定期盘点清查，并与银行对账，每月至少核对一次，做到账账相符、账实相符。加强与货币资金有关票据的管理工作，明确各种票据的购买、保管、使用、背书转让及注销等环节的职责权限和程序，防止空白支票的遗失和被盗用，对于支票实物控制，视同现金和有价证券一样，严加管理，并进行定期和不定期实物盘点。同时，加强银行印鉴的管理工作，严禁一人保管支付款所需的全部印章。明确检查人员的职责权限，定期和不定期地进行检查，抓好各项制度的落实。实务中，如果企业财务人员和审计师能对货币资金实物进行验证，或者与客户进行认真对账，沈某的舞弊行为可能不至于伸手这么多次都未被发现。但仍需明确企业内部控制制度要盯住关键控制点，内部控制本身需要成本，而且它不是万能的，不能期望它能消灭所有舞弊风险，但有效的内部控制应当将风险降低到合理水平。这就需要企业对风险进行有效而全面的评估，着重加强舞弊关键点的防范，防止重大甚至灾难性的风险发生。

第9章　经济效益审计

学习目标

通过本章学习，明确经济效益审计概念，了解经济效益审计基本程序，正确把握经济效益审计评价指标体系，正确运用经济性、效率性、效果性评价方法。

9.1　经济效益审计概念的界定

要想全面正确的理解经济效益审计的概念，首先应清楚经济效益的概念。经济效益是经济和效益的合成词。所谓经济，是指社会物质生产和再生产活动。所谓效益，是指效果和利益，或有益的效果、有用的结果。因此，经济效益就是指经济活动中有益有用的结果。经济效益是资金占用、成本支出与有用生产成果之间的比较。所谓经济效益好，就是资金占用少，成本支出少，有用成果多。提高经济效益有利于增强企业的市场竞争力，充分利用有限的资源创造更多的社会财富，满足人民日益增长的物质文化需要。所谓企业的经济效益，就是企业的生产总值同生产成本之间的比例关系。经济效益是衡量一切经济活动的最终的综合指标，任何社会的经济活动都离不开经济效益。

审计作为经济监督的一种工具，其最终的目的也是为了能够提高经济效益。随着科学技术突飞猛进的发展，经济全球化越来越明显，对于企业的管理要求也越来越高，要想在竞争激烈的市场上占得一席之地，就要注重健全自身的管理体制，加强企业内部控制制度，提高内部控制效率。而在很长的一段时间里，审计仅仅停留在了单纯的财务审计上，即通过差错防弊来间接提高经济效益。新的市场环境迫使企业管理者要将企业审计工作的重心从传统查账转到健全和完善企业管理机制，提高企业经济效益的轨道上来。由此相继产生各种以提高经济效益为目的的审计形式，如管理审计、业务经营审计、绩效审计、综合审计等，这些审计统称为经济效益审计。

经济效益审计是由被授权或被委托的审计人员，依据有关法规和标准，运用审计程序和方法对被审计单位（或项目）经济活动的经济性、效率性、效果性进行监督、评价、提出改进建议，以提高经济效益为目标的一种独立性经济监督活动。简言之是以“提高经济效益为直接目标”的一种独立性经济监督活动。

经济效益审计，是以审查评价实现经济效益的程度和途径为内容，以促进经济效益提高为目的所实施的审计，是政府审计的一种形式。经济效益审计的主要对象是生产经营活动和财政经济活动能取得的经济效果或效率，它通过对企业生产经营成果、基本建设效果和行政事业单位资金使用效果的审查，评价经济效益的高低，经营情况的好坏，并进一步发掘提高经济效益的潜力和途径。经济效益审计，不仅是国家审计的一项重要目标，更重要的是内部审计的主要目标和日常工作的内容。根据我国国情的需要，实施效益审计，有利于促进国民经济各部门、各企事业单位以及各级政府机关和科研单位围绕提高经济效益和工作效益改进自己的工作，加强内部控制，实现最佳管理；有利于改善社会主义经济各方面的关系，维护正常的经济秩序；同时也利于提高财务审计的质量和巩固财经法纪审计的成果。

经济效益审计的产生和发展与内部审计的产生和发展密切相关，同时，政府审计范围的不断扩大，也推动了经济效益审计的发展速度。追溯经济效益审计定义的根源，20 世纪 60 年代美国首先提出的经济性（economy）审计、效率性（efficiency）审计、效果性（effect）审计，即“三 E”审计模式，这是最早的经济效益审计概念。各国对效益审计的定义有所不同，英国国家审计署（NAO）对效益审计的英文表达是“value for money audit”，是对一个组织经营活动的效率性、效果性和经济性所进行的一项独立的评价活动。美国会计署（GAO）1994 年将效益审计定义为：关于政府组织、规划（programs）和活动的“三 E”方面的审计，包括经济、效率、和规划审计（program audit）。在这个定义中，规划审计被进一步描述为涉及效果方面，是否达到了预期的目的，以及是否遵循了相关法规。德国将效益审计定义为“主要是指对行政运作（administrative operations）之经济（economy）、效率（efficiency）以及效益（effectiveness）进行审计”。虽然各国对于经济效益审计的定义不尽相同，但各国对它的主要方面的理解却惊人的一致，这些定义几乎都是围绕着“三 E”展开的。经济性审计、效率性审计、效果性审计成为经济效益审计的核心内容。“三 E 审计”后来又被拓展成为“5E 审计”，即增加了“环保性审计”（environment audits）和“公平性审计”（equity audits）。环保性主要关注的是自然资源的有效利用和生态环境的维护，要求特定主体的行为活动必须以保护环境为前提；公平性主要强调特定主体对社会的贡献程度，包括所产生的利润分配和再分配的公平性和对维护社会稳定、促进社会发展的影响程度。虽然经济效益审计概念从提出后，社会经济已经过近半个世纪的发展变迁，但经济性、效率性和效果性这“三 E”特性仍然是现代经济效益审计的核心内涵。因此，国外常常提到的“三 E”审计就是我国的经济效益审计。

2007 年 4 月，中国内部审计协会公布了《内部审计具体准则第 25 号——经济性审计》、《内部审计具体准则第 26 号——效果性审计》、《内部审计具体准则第 27 号——效率性审计》，从我国实际出发，规范了内部经济性、效果性、效益性审计。

所谓经济性，是指组织经营活动过程中获得一定数量和质量的产品和服务及其他成果时所耗费的资源最少。经济性主要关注的是资源投入和使用过程中成本节约的水平和程度及资源使用的合理性。经济性审计是指内部审计机构和人员对组织经营活动的经济性进行审查与评价的活动，目的是通过审查与评价组织经营活动中资源的取得、使用及管理是否节约及合理，协助管理层改善管理，节约资源，增加组织价值。

效率性是指组织经营活动过程中投入资源与产出成果之间的对比关系。效率性审计是指内部审计机构和人员对组织经营活动的效率性进行审查与评价的活动。其主要目的是通过审查和评价组织经营活动的投入、产出关系，优化业务流程，提高经营活动效率。

效果性是指组织从事经营活动时实际取得成果与预期取得成果之间的对比关系。效果性主要关注的是既定目标的实现程度及经营活动产生的影响。效果性审计是指内部审计机构和人员对组织经营活动的效果性进行审查与评价的活动。其主要目的是通过审查与评价组织经营活动既定目标实现的程度，以协助组织管理层改善经营水平，提高经营活动的效果。

从表面上看，经济活动的经济性、效率性和效果性体现在业务活动的过程及结果上，但任何业务活动都离不开管理活动，都是管理部门及人员发挥其职能的过程。管理人员的素质决定了管理职能的发挥程度和管理水平、管理效率的高低，而管理水平和管理效率又直接影响着经济活动的经济性、效率性和效果性。因而对管理活动效益的审计已融于经济性、效率性和效果性之中。

经济效益审计是在财务审计的基础上，将审计范围扩展至企业的采购、生产、销售等方面及关键控制环节的审计，是现代审计的重要标志和组成部分，它在审计目的、内容、职能和方法等方面都突破了传统的财政财务收支审计，经济效益审计“超越账本，深入业务”，审计对象是会计、统计、业务核算资料及多方面信息资料所反映的经济活动过程及结果，是企业的全部生产经营活动，而不只是账、证、报表等会计资料及其所反映的财务、财政收支。

经济效益审计注重经营的效率和效果，致力于发现和揭示影响组织经济效益的问题，帮助组织寻找解决问题的途径和办法，提出管理和改进措施，促进被审计单位提高经济效益，而不仅限于审查财会资料是否真实正确，审计财务收支是否合理合法；经济效益审计具有监督、评价和鉴证三种职能。评价职能是经济效益审计的核心职能。通过对被审计单位经济效益的评价，评定其经营决策的科学性、经营活动的经济效益和管理活动的有效性，并提出评价意见，突破了财务审计以监督、鉴证等防护性职能为主的状况；此外，经济效益审计除运用财务审计方法外，还利用经济数学方法和现代管理方法，既进行事后审计，也进行事前审计。

由此可见，经济效益审计是财务审计的深入和发展。开展经济效益审计往往从财务审计入手，即从审查资金、成本、利润的情况入手，然后深入到全部经济活动和经营管理中去，具有审计对象的广泛性、审计内容的全面性、审计手段的多样性、审计建议的建设性等特点。

（1）广泛性。经济效益审计的适用范围很广泛，只要是有经济活动发生的地方就有经济效益，因而就有经济效益审计的用武之地。经济效益审计的对象可以是一个企业、机关、事业单位或是他们的某个组成部门，也可以是一个行业或一个地区。经济性审计既可以针对整个组织的经营活动，也可以针对特定项目、特定业务。

（2）全面性。影响经济效益的因素不是单一的，它受到人、财、物、技术和管理等方面因素的共同影响。经济效益审计要求运用系统论的观点来实施审计工作，具有全面性。但是这并不意味着在进行经济效益审计时面面俱到，进行全面的详细审计，而是有重点的审计，突出重点，综合运用多学科知识，有所侧重地选择关键的控制环节进行深入详细的审计。

（3）多样性。鉴于经济效益审计对象的广泛性和审计内容的全面性，因此，在进行经济效益审计时，仅仅采用传统的财政财务收支审计方法是不够的，还要综合运用各种数学和统计方法、生产经营管理或行政管理方法、成本效益分析方法、项目评估方法、投入产出分析方法等，要注重调查、研讨、分析、咨询、听证、查阅文件、整理数据、研究案例、与被审计单位反复沟通等。

（4）建设性。经济效益审计的目的在于对被审计单位的经营管理活动进行评估，并提出改进和完善的措施和办法。因此，经济效益审计在整个审计程序当中都始终围绕着一个主题，即向被审计范围提出改进管理工作的建议，以及提高经济效益的具体途径和方法。经济效益审计帮助企业挖掘其经济效益潜力，是一种对企业具有建设性的审计。

9.2 经济效益审计的程序与评价指标体系

在具体实施经济效益审计时，需要遵循一定的程序，运用有效的方法，才可以使业务的实施顺利进行。实施经济效益审计的一般程序包括准备阶段、实施阶段、报告阶段和后续阶段，每个阶段都应遵循一定的程序，灵活运用恰当的技术和方法。

1）准备阶段

审计项目确定后，就要按照审计项目的具体要求，适当配备财会人员、经济管理人员和工程技术人员或有相应技术特长的审计人员，以便发现企业管理、工程技术等方面效益不高的原因，提出改进的对策和途径。在准备阶段中大量使用调查方法，采用抽样技术，选取调查样本，对其邮寄问卷、电话调查或者当面询问。派审计人员到被审计单位及其上级主管部门和企业所在地的财政、税务、银行和工商行政管理部门等单位，对被审计单位的历史、现状、生产经营管理、人员素质和内部控制等情况进行摸底调查。同时，对相关行业的市场动态、各种可能影响企业经济效益发生变化的信息等，都要予以关注。

2）实施阶段

实施阶段包括详细调查了解、实施审计测试，收集审计证据、编制审计工作底稿，酝酿审计意见三个方面的工作。

（1）运用访谈等审计方法详细调查了解，进行初步测试。在企业效益审计中，审计人员经常需要当面向有关人员了解情况，获取某些特殊证据，因此访谈就成了效益审计中常用的审计方法。这种方法可以帮助审计人员加强对所审事项的理解，而且可以当面向访谈对象搞清楚有关事项的来龙去脉。如以访谈的方式详细调查企业的背景情况，生产经营的组织、方式及现状，企业的生产工艺特点，管理制度和内部控制制度的设计及运行状况等。同时运用检查法、实验法、现场观察法等方法对被审计单位的管理制度、质量制度、劳动定额等制度的贯彻落实情况进行抽样测试。

（2）实施审计测试，收集审计证据，分析原因。首先，开展成本费用效益审计，促使企业减本增利。从成本费用的计划及开支范围的制订、控制措施的实施，到考核及评价的全过程，审查原材料和能源的利用效益、劳动力利用效益等，考核成本费用的节约额和降低率，促使企业不断降低成本，提高经济效益。其次，审查销售活动的效益性，促使企业增收增利。从销售计划的制订、销售的组织，到销售完成的全过程，审查是否达到现有条件下的收入最大化，销售费用是否节约，销售的内部控制制度是否健全有效等。再次，审查资金使用情况，促使企业合理运用资金。根据资金运动规律，从资金的筹集、分配、使用，到收回的全过程，审查资金的占用情况、周转情况以及获利情况，提出合理筹措和分配资金的建议，提高资金使用效益。最后，审查企业投资情况，促使企业降投入增产出。对固定资产投资要从立项、设计、施工到竣工决算进行全过程监督，审查项目的可行性研究报告，施工计划、进度、工程质量及工程费用的发生情况。竣工投产后，对工程效益和投产后的使用效益进行全面分析评价。

（3）酝酿审计意见，编制审计工作底稿。当审计证据基本收集齐全，对被审计单位的经济效益现状和提高效益的潜力基本了解时，审计人员应讨论、酝酿审计意见，哪些方面应当肯定，哪些地方可以挖潜，并初步提出相应的改进措施。在实施阶段还要认真撰写审计日记，编写审计工作底稿，详细记录审计人员实施审计的具体过程、采取的步骤和方法，它不仅是撰写审计报告的基础，也是后续审计的重要参考资料，还可以用来评价审计人员的工作质量。

3）报告阶段

报告阶段是对实施阶段的总结，通常应包含以下环节：归纳问题、综合分析、讨论审计评价、起草审计报告、征求单位意见、审定报告、做出结论、立卷归档。审计人员应核实在实施阶段中发现的问题，整理审计工作底稿，鉴定和补充必要的审计证据，评估被审计单位的经济效益，提出进一步改善经营管理和提高经济效益的建议，起草审计报告，讨论审计报告，正式发送审计报告。

值得关注的是企业经济效益审计报告不同于财务审计报告，它的目的不是为了证实财务状况的真实性，而是为了揭示被审计单位经济效益的高低及其原因，并做出评价，提出建议或措施。在多数情况下，由于被审计业务的专业性强，往往不能提出直接证据来论证审计报告的结论，为了使审计报告具有充分的说服力，需要广泛地运用间接证据和推理证据，这都需要在审计报告中加以详细的说明。审计报告一般应具备背景资料、审计结论、论证结论的证据、改进的建议或措施等内容。

4）后续阶段

后续阶段是指审计项目完成，经过一段时间后，对审计建议和改进措施的执行情况进行回访性审计的过程。企业经济效益审计的目的决定了开展效益审计不仅着眼于对被审计单位或审计项目现时的经济效益进行评价，更注重未来经济效益的提高。因此，在审计项目完成后，审计人员需对审计报告中提出的审计建议和改进措施的执行情况进行回访性审计，促使被审计单位更好地执行审计建议和改进措施。审计人员到达现场后，可以通过座谈、查阅有关资料、现场观察等方法，检查审计报告提出的建议措施是否执行，效果如何。对执行过程中存在的问题，应查明原因，根据被单位执行不力或审计建议不切合实际等不同情况，督促被审计单位严格执行或者提出更加切实可行的改进措施。

在经济效益审计实施过程中，必须要有一个指导审计活动、衡量被审计事实、鉴定经济效益质量的标准，这就是经济效益审计的评价标准。但是，目前的经济效益审计评价标准尚未形成一种规范，仅散见于各种相关的资料当中，具有不确定性。对企业经济效益进行审计必须要有确定的评价标准，作为衡量被审计单位经济效益高低与优劣的准绳，评价标准还是审计人员提出审计意见，作出审计结论的依据。因此，审计人员选择恰当的评价标准尤为重要。

按范围层次划分，经济效益审计评价标准分为总体标准和具体标准。经济效益审计总体评价标准是带有根本性和指导性的原则标准，是对被审单位经济行为效益性的基本制约，也是对被审单位处理有关经济效益方方面面关系的原则标准和一般要求。经济效益审计总体标准，重点衡量评价被审单位经济效益的质的方面，审查其经营思想、服务质量、职工培训、环境保护等。经济效益审计具体标准（技术经济指标）是全面、具体、详尽的执行标准，是从不同层次、不同角度、不同方面衡量被审单位经济活动的效益有无、效益高低的尺度，由以财务指标和技术经济指标为主体的指标体系构成的。经济效益的具体评价标准是对被审单位经济效益量方面的要求和限定，是被审单位在正常情形下必须达到的效益水平，是被审单位经济效益高低的衡量尺度。

按内容性质划分，经济效益审计评价标准主要有以下几个方面：

一是国家政策、法律法规和相关规定。这类标准具有强制性特点，是目前最有效、最具说服力的评价依据，被审计单位和审计人员也较易接受，不仅可以直接用来衡量被审计单位对其遵守情况，而且还可以用来评价对被审计单位经济效益高低、优劣的影响程度。

二是企业方针、政策、制度。它们是经济效益审计的首要标准，以此来衡量被审计单位的经济效益是否符合企业宏观要求，是否有利于企业的持续稳定发展，是否保证了企业的长远利益，是否有经济效益。

三是各种计划、指针、预算。它不是指令性和强制性的，而是企业努力的目标。在开展经济效益审计时，将被审计单位的各种实际指针与计划、预算相比较，并进行分析、评价，以此来寻找提高经济效益的途径。计划、指针、预算是经济效益审计中采用最多的一类审计标准，是针对被审计单位的实际情况制定的，具有较强的可比性，也较能反映企业的实际水平。

四是历史水平、行业水平、国际水平。这类指针是用来评价被审计单位经济效益高低的标准之一，它们是对计划、指针、预算等标准的补充，使经济效益审计的标准体系更加完整、全面。由于这类标准的时间跨度较大，运用时应考虑各种客观因素的变化，以判断是否存在可比性。

五是科学测定的经济技术资料。这类标准主要用于评价新产品及新工艺的经济效益。由于新产品、新工艺的效益没有相应的历史数据可以比较，同行业又无同类的指标可以参考，要评审它们的经济效益，就得借助于科学技术来测定。因此，它是经济效益审计中采用的一种特殊标准。

要使企业经济效益审计工作有章可循，审计结果较为客观、全面和准确，在建立经济效益审计评价标准时应当遵循以下原则：

第一，全面性原则。要客观而全面地评价被审计单位的经济效益状况，必须确定其具有综合的衡量指标和评价标准，即指标的设计既能反映企业财务成果和经营状况，又能反映企业管理水平和经营能力；既反映当期微观经济效益，又考虑评价长期宏观经济效益的需要，并且尽可能满足各部门、多方位、各阶段的需要。因此，审计评价既要有财务指标，又要有非财务指标；既要有静态指标，又要有动态指标。这样才可避免审计评价工作出现遗漏，才能从不同角度对企业进行全面、综合地考核和评价。

第二，先进合理性原则。评价经济效益的审计标准应先进与合理，即在技术上先进，在经济上合理。技术指标要先进但不应高不可攀，要通过努力可以达到；经济指标要合理，但这种合理并不排斥先进性，关键是要切合实际，这样才可起到发挥动员群众，激励积极性，挖掘潜力的作用。

第三，促进性原则。确定的评价经济效益的审计标准应当对被审计单位具有促进作用，即选用比被审计单位已经达到的水平更高的指标，只要选用比目前已经达到的水平稍高的指标就会产生促进作用，这样也有利于鞭策落后的审计标准予以改进提高。

第四，可比性原则。在制定经济效益审计评价指标中，要考虑一定范围内的统一。有的还应在全国范围内统一，尤其是同类企业能够相互评比，起到相互推动、相互促进的作用，促使其共同提高，这样有利于横向比较；同时，选择、确定经济效益评价指标时，要便于本单位的有关标准在不同时期互相比较，从而也有利于纵向比较。

第五，可操作性原则。评价指标的设置应该简略、清晰，便于操作和考核。无论是指标所包含的内容，还是指标的计算，均应力求简单，易于使用。

经济效益审计指标是经济效益审计评价标准的基本单位和具体形式，运用评价指标可对被审单位某一方面的效益水平进行分析评价。内部审计师通过对指标的正确选用和分析对比，找出实物的规律性和内在联系，从而揭示被审计单位经济活动的本质，客观公正地评价被审计单位经济效益情况。然而，一个指标是很难对被审单位的经济效益做出全面评价的，而必须由若干指标构成的经济效益审计评价指标体系才能作出。所谓经济效益审计评价指标体系是指由相互联系、相互制约的若干个衡量评价被审单位经济效益的指标构成的有机整体。

市场经济条件下，两权分离和产权多元化使得企业的筹资、投资渠道多元化。因此，企业的所有者要求对产权监督，而企业投资者要求知道企业真实的效益状况。在这种情况下，经济效益审计既要提供内向服务，又要提供外向服务；既对企业内部作出建议，帮助改善经营状况，提高经济效益，又要满足企业外部各利益相关方对企业经济效益的关注。因此，经济效益审计的任务尤其重大。

为了能够综合、全面地评价和反映企业经济效益的状况，财政部 1995 年发布了一套企业经济效益指标评价体系。这些指标主要是从企业投资者、债权人以及企业对社会的贡献三个方面来考虑设计的。虽然这套指标评价体系在一定程度上解决了长期以来企业经济效益评价不能恰当进行定量描述的问题，但是在实际的运作过程中，有些指标的评价方法及其运用还需要加以改进和完善。1999 年，财政部、人事部、经贸委、国家纪委等中央四部委联合制定了《企业国有资本金效绩评价规则》。该指标体系以资本运营效益为核心，采用多层次指标体系和采取多因素逐项修正的方法，实行定量分析与定性分析相结合。该指标从企业的财务效益状况、资产营运状况、偿债能力状况、发展能力状况四个方面综合地反映了企业的经济效益性。2002 年，财政部等五部委发布《企业绩效评价操作细则（修订）》（财统［2002］5 号），再次对评价指标体系进行修订和改善，规定企业效绩评价指标由反映企业财务效益状况、资产营运状况、偿债能力状况和发展能力状况四个方面内容的基本指标、修正指标和评议指标三个层次共 28 项指标构成。审计人员在进行经济效益审计评价时，可以借助该指标体系作为经济效益评价的标准（见表 9-1）。

表 9-1　**经济效益评价的指标体系**

序号	项目	基本指标	修正指标
1	财务效益状况指标	净资产收益率 总资产报酬率	资本保值增值率 主营业务利润率 盈余现金保障倍数 成本费用利润率
2	资产营运状况指标	总资产周转率 流动资产周转率	存货周转率 应收账款周转率 不良资产比率
3	偿债能力状况指标	资产负债率 已获利息倍数	速动比率 现金流动负债比率
4	发展能力状况指标	销售（营业）增长率 资本积累率	三年资本平均增长率 三年销售平均增长率 技术投入比率

9.2.1 基本指标

基本指标是评价企业效绩的核心指标，由反映四部分评价内容的8项计量指标构成，用以形成企业效绩评价的初步结论。

1）财务效益状况指标

（1）$净资产收益率=\frac{净利润}{平均净资产}\times 100\%$

$$平均净资产=\frac{年初所有者权益合计+年末所有者权益合计}{2}$$

净资产利润率反映所有者投资的获利能力，该比率越高，说明所有者投资带来的收益越高。

（2）$总资产报酬率=\frac{利润总额+利息支出}{平均资产总额}\times 100\%$

$$平均资产总额=\frac{年初资产总额+年末资产总额}{2}$$

总资产报酬率是指企业一定时期内获得的报酬总额与资产平均总额的比率。它表示企业包括净资产和负债在内的全部资产的总体获利能力，用以评价企业运用全部资产的总体获利能力，是评价企业资产运营效益的重要指标。

2）资产营运状况指标

（1）$总资产周转率（次）=\frac{主营业务收入净额}{平均资产总额}$

总资产周转率（次）体现了企业经营期间全部资产从投入到产出的流转速度，反映了企业全部资产的管理质量和利用效率。通过该指标的对比分析，可以反映企业本年度以及以前年度总资产的运营效率和变化，发现企业与同类企业在资产利用上的差距，一般情况下，该数值越高，表明企业总资产周转速度越快。销售能力越强，资产利用效率越高。

（2）$流动资产周转率（次）=\frac{主营业务收入净额}{平均流动资产总额}$

一般情况下，该指标越高，表明企业流动资产周转速度越快，利用越好。在较快的周转速度下，流动资产会相对节约，相当于流动资产投入的增加，在一定程度上增强了企业的盈利能力；而周转速度慢，则需要补充流动资金参加周转，会形成资金浪费，降低企业盈利能力。

3）偿债能力状况指标

（1）$资产负债率=\frac{负债总额}{资产总额}\times 100\%$

（2）$已获利息倍数=\frac{息税前利润总额}{利息支出}$

已获利息倍数用来分析公司在一定盈利水平下支付债务利息的能力，一般情况下，已获利息倍数越高，企业长期偿债能力越强。国际上通常认为，该指标为3时较为适当，从长期来看至少应大于1。

4）发展能力状况指标

（1）$销售（营业）增长率=\frac{本年主营业务收入-上年主营业务收入}{上年主营业务收入总额}\times 100\%$

销售增长率是衡量企业经营状况和市场占有能力、预测企业经营业务拓展趋势的重要指标，也是企业扩张增量资本和存量资本的重要前提。该指标越大，表明其增长速度越快，企业市场前景越好。

（2）$资本积累率=\frac{本年所有者权益增长额}{年初所有者权益}\times 100\%$

资本积累率即股东权益增长率，是指企业本年所有者权益增长额同年初所有者权益的比率。资本积累率表示企业当年资本的积累能力，是评价企业发展潜力的重要指标。

9.2.2　修正指标

修正指标用以对基本指标形成的财务效益状况、资产营运状况、偿债能力状况和发展能力状况的初步评价结果进行修正，以产生较为全面、准确的企业效绩基本评价结果，具体由12项计量指标构成。

9.2.2.1　财务效益状况指标

（1）$资本保值增值率=\frac{扣除客观因素后的年末所有者权益}{年初所有者权益}\times 100\%$

资本保值增值率反映了企业资本的运营效益与安全状况，所有者权益由实收资本、资本公积、盈余公积和未分配利润构成，四个项目中任何一个变动都将引起所有者权益总额的变动。至少有两种情形并不反映真正意义的资本保值增值：

①本期投资者追加投资，使企业的实收资本增加，还可能产生资本溢价、资本折算差额，从而引起资本公积变动。

②本期接受外来捐赠、资产评估增值导致资本公积增加。在本期既无投资者追加投入，又无接受捐赠和资产评估事项的情形下，上述公式仍然需要推敲。因为本期资本的增值不仅表现为期末账面结存的盈余公积和未分配利润的增加，还应包括本期企业向投资者分配的利润，而分配了的利润不再包括在期末所有者权益中。所以不能简单地将期末所有者权益的增长理解为资本增值，期末所有者权益未减少理解为资本保值。

资本保值增值率是指企业本年末所有者权益扣除客观增减因素后同年初所有者权益的比率。该指标表示企业当年资本在企业自身的努力下的实际增减变动情况，是评价企业财务效益状况的辅助指标。反映了投资者投入企业资本的保全性和增长性，该指标越高，表明企业的资本保全状况越好，所有者权益增长越快，债权人的债务越有保障，企业发展后劲越强。

（2）$主营业务利润率=\frac{主营业务利润}{主营业务收入净额}\times 100\%$

主营业务利润率是从企业主营业务的盈利能力和获利水平方面对资本金收益率指标的进一步补充，体现了企业主营业务利润对利润总额的贡献，以及对企业全部收益的影响程度。

该指标体现了企业经营活动最基本的获利能力，没有足够大的主营业务利润率就无法形成企业的最终利润，为此，结合企业的主营业务收入和主营业务成本分析，能够充分反映出企业成本控制、费用管理、产品营销、经营策略等方面的不足与成绩。

该指标越高，说明企业产品或商品定价科学，产品附加值高，营销策略得当，主营业务市场竞争力强，发展潜力大，获利水平高。

（3）$盈余现金保障倍数=\frac{主营业务利润}{净利润}$

盈余现金保障倍数在收付实现制基础上，充分反映出企业当期净收益中有多少是有现金保障的，挤掉了收益中的水分，体现出企业当期收益的质量状况，同时，减少了权责发生制会计对收益的操纵，对企业的实际收益能力进行再次修正。当企业当期净利润大于 0 时，该指标应当大于 1。该指标越大，表明企业经营活动产生的净利润对现金的贡献越大。

（4）$成本费用利润率=\frac{利润总额}{成本费用总额}\times100\%$

成本费用总额=主营业务成本+营业税金及附加+销售费用+管理费用+财务费用

成本费用利润率是企业一定期间的利润总额与成本费用总额的比率。成本费用利润率指标表明每付出一元成本费用可获得多少利润，体现了经营耗费所带来的经营成果。该项指标越高，反映企业的经济效益越好。

9.2.2.2 资产营运状况指标

（1）$存货周转率（次）=\frac{主营业务成本}{存货平均余额}$

$$存货平均余额=\frac{期初存货+期末存货}{2}$$

存货周转率用于反映存货的周转速度，即存货的流动性及存货资金占用量是否合理，促使企业在保证生产经营连续性的同时，提高资金的使用效率，增强企业的短期偿债能力。

存货周转率是对流动资产周转率的补充说明，通过存货周转率的计算与分析，可以测定企业一定时期内存货资产的周转速度，是反映企业购、产、销平衡效率的一种尺度。存货周转率越高，表明企业存货资产变现能力越强，存货及占用在存货上的资金周转速度越快。

（2）$应收账款周转率（次）=\frac{主营业务收入净额}{应收账款平均余额}$

$$应收账款平均余额=\frac{(年初应收账款净额+年初应收账款坏账准备)+(年末应收账款净额+年末应收账款坏账准备)}{2}$$

说明一定期间内应收账款转为现金的平均次数，一般情况下，应收账款周转率越高越好，周转率高，表明收账迅速，账龄较短；资产流动性强，短期偿债能力强；可以减少坏账损失等。

（3）不良资产比率 $=\frac{\text{年末不良资产总额}}{\text{年末资产总额}}\times 100\%$

9.2.2.3　偿债能力状况指标

（1）速动比率 $=\frac{\text{速动资产}}{\text{流动负债}}\times 100\%$

速动资产＝流动资产－存货－预付账款－待摊费用

衡量企业流动资产中可以立即变现用于偿还流动负债的能力，速动资产包括货币资金、短期投资、应收票据、应收账款、其他应收款项等，可以在较短时间内变现。而流动资产中存货、1 年内到期的非流动资产及其他流动资产等则不应计入。速动比率非常苛刻的反映了一个单位能够立即还债的能力和水平。

（2）现金流动负债比率 $=\frac{\text{经营现金净流量}}{\text{流动负债}}\times 100\%$

现金流动负债比率是企业一定时期的经营现金净流量同流动负债的比率，它可以从现金流量角度来反映企业当期偿付短期负债的能力。

现金流动负债比率越大，表明企业经营活动产生的现金净流量越多，越能保障企业按期偿还到期债务。但是，该指标也不是越大越好，指标过大表明企业流动资金利用不充分，获利能力不强。

该指标从现金流入和流出的动态角度对企业的实际偿债能力进行考察，反映本期经营活动所产生的现金净流量足以抵付流动负债的倍数。

由于净利润与经营活动产生的现金净流量有可能背离，有利润的年份不一定有足够的现金（含现金等价物）来偿还债务，所以利用以收付实现制为基础计量的现金流动负债比率指标，能充分体现企业经营活动所产生的现金净流量，可以在多大程度上保证当期流动负债的偿还，直观地反映出企业偿还流动负债的实际能力。

（3）带息负债比率 $=\frac{\text{带息负债总额}}{\text{负债总额}}\times 100\%$

带息负债总额＝短期借款＋一年内到期的长期负债＋长期借款＋应付债券＋应付利息

企业某一时点的带息负债总额与负债总额的比率，反映企业负债中带息负债的比重，在一定程度上体现了企业未来的偿债（尤其是偿还利息）压力。

9.2.2.4　发展能力状况指标

（1）三年资本平均增长率＝$\left[\left(\frac{\text{年末所有者权益总额}}{\text{三年前年末所有者权益总额}}\right)^{1/3}-1\right]\times 100\%$

三年资本平均增长率表示企业资本连续三年的积累情况，在一定程度上反映了企业的持续发展水平和发展趋势。

（2）三年销售平均增长率＝$\left[\left(\frac{\text{当年主营业务收入总额}}{\text{三年前主营业务收入总额}}\right)^{1/3}-1\right]\times 100\%$

三年销售平均增长率表明企业主营业务连续三年的增长情况，体现企业的持续发展态势和市场扩张能力，尤其能够衡量上市公司持续性盈利能力。

（3）技术投入比率 $=\frac{\text{当年技术转让费支出与研发投入}}{\text{主营业务收入净额}}\times 100\%$

技术投入比率是企业本年科技支出（包括用于研究开发、技术改造、科技创新等方面的支出）与本年营业收入的比率，反映企业在科技进步方面的投入，在一定程度上可以体现企业的发展潜力。

9.2.3 评议指标

评议指标是用于对基本指标和修正指标评价形成的评价结果进行定性分析验证，以进一步修正定量评价结果，使企业效绩评价结论更加全面、准确。评议指标主要由以下8项非计量指标构成。

（1）经营者基本素质；

（2）产品市场占有能力（服务满意度）；

（3）基础管理水平；

（4）发展创新能力；

（5）经营发展战略；

（6）在岗员工素质；

（7）技术装备更新水平（服务硬环境）；

（8）综合社会贡献。

对于商贸和服务等企业因经营性质不同，在运用评议指标时，可以用括弧内的指标替代。

9.3 经济性审计目标、内容与方法

9.3.1 经济性审计目标

经济性审计的目的是通过审查与评价组织经营活动中资源的取得、使用及管理是否节约及合理，协助管理层改善管理，节约资源，增加组织价值。检查被审计单位是否有效地管理和利用了现有资源。

9.3.2 经济性审计内容

经济性审计审查评价的主要内容包括：

（1）资金的取得和使用是否节约；

（2）人力资源的取得及配置是否恰当；

（3）物资财产的取得及消耗是否节约；

（4）资源取得和配置在时间消耗上的适当性；

（5）资源取得的机会成本；

（6）资源的取得、使用和管理是否合理，是否遵循有关法律、法规；

（7）组织是否建立了健全的管理控制系统，以评价、报告和监督特定业务或项目的经济性；

（8）管理层提供的有关经济性方面的信息是否真实、可靠；

（9）其他有关事项。

9.3.3 经济性审计方法

内部审计机构和人员在选择经济性审计方法时应当与审计对象、审计目标及经济性审计评价标准相适应。除了运用常规的审计方法以外，还可以运用数量分析

法、比较分析法、标杆法等。

（1）数量分析法。数量分析法是对经营活动相关数据进行计算分析，并运用抽样技术，对抽样结果进行评价以获得充分、相关、可靠的审计证据的方法。数量分析法包括线性规划法、网络分析法、回归分析法、经济批量分析法。

（2）比较分析法。比较分析法是通过分析、比较数据间的关系、趋势或比率来取得审计证据、完成审计目标的方法。比较分析法可以用于获取有关信息和数据，可以用于对数据资料进行加工和整理，也可以用于与有关指标和标准对比来进行分析和判断，发现问题和评价审计结果。

（3）标杆法。标杆法是内部审计人员对经营活动状况进行实际观察和检查，通过与组织内外相同或相似经营活动的最佳实务进行比较而取得审计证据的方法。标杆法的核心是确定最佳的实务标准，进而用于确定评价标准，用于指定改善经营管理和提高效益的目标，用于查找有问题的方面或领域，从而更加有针对性地提出审计意见和建议。

内部审计机构和人员应当关注资源投入和使用过程，进行事前、事中和事后审计，及时将组织经营活动过程中资源的损失、浪费等情况报告适当管理层，以便其采取纠正措施。

9.4 效率性审计目标、内容与方法

9.4.1 效率性审计目标

效率性审计的主要目的是通过审查和评价组织经营活动的投入、产出关系，优化业务流程，提高经营活动效率。

9.4.2 效率性审计内容

效率性审计审查评价的主要内容包括：

（1）组织采购、销售等商业活动的效率；

（2）组织研发、生产等技术活动的效率；

（3）组织筹资、投资等财务活动的效率；

（4）组织为确保财产、信息及人员的安全以及对风险的管理所采取措施的效率；

（5）组织计划、控制等管理活动的效率；

（6）为提高上述经营活动效率所采取的措施是否遵循有关法律、法规；

（7）管理层提供的有关效率性方面的信息是否真实、可靠；

（8）其他有关事项。

内部审计机构和人员在进行效率性审计时，可以从确认与评价经营活动的投入、确认与评价经营活动的产出及综合评价投入产出的效率这三个方面来考虑。效率性审计要考虑经营活动中资源投入与成果产出之比。投入的资源主要包括人力、财力、物力、信息、技术、时间等方面的资源；产出则是投入资源后取得的实际效果。

9.4.3 效率性审计方法

效率性审计的基本方法是在计算经营活动效率的基础上，与先进的、可比的效率评价标准进行对比，分析影响组织经营活动效率的主要因素，提出有针对性的、切实可行的改进建议。内部审计机构和人员在进行效率性审计时，除了运用常规的审计方法外，还可以运用比较分析法、因素分析法、量本利分析法等方法，在对影响组织经营效率的各种因素进行综合分析后，提出进一步提高经营活动效率的建议。

（1）比较分析法。比较分析法是通过分析、比较数据间的关系、趋势或比率来取得审计证据、完成审计目标的方法。比较分析法可以用于获取有关信息和数据，可以用于对数据资料进行加工和整理，也可以用于与有关指标和标准对比来进行分析和判断，发现问题和评价审计结果。

（2）因素分析法。因素分析法是查找产生影响的因素，并分析各个因素的影响方向和影响程度的方法。运用因素分析法可以用来确定效益不佳的原因，分析提高效益的潜力及改进建议的可行性。

（3）量本利分析法。量本利分析法是分析一定期间内的业务量、成本和利润三者之间变量关系的方法。这是企业管理中普遍采用的方法，建立在成本性态分析研究的基础之上，分析处于盈亏平衡点时的业务量水平，进而对项目的投入进行评价。

效率性审计应当将事中审计和事后审计适当结合。内部审计机构和人员可以在经营活动进行过程中对业务流程的效率进行评价，及时将组织经营活动过程中无效率或低效率的情况报告组织适当管理层，以便采取纠正措施，提高效率。

9.5 效果性审计目标、内容与方法

9.5.1 效果性审计目标

效果性审计的主要目的是通过审查与评价组织经营活动既定目标实现的程度，以协助组织管理层改善经营水平，提高经营活动的效果。

9.5.2 效果性审计内容

效果性审计审查评价的主要内容包括：

（1）组织经营活动的目标是否适当、相关及可行；

（2）组织经营活动达到既定目标或实现预期经济和社会效果等情况；

（3）组织为实现既定目标所采取的程序和方法的合法、合理性，以及对有关政策、计划、预算、程序、合同等的遵循情况；

（4）分析组织经营活动未能及时达到既定目标的原因；

（5）分析组织无法按原定计划开展相应项目、业务或者中途停止项目、业务的原因；

（6）组织是否建立了健全的管理控制系统，以评价、报告和监督特定项目或业务的效果性；

（7）管理层提供的有关效果性方面的信息是否真实、可靠；

（8）其他有关事项。

9.5.3 效果性审计方法

内部审计机构及人员在选择效果性审计方法时应当与审计对象、审计目标及效果性审计评价标准相适应。除了运用常规的审计方法外，还可以运用调查法、问题解析法、专题讨论会等方法。

（1）调查法。调查法是凭借一定的手段和方式（如访谈、问卷），对某种或某几种现象或事实进行考察，通过对搜集到的各种事实资料的分析处理，进而得出结论的一种研究方法。这种方法是为了从比较分散的群体中获取对某一事项的评价意见和信息。一般的方法是对总体中的抽样样本进行访谈或调查问卷。

（2）问题解析法。问题解析法是通过确定总括性问题、相关子问题以及用来解答这些问题的具体步骤来开展效果性审计工作的方法。

（3）专题讨论会。专题讨论会是指通过召集组织相关管理人员就经营活动特定项目或业务的具体问题进行讨论及评估的一种方法。在经济效益审计的不同阶段经常会组织研讨会，目的是讨论问题、观察到的现象和可能应用的衡量方法、获取专家领域的知识以及统一立场和观点。

内部审计机构和人员应当采取以结果为导向的审计方式，关注经营活动特定项目及业务的结果，确认项目或业务目标的实现程度及其产生的影响。

关键概念

经济效益审计　评价指标体系　经济性　效率性　效果性

本章小结

经济效益审计是由被授权或被委托的审计人员，依据有关法规和标准，运用审计程序和方法对被审计单位（或项目）经济活动的经济性、效率性、效果性进行监督、评价、提出改进建议。经济效益审计总体标准，重点衡量评价被审单位经济效益的质的方面，审查其经营思想、服务质量、职工培训、环境保护等。经济效益审计具体标准（技术经济指标）是全面、具体、详尽的执行标准，是从不同层次、不同角度、不同方面衡量被审单位经济活动的效益有无、效益高低的尺度，由以财务指标和技术经济指标为主体的指标体系构成的。

阅读案例

仓库管理审计浅析①

浙江长海包装集团是浙江包装龙头企业，连续多年荣获浙江省行业最大企业、

① 张颖．仓库管理审计浅析［J］．浙江内部审计，2012（3）．

最佳经济效益工业企业，十佳经济效益企业等荣誉称号。2010 年，公司实现销售收入 15. 6 亿元，实现利税 5 800 万元。

随着集团的发展壮大，存货资金占流动资金比重不断提升，仓库管理状况受到高管层越来越多的关注，为此，集团审计部积极参与仓库的管理审计，为科学管理仓库提供合理建议。

一、中小企业仓库管理现状

目前我国一般中小企业仓库管理现状：仓库管理无法满足企业发展要求的矛盾越来越突出。随着企业的发展壮大，仓库管理工作已不仅仅是简单的货物收发、存放，而是涉及了更深层次的管理。仓库管理要利用科学的管理体系使物流更通畅，提高仓库的利用效率和存货的安全性。同时，仓库管理也需要跟上企业发展的步伐，满足企业发展的需要。

这就要求内部审计机构积极探索，为仓库管理带去合理化建议，促使企业仓库管理更好地服务于企业。

二、仓库管理审计程序的执行

为了能够全面地了解仓库管理各方面的情况以及发现当中存在的问题，审计部门对存货管理、存货账龄、周转率、仓库管理流程等进行了审计，并对仓库管理人员进行了认真的走访和调查。

1. 存货盘点。有效利用仓库管理中现有的先进管理系统——仓库管理条码系统对仓库存货进行现场盘点。利用条码系统中的盘库功能，定点定库，通过库位选取、扫描库位和存货磅码单来识别盘点存货，并对码单信息与实物数量的一致性进行确认，最终通过在电脑条码仓库管理系统上查看实际盘点数，盘盈数，盘亏数，从而达到对存货数量的统计，对存货存放位置的确认。

2. 存货账龄、周转率的检查分析。通过条码仓库管理系统，对存货入库时间进行查看，并按产品类别对存货账龄进行分类别统计，从而对存货账龄过大，周转率偏低的产品进行列示，以告知仓库管理人员该存货的风险性。存货越多，账龄越大，风险警示性越高。

3. 仓库管理流程的检查。通过前期穿行测试的摸底准备，寻找出重要的内部控制节点，将其作为监控点，重点查看不相容岗位相关管理操作的合规性；以流程管理中权限的审核批准为线，检查审批过程的完整性、合规性。点线结合，贯穿整个仓库管理的始终。

4. 仓库管理人员配置情况的调查。通过观察仓库管理人员流动情况、工作态度、工作习惯，对工作的认识情况来了解仓库管理情况，听取来自于基层的声音。同时，在集团人力资源部的协助和配合下，对仓库的岗位设置、人员编制、技能要求、职责划分做一个比较系统的测评。

三、提出合理化的改进意见

1. 从存货盘点来看，条码仓库管理系统作为先进的现代仓库管理系统也出现了水土不服的症状，作为一个电脑机械系统，它无法识别设定程序之外的操作。当存货存放位置未能按实际库位存放时，该存货即便在对的仓库不对的库位，也会导致盘亏现象的出现，对于盘亏的存货又无实际确切的位置，导致盘亏存货难以定位查找，这也是利用条码系统的一个很大的不足。定点定库无法实现，存货数量和位置就无法确切地掌握，这样会导致物流发货等各方面的延误。

对于存货盘点过程中反映出来的存货盘亏的原因进行分析后，审计人员提出了定点定库新方式的建议，重点控制源头，对于生产出来的待入库产品按客户或规格进行分类，设立待入库区，再由待入库区内的存货存放空间来选择合适的库位入库，以解决存货盘亏等的根本原因。同时，审计人员对仓库卫生问题提出了建议，要求仓库管理人员要保持仓库的安全、卫生、整洁，每天在上班前和下班后进行整理和检查。

2. 通过对存货估值与公司总的流动资产的比值来检查存货所占公司流动资金的比例。审计发现存货占流动资产比例偏高，从检查来看，存货比例偏高的原因是没有客户的库存累积。需要销售和仓库沟通协调，努力降低无客户的库存。

从存货账龄、周转率的检查来看，发现往往周转率偏低的存货，账龄往往是偏大的，这就占用了大量的库存闲置资金，闲置资金越大，企业的流动性就越差，从而给企业经营带来潜在的风险。

通过账龄和周转率的分析来对超期存货提出了处理意见：超期存货需要及早处理，节省仓库有效利用空间，处理方式按原来惯用方式作为废料处理或作为造粒的原料。并对以后存货账龄提出了要求，要求定期清查存货账龄，对账龄较长的存货及时处理，避免损失。努力降低存货账龄，提高存货周转率。

3. 通过仓库管理流程中关键节点的检查，发现了领料员未经仓库管理人员批准，擅自领用的现象。该现象有违仓库管理基本操作程序，同时给仓库管理带来困难，一是无法实现账实相符，使仓库账面数和实际数不相符；二是使仓库管理处于失控状态，存在冒领、偷盗等可能，原材料、存货的安全无法得到保障。

针对仓库管理中内部控制制度的缺陷，审计部门提出了两点建议：一是在仓库管理岗位职责中明确每个人的责任。二是仓库管理审批流程要完整，确保流程的可执行性和可控性。领用物料要严格按照规定程序，切记不可贪图方便省略相关重要环节，领用必须凭领料单，经过仓库管理员的核对、批准，确保存货的安全完整。

4. 通过对仓库管理人员的了解，提出要加强对仓库管理人员的培训管理，建议集团人力资源部关注该子公司仓库管理人事，建立健全留人机制。建议该子公司通过绩效考核来辅助岗位职责和管理流程的实施，激励仓库管理人员，努力培养仓库管理人员积极认真负责的工作态度，良好的工作习惯。并适时听取仓库管理人员的意见，鼓励大家将工作中遇到的问题分享出来，作为今后工作的参考。

以上诸项仓库日常管理中存在的种种纰漏，经常会在仓库部门晨会、生产部门例会上进行讨论，但从未经过系统全面的分析，更未通过文字报告形式呈现。这次审计部以《取证单》、《访谈录》等形式与仓库管理部门沟通改进意见并记录过程，对于问题的解决将起到指导性的作用。

四、审计后续跟踪监测

在提出合理化的改进意见后，审计部侧重被审计单位对合理化意见的采纳情况和具体的实施改善情况的跟踪监测。

从实施情况来看，被审计单位基本上采纳了审计部的审计意见：

对存货盘点中出现的盘盈盘亏情况积极联系财务和销售部门，进行了相应处理，并对仓库卫生管理等做出了岗位职责的安排，定期定点负责人员打扫卫生，保持了仓库的清洁、卫生。

对账龄超期的存货进行了及时的处理，节省了存货资金和仓库空间，并制订出计划，定期与相关部门沟通处理存货账龄问题，确保日后工作的责任落实和工作保障。

对于岗位职责中的内控节点的控制，有效做到了不相容岗位相分离的原则，岗位管理职责明确落实到位。

对管理流程上存在的授权审批不完善，存货风险较大的问题，也得到了妥善处理，已将审批流程贯穿整个管理流程，同时通过不间断的实践进行改善，确保了存货安全。

绩效考核作为激励的手段，确保岗位职责和管理流程的落实。通过同岗不同薪，检查激励有奖励，有奖有罚的措施，大大提高了仓库管理人员工作的积极性和主动性。

从审计初衷来看，审计目标初步达到，提高了仓库管理内部发展的积极性；保持了仓库的整洁、安全；货物的有效收发、存放得到保证，一定程度上提高了仓库有效空间的利用。而且通过审计也为本次课题提供了很多的实践题材，并为以后仓库管理指明了方向。

五、现代仓库管理对内部审计的要求

现代仓库管理对内部审计提出了更高的要求，主要有以下几点：

1. 把握存货作为流动资产的可变现能力的风险。提高风险控制防范能力，从而降低企业经营风险，努力为企业在快速发展的道路上排除前方可预知的障碍。

2. 把握仓库管理内部控制环节，确保存货安全。这是现代仓库管理的基本要求，作为内部控制来说也是必不可少的环节，做好内部控制，防范内部风险，确保仓库管理规范、科学、合理。只有通过有序规范的制度才能从根本上保障企业利益的最大化。

3. 为仓库管理人员提高工作水平、养成良好的工作习惯提供帮助。所有科学的管理方法，先进的管理系统，以及可靠的管理经验都是仓库管理人员通过学习、实践获得的，这就要求我们注重仓库管理人员的培养。审计可以做的就是培养仓库管理人员的存货风险意识，岗位职责所应该具有的内部风险防范意识。仓库管理人员是管理的核心，先进的管理系统是辅助，以仓库管理人员为核心，科学使用先进管理系统，带动和提升仓库管理人员的能力，为企业的健康安全发展提供服务。

第 10 章　风险管理审计

学习目标

通过本章学习，明确风险与风险管理概念、风险管理审计与风险基础审计概念，了解风险管理审计基本程序，正确把握风险管理审计基本内容、审计方法与技巧。

随着世界经济全球化和管理信息化，人才、技术、资本、商品等要素的流动性日益加快，不确定性因素越来越多，使得经济社会中风险无处不在。为了实现组织目标、增强组织的抗风险能力，许多组织在不断建立健全内部控制的基础上，强化对组织风险的识别和评估，并逐步将这项工作移交以内部控制为主要对象的内部审计师去负责。因此加强风险管理审计研究，发挥内部审计在审查、评估和报告风险管理过程中的作用，成了当务之急。

10.1　风险与风险管理概念的厘定

要理解风险管理审计，首先要知道什么是风险和风险管理。何为风险？生活中，我们常说：天有不测风云，人有旦夕祸福。其实，在当今社会，企业也面临着风险，企业成败与寿命的长短与风险防范存在一定的联系。

《经济参考报》曾报道：中国老字号同仁堂存在已有 300 多年历史，但北京中关村 5 000 余家民营企业中，生存超过 5 年的却约占 8%，超过 8 年的仅占 3%。

为什么有的组织寿命长，有的组织寿命短呢？研究者发现，这与组织遭受的风险以及处理风险的能力密切相关。

10.1.1　风险

对于风险的定义，不同的领域有不同的释义：

（1）风险的一般定义。韦氏辞典对风险的解释有两层含义：①损失或伤害的可能性；②引起或预示一种危害的人或事。牛津辞典对风险的注释是遭遇危险、受到损失或伤害等的可能性或机会。《辞海》对风险的解释是指人们在生产建设和日常生活中遭遇可能导致人身伤亡、财产受损及其他经济损失的自然灾害、意外事故和其他不测事件的可能性。

（2）经济学领域的定义。自 1895 年，美国经济学家海恩斯提出风险的概念以来，许多学者也都对风险做出了不同的定义，这些定义大致可以归纳为三种观点：①不确定性观——风险是损失的不确定性；②危险损失观——风险是可能发生的危险和损失；③结果差异观——风险是实际结果与预计结果之间的差异。

（3）社会学领域的定义。社会学领域对风险的定义大多从人的主观角度解释，认为风险是人的一种感受或认知，是“一种对客观事物的主观估计”。

（4）其他学术领域中的定义。许多学者常常会根据各自研究的需要，对风险进行有针对性的定义。例如，统计学家把风险定义为实际结果与预期结果的离差度。保险学者把风险定义为一个事件的实际结果偏离预期结果的客观概率。还有学者将风险用公式定义，认为风险是事件造成破坏或伤害的程度与该事件发生的概率两者的乘积。

尽管对风险的定义描述不一，但我们不难提炼出一些风险共同的特征：第一，结果具有不确定性；第二，结果的不确定性可能是损失，也可能是收益，但令人关注的是损失；第三，客观存在性，但在一定程度上可以用概率和统计学工具进行预测；第四，风险评估的过程受诸多主观因素的影响。

根据IIA颁布的《国际内部审计专业实务框架》，风险的定义为：“对实现目标有影响的事件实际发生的可能性。风险通过影响程度和发生的可能性来衡量。”国资委在《中央企业全面风险管理指引》中对企业风险的定义是：未来的不确定性对企业实现其经营目标的影响。这些定义表明，组织的经营活动存在不确定性因素，如果组织的这些内外部因素是确定的，则不存在风险。这些不确定性因素带来了组织运行结果的不确定性。为了更好地理解风险，我们将对内外部风险的来源以及风险的三要素进行介绍。

10.1.1.1　风险来源

按照风险的来源可以将风险分为外部风险和内部风险。

（1）外部风险，即外部环境中对组织目标的实现产生影响的不确定性。外部风险主要因素为：国家法律、法规及政策规定变化风险、经济环境变化的风险、科技快速发展的风险、行业竞争、资源及市场变化的风险、自然灾害及意外损失的风险、产品更新换代、消费者口味变化以及政治环境变化的风险。

（2）内部风险，即内部环境中对组织目标的实现产生影响的不确定性。内部风险主要因素包括：组织治理结构的缺陷、组织经营活动的特点、组织资产的性质以及资产管理的局限性、信息系统的故障和中断、职业道德、业务素质未达到要求等。

10.1.1.2　风险要素

风险要素是构成风险特征，影响风险产生、存在和发展的因素，风险的三个要素分别为：

（1）风险条件，又称风险因素。这是指引发风险事故发生的条件。

（2）风险事故，亦称风险事件。这是指引起损失的直接或外在原因。它是使风险造成损失的可能性转化为现实性的媒介。

（3）风险损失。这是指非故意的、非计划的、非预期的经济价值减少的事实。

对风险的测量可以使用下列公式：风险=暴露的金额×可能性×发生频率。

10.1.1.3　风险分类

对企业的风险有不同的分类方式，常见的有以下几种：

（1）按照风险的对象划分：财产风险、人身风险、责任风险、信用风险；

（2）按照风险的性质划分：纯粹风险和投机风险；

（3）按照承受风险的能力划分：可接受风险和不可接受风险。

在我国，国资委根据内、外部风险的来源，将国有企业的风险分为：战略风险、财务风险、市场风险、运营风险及法律风险。具体的内容见表10-1。

表10-1　**国有企业风险分类**

	内部	外部
战略风险	新产品、新技术、并购风险、品牌建立、收益变化	需求变化、失去主要的供应商和客户、竞争对手
财务风险	现金流、资产流动性	经济周期、信用风险
市场风险	促销及定价政策	外汇汇率、贷款利息、期货及股票市场的变化等
运营风险	人力资源、环境保护、网络安全、价格谈判	管理责任、供应链、偷盗、恐怖袭击等
法律风险	员工纠纷、知识产权	合规、诉讼等

10.1.2　风险管理

20世纪50年代美国大公司发生重大损失促使高级管理层认识到风险管理的重要性，在随后的几年中，风险管理学科不断地发展，但对于什么是风险管理，学术界尚未形成统一的意见。

2002年COSO主席John Flaherty曾说过：尽管很多人都在议论风险，但是，现在既没有一个“风险管理”的公认定义，也没有概括如何实施风险管理的综合性框架，这就导致董事会成员与管理层之间的风险沟通困难且令人失望。

2004年COSO颁布《企业风险管理——整合框架》中指出：企业风险管理是一个过程，是由企业的董事会、管理层以及其他人员共同实施的，应用于战略制定及企业各个层次的活动，旨在识别可能影响企业的各种潜在事件，并按照企业的风险偏好管理风险，为企业目标的实现提供合理的保证。COSO认为这个定义反映了许多基本概念，例如：

（1）企业风险管理是一个贯穿整个企业的持续的过程；

（2）受组织内部各个层级的员工（这里指雇员）的影响；

（3）可用于组织战略的制定过程；

（4）可以应用于组织内部的所有层级和部门；

（5）是企业各层级风险的组合；

（6）企业风险管理目的在于识别可能会发生的事项；

（7）对风险进行管理的手段，使风险在可接受的容忍度内；

（8）能够为组织的管理层和董事会提供合理的保证；

（9）帮助一个部门或者多个独立但存在交叉的部门实现其目标。

2005 年中国内部审计协会根据各方的观点，在其颁布的《内部审计具体准则第 16 号——风险管理审计》中给出的风险管理的定义为：风险管理是对影响组织目标实现的各种不确定事件进行识别与评估，并采取对应措施将其影响控制在可接受范围内的过程。风险管理旨在为组织目标的实现提供合理的保证。

从上述定义中我们可以容易地得出：企业的风险管理是一个持续不断进行的过程，而且会牵涉企业各方面的资源及运营作业。为了更好地将风险管理融入每天的经营活动，需要对组成风险管理的要素及风险管理的阶段有所了解。

10.1.2.1 风险管理八要素

企业风险管理有八个相互关联的要素，这八个要素形成了一个全面性的行动架构。这八个要素包括：

1）内部环境

内部环境是管理层制定的关于风险的哲学以及风险的偏好。内部环境包括组织氛围，并为组织内个体如何看待强调组织和控制奠定了基础。内部环境是风险管理的基础。内部环境影响到战略和目标的制定、活动的设置，而且影响到对风险的识别、评估和控制，它同样影响到信息和沟通系统以及监督活动的设计和运行。内部环境受到企业历史和文化的影响，包含许多因素，COSO 对以下因素进行了详细探讨：

（1）风险管理哲学，主要是关于如何看待组织运营中的各类风险；

（2）风险偏好，代表组织愿意接受的风险数量——由董事会决定；

（3）董事会作为组织首要的治理主体履行监督功能；

（4）忠诚和伦理价值；

（5）胜任能力，包括完成任务所需的知识和技能；

（6）组织结构、框架；

（7）授权和责任，指个体或小组被授权并鼓励主动处理解决问题的程度，以及对其权利的限制；

（8）人力资源标准，指雇用、适应环境、培训、评估、薪酬以及员工辅导等活动。

2）目标设定

只有先制定目标，管理层才能识别影响目标实现的事件。组织的目标包括组织整体目标以及职能部门的目标两个层次。各层次的目标又包括战略目标、经营目标、报告目标和合规性目标。风险管理促使管理层从组织广泛的战略角度及其风险偏好角度来设定目标。

3）事件识别

企业经营环境充满不确定性，没有任何企业能够100%的确定特定事项是否发生或何时发生，以及其结果是怎样的。管理者需要考虑影响其策略和目标实现的内外部因素。这些内外部因素既包括风险事件也包括机会事件。对企业有潜在负面影响的风险事项，要求企业的管理者对其进行评估和建立反应方案。对企业有潜在正面影响的事项，可以在企业战略或目标制定的过程中加以考虑。

4）风险评估

风险评估是主体能够考虑潜在事项影响目标实现的程度。管理层通过两个角度——发生的可能性和影响程度——对事项进行评估，并且通常采用定性和定量相结合的方法。应该个别或分类考察整个主体中潜在事项的正面和负面影响。基于固有风险和剩余风险来进行风险评估。

5）风险对策

在评估了相应的风险后，管理层需要选择风险应对策略，并采取一些将风险控制在企业的风险容忍度和风险承受能力之内的措施。值得注意的是，管理对策通常需要根据过去的情形进行复核，以做出可能的改进。

6）控制活动

控制活动是管理层设计的政策和程序，用以合理确保所选取的风险对策得到实施。但是，由于每个企业的目标及选择的实现目标方式的不同，管理层设计的控制活动也有所不同。

7）信息与沟通

风险识别、评估、风险对策及控制活动都能提供组织各个层面必要的风险信息，但是与财务信息及其他信息一样，风险信息需要以某种形式在一定期间传递，使员工、管理层以及董事会能够各行其职。同时，信息的深度还须与组织需求相一致，以便识别、评估和应对风险，并保持在组织的风险容忍度内。最后，信息质量必须满足决策制定的需求。COSO指出信息必须符合：

（1）信息详细程度是否正确；

（2）当需要时是否有信息，并且信息是否及时；

（3）是否是当前的信息，是否反映最新的财务或运营情况；

（4）准确和值得信赖；

（5）能否被需要的人获取。

对于沟通，有效信息沟通的外延比较广泛，它既包括向下的信息流动（将管理层的计划及已知的风险传递给员工），平行流动（员工在部门间传递生产和销售的风险），还包括向上流动（员工将意外情况告知上级管理层）。

8）监督

监督要求整个企业的风险管理处于监控之下，并且在必要时进行修正。这种方式不仅能反映风险管理的状况，还能够使之根据条件的变化而变化。当前，企业主要是通过日常监督以及单独评价来监控企业风险管理及其组成要素的有效性。

通过上述的介绍，可以得出风险管理的八个要素只有同时存在并能顺利的运作，才能发挥其作用。但是，值得一提的是，任何一种风险管理的程序，不论其设计及执行的多好，都不能对其结果加以保证，但风险管理的程序一定有助于管理层增加实现其目标的信心。

10.1.2.2 风险管理三阶段

（1）风险识别阶段。这个阶段根据组织目标、战略规划等识别所有可能发生的、影响组织目标实现的重要风险。识别的风险可能会影响组织整体，也可能仅影响单个的职能部门。

（2）风险评估阶段。这个阶段对已识别的风险，评估其发生的可能性及影响程度。风险评估是做出恰当的风险应对决策的基本前提。风险评估的方法可以是定性的也可以是定量的。

（3）风险应对阶段。这个阶段采取应对措施，将风险控制在组织可接受的范围内。应对措施应根据风险的严重程度，在考虑成本效益原则的基础上：或采取措施，降低风险；或不采取措施，接受风险。

10.2 风险管理审计与风险基础审计

通过上述对风险、风险管理的简单介绍，我们已经对与风险管理审计相关的知识有了基本了解。那么什么是风险管理审计呢？风险管理审计与风险基础审计等类似的名词到底是不是一回事呢？风险管理审计与风险基础审计以及内部控制等不断出现在读者面前的这些新名词之间的千丝万缕的联系和区别到底是怎样的呢？为了将其区分开来，本文通过风险管理审计与风险基础审计、内部控制审计两方面的比较来阐述他们之间的不同点和相同点，同时表明风险管理审计的特征。

10.2.1 风险管理审计与风险基础审计的关系

1）两者的联系

审计依据都是企业的风险管理方针、策略和风险评价指标体系；业务内容基本上都是对组织风险范围确定、风险识别、风险评价、风险管理措施和方法、风险处理等方面进行审核；审计总目标都是为战略决策提供信息，为实现战略目标服务，为企业增加价值。

2）两者的区别

（1）含义不同。风险管理审计是审计主体通过对组织目标设定、风险识别、风险程度的评价等工作的审计，评价风险政策、措施的适当性、执行的有效性的过程。风险基础审计是审计主体在开展财务审计、绩效审计等审计工作时，首先以测试组织的风险管理战略和风险管理为前提，根据风险管理审计的结果，决定其他相应审计程序的范围、性质和时间。

（2）关注点不同。风险管理审计关注于风险管理的鉴证，促使内部审计师站在企业战略管理的高度，运用系统思维，通过对风险管理措施、方法、程序的审计，结合企业内部控制、财务、绩效的审核结果，对风险管理现状及效果进行专业判断，提出审计评价与建议。风险基础审计关注于对会计信息质量的鉴证，通过对组织风险的测试确定实质性测试的程度，从而提高审计效率和质量，降低审计风险。

（3）服务对象不同。风险管理审计作为一种具体审计业务，主要服务于企业管理层；而风险基础审计更多地作为一种审计方法，直接服务于审计部门。

10. 2. 2 风险管理审计与内部控制审计的比较

在现代企业风险管理进程中，内部控制审计是以影响和控制企业经营目标实现的各种内部控制制度为依据，确定审计项目，以企业进行的所有降低和防范风险的内部控制活动为测试重点，评价内部控制体系减低和防范风险的充分性和有效性，并提出恰当建议，完善和健全内部控制体系。简而言之，内部控制审计即是以内部控制为审计对象所进行的一种审计。

根据我们对风险的描述，风险可以分为确定性风险和不确定性风险，而以风险导向的内部控制主要解决的是企业的确定性风险，而不确定风险就需要组织进行风险管理，通过采用接受、转移、规避等方式来解决。它们之间的关系可以表示为图10-1 所示。

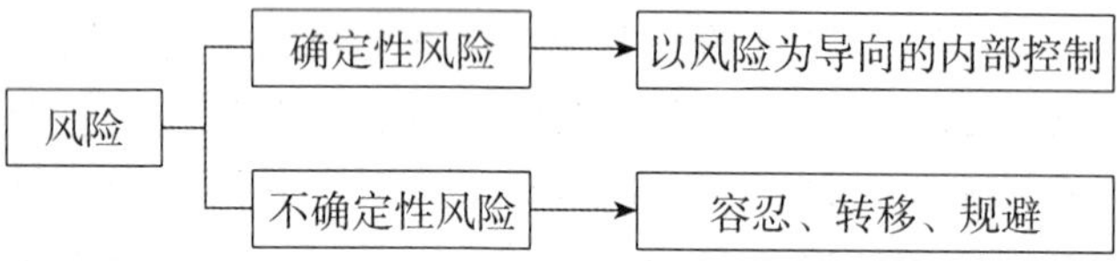

图 10-1 确定性风险和不确定性风险的关系

内部控制审计与风险管理审计的比较不能单纯地从 COSO 的“五要素”或“八要素”的角度简单的确定内部控制审计与风险管理审计之间的关系。对于同一个企业来说，内部控制与风险管理的直接载体都是企业的经营活动，两者的边界都是企业的法人边界，内部控制是管理的职能，因此，可以推断，内部控制自然是风险管理的一个机制。但是，应该注意的是，内部控制关注的是企业的高管层之下的经营活动，但是，风险管理关注的是高管层之上的战略设计以及决策。内部控制关注的是不相容职务是否分离，而风险管理关注的是经营目标实现过程中的不确定性。对于内部控制来说，合谋舞弊是很难识别的，需要风险管理的帮助，所以说，内部控制是风险管理的有机组成部分。

在上述分析的基础上，我们将内部控制审计与风险管理审计的关系表示为表10-2。

表 10-2　内部控制审计与风险管理审计的关系

比较的类别 / 比较的主体	内部控制审计	风险管理审计
审计内容	整体、业务层面内部控制审计	战略、业务层面的风险管理审计
审计侧重点	高管层之下的经营活动	高管层之上的战略设计以及决策
审计计划	侧重于抽样方法	侧重于风险评估方法
审计实施	描述内控、符合性测试、实质性测试	描述风险、测试风险、评价风险
审计报告	问题导向、关注牵制	风险导向、前瞻性

通过上面的描述，不难得出，风险管理审计与内部控制审计两者在整个审计系统框架中有很多相似之处，两者并不是截然不同的事情，只是两者的侧重点以及审计角度不同，可以说，风险管理审计在一定程度上是内部控制审计的发展和延伸。

10.3 内部审计在企业风险管理过程中的角色与责任

IIA《标准》第 2120 条明确规定：内部审计活动必须评估风险管理过程的有效性，并对其改善做出贡献。内部审计因为其所具备的技能和丰富的经验使得他们在企业风险管理过程中扮演着非常重要的角色。事实上，考虑到内部审计部门的权限以及其在监控过程中的作用，不能将内部审计部门涵盖到企业风险管理工作的每个角落。同时，因企业是否真正实施了企业风险管理，内部审计部门在企业风险管理过程中所发挥的作用也不尽相同。下面我们就对内部审计部门在企业风险管理过程中应当及不应当承担的责任进行描述。

10.3.1 核心作用

2004 年 IIA 颁布的名为《内部审计在企业全面风险管理中的作用》的文件，指出内部审计在企业风险管理过程中应该发挥核心作用。

内部审计在企业风险管理审计过程中的核心作用是：向董事会就企业风险管理过程的有效性提供确认服务，以确保关键运营风险得到恰当的管理，以及内部控制系统有效运行。

内部审计在风险管理过程中的监督者的角色，主要包括以下几个方面：

（1）为风险管理过程的确认服务；

（2）对正确识别风险的确认服务；

（3）评价风险管理过程；

（4）评价关键风险因素报告；

（5）评估关键风险因素管理。

10.3.2 合理作用

IIA 认为内部审计部门应在咨询服务方面，对企业风险管理过程起到合理作用，这主要表现在以下几个方面：

（1）帮助识别和评估风险；

（2）指导管理层应对风险；

（3）协调企业风险管理相关活动；

（4）加强风险报告和披露；

（5）维护和发展企业风险管理框架；

（6）支持建立企业风险管理建设；

（7）在董事会批准的前提下，参与制定风险管理战略。

10.3.3 不应承担的责任

为了不损害内部审计部门的独立性和客观性，内部审计不应承担的工作包括：

（1）设置风险偏好；

（2）对风险管理程序强行施加影响；

（3）对风险的管理保证，即成为唯一的一个向管理层提供关于风险管理充分性保证服务的来源。这种行为被视为承担了管理层的责任；

（4）就风险做出决策；

（5）代表管理层进行风险应对；

（6）承担风险管理责任。

在实践中，当决定内部审计部门在企业风险管理过程中所发挥的作用时，首席审计执行官需要评估这些活动对内部审计部门独立性和客观性的影响。当内部审计部门的责任延伸至不应承担的责任时，必须实施下列的保证措施：

（1）必须明确管理层对企业的风险管理负责；

（2）在内部审计章程中确定内部审计部门的责任并得到审计委员会的支持；

（3）内部审计部门不能代表管理层实施风险管理；

（4）内部审计部门不能制定风险管理决策；

（5）内部审计部门不能为其负责的风险管理框架的任何部门提供保证。

上述是在企业实施风险管理流程的前提下，做出的分析，但是当组织没有正式的方式管理过程时，首席审计执行官要向管理层和董事会正式说明他们理解、管理和监督组织内部风险的职责，说明他们需要确认组织内确实运行着各种—即使是非正式的—过程，可以对主要风险提供一定程度的显性控制，以及对这些过程是如何管理和监督的。

10.4 风险管理审计的程序

所谓“无规矩不成方圆”。审计人员在进行风险管理审计的过程中也应遵循一定的工作顺序和过程。科学合理的审计程序不仅有利于提高风险管理审计工作的工作效率和质量，而且还有利于风险管理审计工作的规范化。风险管理审计程序如图

10-2 所示。

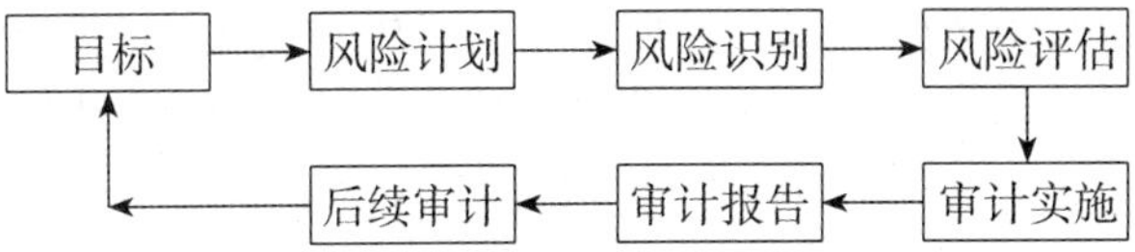

图 10-2　风险管理审计的程序

10.4.1　检查已经设定的目标

风险管理审计的开始和结束都是帮助组织实现目标。组织的目标包括高层次的公司目标以及从整体战略计划中衍生出来的低层次运营目标等。风险包括所有影响业务目标的不确定性因素，其形式有真实的威胁、观察到的威胁和错过的机会等。建立风险管理系统的第一步通常是重新检查已经设定的目标并保证这个目标定义清晰，以及所有人都正确理解该目标。

10.4.2　制订风险管理审计计划

审计的目的之一是向管理层提供信息，以减少组织在实现目标过程中可能的风险。作为风险管理审计的负责人应当根据年度审计计划的要求，进行审前调查，在对可能影响组织目标实现的风险评估的基础上，编制科学、合理的项目审计计划和审计方案。

（1）项目审计计划，是对具体风险业务、项目或因素实施审计的全过程所做的综合计划和安排。主要包括：审计的目标、范围、重要审计领域、审计组成员、预计审计时间、利用的外部专家等。

（2）审计方案，是对具体风险业务、因素的审计程序及其时间等所做的详细安排，主要包括：具体审计的目标、审计程序和方法、预定的执行人员和执行时间、拟获取的审计证据等。

审计计划通常由内部审计机构根据上级部门和本部门、单位的具体情况拟定，并报本部门、单位领导批准后实施。审计计划可以促进内审人员有效率的、及时的完成审计业务，提高审计效率。

10.4.3　风险因素识别、分析与评价

本部分的主要内容包括：风险识别、定义、按照风险重要性和可能性进行排序等，审计人员通过调研通用风险模型，发动相关人员补充例外风险、定义风险、联结风险与战略等各项工作，建立一个特定的风险模型，确保影响企业成功的所有风险都能被识别、定义和理解。

审计人员通过访谈、发放调查表、召开座谈会等形式收集相关信息，按照重要性、可能性以及容忍度等标准，使用专家评分法、风险评估模型、风险指数法等方法确定哪些是主要风险、次要风险、低级风险等从而为保证核心风险能够得到有效管理奠定坚实的基础。

识别风险要素后，需要对流程进行分析。这一步骤所涉及的工作主要有以下几项：

（1）通过流程图等形式对公司流程及流程管理形成清晰的认识；

（2）识别和记录将风险控制在预期水平的关键控制点；

（3）评估这些关键控制点是否能够有效地将风险控制在预期水平；

（4）如果这些关键控制点不足以将风险控制在预期水平，则需要进一步识别差距，并确定缩小这种差距的措施；

（5）对存在较大认识偏差的风险进行了解，或者由公司组织讨论，并将不同的风险认知水平揭示出来，引导责任人进行再次理解、判断和评估，直到不存在较大偏差。

内部审计人员为了证实流程的实际运行能够确保预期目标的实现，证实没有相应的流程或流程运行不畅时潜在的影响有多大，需要进行审计测试，此时，内部审计人员的主要工作包括：

（1）实施符合性测试，验证流程是否如设计的那样在有效运行；

（2）当流程的一部分设计不完善或未能如设计那样顺畅运行时，执行实质性测试（量化测试），以推算或预测潜在的影响；

（3）根据测试结果，评估流程的有效性；

（4）对设计不完善的流程或运行不畅的流程，应进一步分析其原因，找出可能的解决方案。

10.4.4 评估风险管理能力

风险管理的综合能力体现在战略与政策、流程、人力资源、技术、信息、管理报告等方面，这些能力的水平可以划分为若干级别（或阶段），如初始阶段、可重复阶段、确定阶段、管理阶段、优化阶段。本步骤的具体工作包括：

（1）内部审计人员基于流程分析和审计测试的结果，描述每一项能力的具体特征，并对照五个阶段的界定来确定企业风险管理水平当前所处的阶段；

（2）综合考虑管理层对风险的容忍度与公司治理的相关要求，确定每种能力的期望；

（3）针对各项风险管理能力当前所处阶段与期望阶段之间的差距，考虑各种改进技术方法和政策措施。

按照SMART（即针对性 specific、可测量性 measurable、能达到 actionable、责任到人 responsibility、及时性 timely）标准，结合前述各步骤中的审计发现及当前风险管理活动的实际情况提出完善风险管理行动计划的建议，并及时与管理层进行沟通，落实风险管理改进责任人，设定建议落实时限，以确保实现风险管理审计最终的增值功能。

10.4.5 审计实施

风险评估的结果可能会产生风险图和风险记录，这些文件记录了每一项风险以及相应步骤、程序、产品、方案、项目或者部门的风险。风险记录的结果是对控制措施的书面化，而管理人员会将这些风险每年在内部控制报告中进行说明。与其说审查流程就是对以往的风险评估进行简单更新，不如说审查流程与培养正确的企业文化更为相关。例如，所有重要决策背后都应该有正式风险评估的支持，并且所有的风险投资、项目和战略的变化都需要进行风险评估。这也意味着员工应该将风险评估和管理作为自己的日常工作，并且主要业绩指标也应该包括风险评估的结果。风险审查流程不仅仅是公司管理的一部分，也应该是组织内部各个成员以及同事之间的行为方式。

10.4.6　出具风险管理审计报告

审计工作的最终结果表现为审计报告，报告阶段在整个审计过程中有着重要的作用。风险管理审计报告应当主要反映整个审计的要点，既要肯定企业在风险管理中先进、有效的管理方式，又要针对风险管理中的漏洞和不足之处进行分析，并提出改进的建议。

内部审计师递交的风险管理审计报告的基本要素包括：标题、收件人、正文、附件、签章、报告日期。其中风险管理审计报告的正文是实施风险管理审计结果的综合反映，是风险管理审计报告的核心内容。下面我们将对其主要内容进行介绍：

（1）审计概况。本部分主要描述风险管理审计的依据、审计目的和范围、审计重点和审计标准、主要实施程序等内容。

（2）审计单位风险管理基本情况。本部分主要反映审计期内被审计单位的情况、存在的问题以及成因。其中需要反映的被审计单位的情况包括：

①风险管理基本流程运转情况，即：是否收集风险管理初始信息，是否组织进行风险评估，是否制定相应的风险管理策略，是否提出和实施风险管理解决方案等。

②风险管理监督与改进情况，即：是否能以重大风险、重大事件和重大决策、重要管理及业务流程为重点对风险管理基本运转情况进行监督，是否采用压力测试、返回测试、穿行测试以及风险控制自我评估等方法对风险管理的有效性进行检验，是否根据风险变化情况和存在的缺陷及时进行整改等。

③风险管理组织体系建设情况，即：是否建立健全了规范的公司法人治理结构，形成高效运转、有效制衡的监督约束机制；董事会是否履行了在风险管理方面的职责，风险管理委员会的召集人是否符合规定要求，下设的风险管理委员会是否履行了相应的职责任务；各个层级的管理人员是否指导、制定、实施风险管理工作要求。

④风险管理信息系统建设情况，即：是否建立了涵盖风险管理基本流程和内部控制系统各个环节的风险管理信息系统；输入系统的信息是否准确、及时、可用和完整，是否设置了对数据信息更改的控制与管理措施。

⑤风险管理文化建立情况。

（3）审计评价。本部分主要反映通过审计得出的对审计期内被审计单位在风险管理方面的结论性评价。

（4）审计建议。本部分主要描述对已查明审计事实和审计评价结果提出改进和完善内部风险管理的建议。风险管理审计的建议应主要包括风险回避、降低、分担、承受。

风险管理审计报告由内部审计人员撰写结束后，与被审计单位进行交流沟通，征求意见，提交本单位董事会或管理层审核和应用。

10.4.7 进行风险管理后续审计

后续审计是风险管理审计项目完成后，审计人员对其所提出的改进措施的落实情况进行审计。比如，被审计单位是否纠正已审查的账表错误，是否改善了不合理的内部控制程序，风险管理方案是否得以实施，风险管理的效果如何等。

后续审计实质上就是对被审计单位执行审计决定的一种继续监督。通过后续审计，既可以监督审计决定的执行又可以帮助被审计单位解决一些他们不好解决的问题，帮助他们落实有关措施。后续审计是内部审计重要的审计环节，因为风险是时刻变化着的，如不及时落实有关措施，风险可能会加大。进行后续审计可以提高内部审计工作质量和审计监督的权威性，保证决定的正确执行以及企业面临的风险得到有效的控制。值得注意的是，后续审计的重点不是如何改进报告中所提到的具体建议，而是由于控制目标未能实现而产生的风险和影响，实现控制目标才是后续审计的最终目的。

后续审计的程序包括：

（1）确定后续审计项目。后续审计项目应根据原审计项目所涉及风险的大小以及实施改进措施的难易程度来确定。原审计项目所涉及的风险越大，实施改进措施越困难的，就越需要后续审计。

（2）确定后续审计的人员。可以选择内部审计人员，以查明被审计者是否采取了适当的措施、是否取得了理想的效果，也可以由高级管理层直接实施后续审计，监督被审计单位的后续工作。

（3）开展具体的后续审计工作。内审部门根据被审计单位对改进建议的书面回复内容，与其探讨存在的问题和误解，如果有重大的审计发现，则需进行现场审计，对已改善了的控制环境的风险进行重新评估，判断其是否在合理范围内。

（4）出具后续审计报告。内部审计人员实施后续审计后，应向被审计单位出具后续审计报告，与被审计单位管理者共同探讨上次审计决定或建议未得以落实的原因。

10.5 风险管理审计的内容

《国际内部审计专业实务框架》2120条明确规定：内部审计活动必须评估风险管理过程的有效性，并对其改善做出贡献。在中国内部审计协会发布的《中国内部审计规范——风险管理审计准则》中第七条中指出：内部审计机构和人员应当充分了解组织的风险管理过程，审查和评价其适当性和有效性，并提出改进建议。

由于风险管理主要包括风险识别、风险评估和风险应对三个阶段。内部审计师对风险管理的审查和评价应主要包括如下几个方面：

10.5.1 审查与评价风险管理机制

风险管理机制是企业进行风险管理的基础，良好的风险管理机制是企业风险管理是否有效的前提，因此，内部审计部门或人员需要审查以下方面，以确定企业风险管理机制的健全性及有效性。

（1）审查风险管理组织机构的健全性。企业应该在全员参与和专业管理相结合的基础上，根据自身生产经营的性质、规模的大小，管理水平，风险程度等特点，建立一个含有风险管理负责人、专业管理人员、非专业风险管理人员以及外部风险管理人员等的风险管理体系。并且这个风险管理体系需要根据产生风险的原因和阶段进行动态调整。

（2）审查风险管理程序的合理性。企业风险管理机构应当采用合理的风险管理程序，以确保风险管理的有效性。

（3）审查风险预警系统的存在及有效性。风险管理的首要工作是建立风险预警系统，即通过对风险进行科学的预测分析，预计可能发生的风险，并提醒企业相关部门采取措施，以达到规避风险、减少风险的目的。

10.5.2 审查与评价风险识别的适当性及有效性

风险识别是指对企业面临的以及潜在的风险加以判断、归类和鉴定风险性质的过程。内部审计师可以采取各种必要的审计程序审查风险识别过程，重点关注组织面临的内、外部风险是否得到充分、适当的确认。

内部审计师在对风险识别的适当性和有效性进行审查和评价时，应该注意以下内容：

（1）风险识别原则的合理性。企业进行风险管理审计、风险评估的前提是对风险的识别和分析，正确地识别风险是审计成功的关键性的一步。

（2）风险识别方法的适当性。内部审计师在进行实地调研后，需要运用各种风险识别方法归类并总结企业面临的各种风险。风险识别方法需要解决的问题包括：分析风险要素、风险性质以及这些风险可能导致的后果。内部审计人员在分析风险识别方法的适当性时可以采取各种方法，例如：可行性分析、决策分析、投入产出分析、流程图分析、资产负债分析、专家调查法、风险清单分析法（包括调查表法、资产—损失分析法、保单对照法等）、财务报表分析法等以识别确保公司经营模式的成功所必须管理的风险，在此基础上，通过利用产业结构分析、竞争对手分析等方法进一步分析更深层次的原因、根源，以便深化对企业相关风险的全面认识和理解。

（3）风险识别的充分性。审计人员在充分了解企业总体目标及主要业务的基础上，可以从战略风险、运营风险、财务风险、信息风险等四个层面评估已经识别的风险的充分性，审查企业面临的主要风险是否均被识别出来，并找出未识别的主要风险。

10.5.3 审查与评价风险评估方法的适当性及有效性

风险评估的方法包括定性和定量两种。其中定性方法是指运用定性术语评估并描述风险发生的可能性及影响程度。定量方法是指运用数量的方法评估并描述风险发生的可能性及影响程度，定量方法主要包括：专家打分法、层次分析法、计分法、风险价值法等。在上述定义中，风险发生的可能性是指影响组织目标实现的不确定性事件成为现实的可能性，而风险的影响程度是指该不确定性事件发生时对组织目标带来的影响的程度。两者之间的关系可以表述为表10-3。

表 10-3 定性方法与定量方法的关系

分类	定性方法	定量方法
风险发生的可能性	高、中、低	一般用概率表示，如 90%，10%
风险的影响程度	后果严重、中等、一般、不严重等	一般用金额表示

通过上述对比，可以得出定量方法一般情况下比定性方法提供更为客观的评估结果。在对两种风险评估方法有了初步的了解后，审计人员对风险评估方法的适当性和有效性进行评价时，还应该坚持如下的原则：

（1）定性方法的使用需要充分考虑相关部门及人员的意见。从对定性方法的描述中，很容易发现定性方法相对于定量方法来说，受评估人员主观判断的影响较大，为了更加接近客观事实，提高评估结果的客观性，内部审计人员应多方面地收集相关风险资料，在充分考虑相关部门及人员的意见后，得出多方面的综合意见。例如，我们在评估市场风险对企业的影响时，不能只考虑市场调查部门的意见，还需要结合营销部门、客户服务部门的意见。

（2）在风险难以量化、定量评价所需数据难以获取时，一般应采用定性方法。在运用定量方法的前提条件不具备时，如没有定量分析所需的数据，如果仍然要进行定量分析，那么就会导致评估结果的无意义和失效。例如，员工不胜任岗位要求，会导致工作效率低以及组织名誉损失风险。在这种情况下，应该采用定性方法对风险进行相当模糊的描述和评估，以提高风险评估结果的有效性。

审计人员在充分了解风险评估方法和原则的前提下，对管理层所采取的风险评估方法的适当性和有效性进行审查和评估，并应该重点考虑如下要素：

（1）已识别的风险的特征。内部审计师应当考虑使用已识别风险的特征来判断风险评估方法的适当性。如果已经识别的风险可以用定量的方法表示，则可以用定量的方法表示评估风险的影响程度，此时，内部审计师需要判断的是描述风险时间影响的金额是否恰当。

（2）相关历史数据的充分性与可靠性。与某些风险相关的历史数据容易获得并且比较可靠，可以在此基础上进行定量分析，但如果某些风险的发生具有偶发性，不具有相关历史数据，则很难进行定量分析，如火灾、地震等意外事故带来的风险。

（3）管理层进行风险评估的技术能力。定量分析的方法需要可靠的历史数据，还需要一定的数学模型和现代信息技术，并非任何人员都能掌握，如果管理层没有该方面的技术能力，则定量方法评估结果的适当性是值得怀疑的。对定性方法来说，不仅依靠管理人员的主观判断，还需要依赖所获得的各种信息和资料，评估人员需要具备丰富的经验。

（4）成本效益的考核与衡量。定性方法运用较为简便，成本较低，但其结果较为主观，效果有时不太好，而定量方法虽然较为客观和准确但是因为定量方法的运用比较复杂，有时需要信息技术的辅助，所以成本与定性方法相比会较高。管理层在运用定性与定量方法时需要考虑方法的成本—效益性。

10.5.4 审查和评价风险应对措施的适当性及有效性

10.5.4.1 风险应对措施

风险应对措施是指针对经过识别和衡量而确定的关键风险，从一系列风险管理工具中挑选出能够最大限度地降低风险损失或取得风险报酬的集合。根据风险评估结果做出的风险应对措施主要包括以下几个方面：

（1）回避。退出会产生风险的活动。如果风险评估的结果表明风险发生可能性较大，后果较严重，组织往往会采取回避的风险应对措施。它特别适用于重大的项目决策。风险回避可能包括退出一条产品线、拒绝向一个新的地区市场拓展等。

（2）降低。采取措施降低可能发生的风险或降低风险对目标影响的可能性，或者同时降低两者。“降低”策略是组织采取适当措施降低风险的举措，是最普遍与常用的风险应对措施。“降低”策略的具体运用有多种方法，但其中最主要的是通过内部控制来控制风险。风险降低并非是完全消除风险，因为完全消除风险是不可能的也是不必要的。

（3）分担。通过转嫁风险或与他人分担风险，来降低可能发生的风险或降低风险对目标影响的可能性。常见的技术包括购买保险产品、从事避险交易或外包业务活动。

（4）承受。不采取任何措施而接受可能发生的风险或风险对目标影响的可能性。事实上，组织更愿意承受现有风险水平，而不是消耗昂贵的资源以实施某种风险应对措施。

10.5.4.2 评价风险应对措施的适当性和有效性应考虑的因素

审计人员评估风险应对措施的有效性，就是对有关部门针对风险所采取的应对措施进行检查。检查其效果和效率是否有助于企业目标的顺利实现。审计人员可以通过将现有风险应对措施与最佳实务对比、将现有风险应对措施的实施情况与预计期望对比，并将分析对比得出的差距，来系统评估特定风险应对措施的有效性。对于风险缺乏有效的控制措施的情况，审计人员还应进一步分析差距产生的原因，从而提出改进措施和建议，以强化企业的风险管理，降低风险损失。在内部审计人员评价风险应对措施的适当性和有效性时，应当考虑以下因素：

（1）采取风险应对措施之后的剩余风险水平是否在组织可以接受的范围之内。剩余风险水平是指采取风险管理措施管理风险之后现有的风险的程度，剩余风险水平对应的是未采取任何措施时风险的原始水平。风险应对措施的有效性首先表现在采取了改进措施后是否能够将风险控制在组织可以接受的程度。内部审计师需要对剩余风险水平评估，确定评估结果是否在组织可接受的范围之内。

（2）采取的风险应对措施是否适合本组织的经营、管理特点。除了风险应对措施的有效性，还需要强调风险应对措施的适当性。换句话说，组织采取的风险应对措施应该符合组织的经营、管理特点。如针对由于员工胜任能力有限带来的工作效率效果损失风险，企业可以采取在岗培训的方式提高员工胜任能力。

（3）成本效益的考核与衡量。评估风险应对措施的适当性应当衡量其成本效益性。组织应该选择令自己满意的风险应对措施，如果某种风险应对措施的效果达到最佳，但其成本非常高，这种措施未必是适合的。

10.6 风险管理审计方法与技巧

风险管理审计从审计工作的开始就需要考虑可能影响企业目标实现的风险，并且风险管理审计强调在整个审计过程中保持这种风险意识。根据上述风险管理审计的程序和内容，本部分将对在风险管理审计中可能使用的方法和技巧进行简单的介绍，为内部审计师进行风险管理审计提供一定的帮助。

10.6.1 风险识别

风险识别是对企业面临的以及潜在的风险加以判断、归类和鉴定风险性质的过程。风险评估作为企业风险管理审计的重要步骤，应遵循全面性、系统性、制度化和经常化等原则。

进行风险识别，可以借鉴的方法很多，每种方法都有自己的优势和局限，内部审计师在进行风险识别时可以根据具体情况综合使用。其中风险识别的方法有：环境分析法、财务报表分析法、流程图法、幕景分析法、决策分析法、动态分析法、文献检查法、实地勘察法、专家调查法、分解分析法等。其中使用最广泛的方法是分解分析法。在对影响企业风险的主要因素进行分析后，可以将企业风险分为：战略风险、经营风险、财务风险、人力资源风险等。然后对每一种风险从不同角度、不同层次进行分析。

10.6.2 风险分析与评估

风险评估是对已识别的内部和外部风险的分析确认和衡量，风险评估能帮助确定何处存在风险、风险的大小、确定风险预警的级别以及需要采取何种措施，也是风险管理审计的基础。风险评估包括两个方面即风险损失频率的估计和风险损失程度的估计。

（1）风险损失频率的估计主要是通过计算损失次数的频率分布。在计算时主要考虑三个因素：风险暴露数，损失形态和危险事故。如果企业建有完善的风险管理信息系统，也可根据信息系统提供的历史数据来估计损失频率。

（2）风险损失程度的估计需要考虑的三个事项包括：同一危险事故所致各种损失的形态、一个危险事故牵连的风险暴露数与损失的时间性和金额。而对于财务风险损失程度的估计，最新的方法是风险值法。风险值法是在既定的风险容忍度下，市场状况最坏时确认投资组合最大的不可预期损失。

风险评估系统的方法可以借鉴如下几种：风险坐标图、蒙特卡罗法、关键风险管理指标、压力测试法、模糊综合评价法、指标评价法。

10.6.2.1 风险坐标图

风险坐标图是把风险发生可能性的高低、风险发生后对目标的影响程度，作为两个维度绘制在同一个平面上（绘制成直角坐标系）。下面我们通过两个表格描述风险发生可能性，以及风险发生后对目标影响程度的定量、定性评估标准及其相互对应关系（见表 10-4 和表 10-5）。

表 10-4 风险发生可能性的定性、定量评估标准及其相对应关系

定量方法一	评分	1	2	3	4	5
定量方法二	一定时期发生的概率	10% 以下	10% ~30%	30% ~70%	70% ~90%	90% 以上
定性方法	文字描述一	极低	低	中等	高	极高
	文字描述二	一般情况下不会发生	极少情况下才发生	某些情况下发生	较多情况下发生	常常会发生
	文字描述三	今后 10 年内发生的可能少于 1 次	今后 5 ~ 10 年内可能发生 1 次	今后 2 ~ 5 年内可能发生 1 次	今后 1 年内可能发生 1 次	今后 1 年内至少发生 1 次

表 10-5 风险发生后对目标影响程度的定性、定量评估标准及其相对应关系

适用于所有行业	定量方法一		评分	1	2	3	4	5
	定量方法二		企业财务损失占税前利润的百分比	1% 以下	1% ~5%	6% ~10%	11% ~20%	20%
	定性方法	文字描述一		极轻微的	轻微的	中等的	重大的	灾害性的
		文字描述二		极低	低	中等	高	极高
		文字描述三	企业日常运行	不受影响	轻度影响（造成轻微的人身伤害，情况立刻受到控制）	中度影响（造成一定人身伤害，需要医疗救援，情况需要外部支持才能得到控制）	严重影响（企业失去一些业务能力，造成严重人身伤害，情况失控但无致命影响）	重大影响（重大业务失误，造成重大人身伤亡，情况失控，给企业致命影响）
			财务损失	较低的财务损失	轻微的财务损失	中等的财务损失	重大的财务损失	极大的财务损失
			企业声誉	负面消息在企业内部流传，企业声誉没有损失	负面消息在当地局部流传，对企业声誉造成轻微损害	负面消息在某区域流传，对企业声誉造成中等损害	负面消息在全国各地流传，对企业声誉造成重大损害	负面消息流传世界各地，政府或监管机构进行调查，引起公众关注，对企业声誉造成无法弥补的损害

续表

适应于开采业、制造业	定性与定量结合	安全	短暂影响职工或公民的健康	严重影响一位职工或公民健康	严重影响多位职工或公民健康	导致一位职工或公民死亡	导致多位职工或公民死亡
		运营	对营运影响微弱； 在时间、人力或成本方面不超出预算1%	对营运影响轻微； 受到监管者责难； 在时间、人力或成本方面不超出预算1%～5%	减慢营业运作； 受到法规惩罚或被罚款等； 在时间、人力或成本方面不超出预算6%～10%	无法达到部分营运目标或关键业绩指标； 受到监管者的限制； 在时间、人力或成本方面不超出预算11%～20%； 无法达到所有的营运目标或关键业绩指标	违规操作使业务受到终止； 时间、人力或成本方面超出预算20%
		环境	对环境或社会造成短暂的影响； 可不采取措施	对环境或社会造成一定的影响； 应通知政府有关部门	对环境造成中等影响； 需一定时间才能恢复； 出现个别投诉事件； 应执行一定程度的补救措施	造成主要环境损害； 需要相当长的时间来恢复； 大规模的公众投诉； 应执行重大的补救措施	无法弥补的灾难性环境损害； 激起公众的愤怒； 潜在的大规模的公众法律投诉

在风险发生的可能性的高低以及风险对目标的影响程度进行评估后，可以根据评估的结果，将结果放在一个风险矩阵中。

“风险矩阵图”一词译自“risk matrix”，是一种有效的风险管理工具。可应用于分析项目的潜在风险，也可以分析采取某种方法的潜在风险。

以某公司绘制的风险矩阵为例。某公司对9项风险进行了定性评估，风险①发生的可能性为“低”，风险发生后对目标的影响程度为“极低”……风险⑨发生的可能性为“极低”，对目标的影响程度为“高”，则绘制风险坐标图如图10-3

所示。

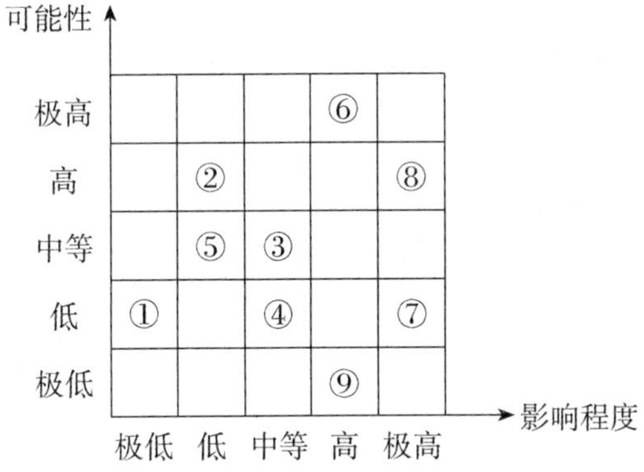

图 10-3 风险坐标图（1）

以某企业为例，其对 7 项风险进行定量评价，其中：风险①发生的可能性为 83%，发生后对企业造成的损失为 2 100 万元；风险②发生的可能性为 40%，发生后对企业造成的损失为 3 800 万元；而风险⑦发生的可能性在 55% 到 62% 之间，发生后对企业造成的损失在 7 500 万元到 9 100 万元之间，在风险坐标图上用一个区域来表示，则绘制风险坐标图如图 10-4 所示。

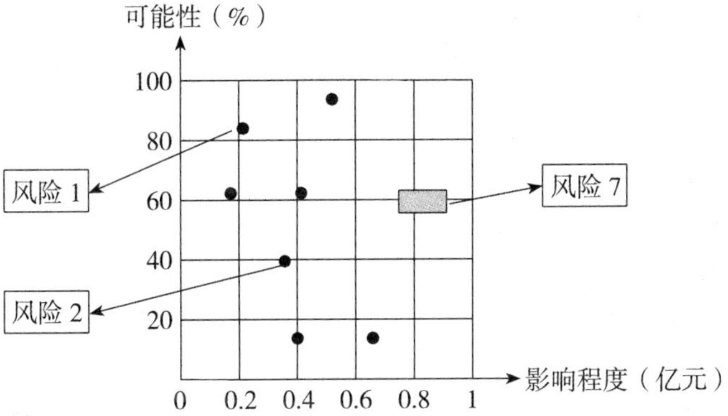

图 10-4 风险坐标图（2）

绘制风险坐标图的目的在于对多项风险进行直观的比较，从而确定各风险管理的优先顺序和策略。如某企业绘制了如图 10-5 所示的风险坐标图，并将该图划分为 A、B、C 三个区域。

公司决定承担 A 区域中的各项风险（①）并且不增加控制措施；对于 C 区域中的各项风险（⑥、⑧）采取规避和转移且优先安排实施各项防范措施；对于 B 区域中的各项风险（②、③、④、⑤、⑦、⑨）专门补充制定各项控制措施。

10.6.2.2 蒙特卡罗法

蒙特卡罗法（Monte Carlo method），也称统计模拟方法，是指使用随机数（或更常见的伪随机数）来解决很多计算问题的方法。与它对应的是确定性算法。

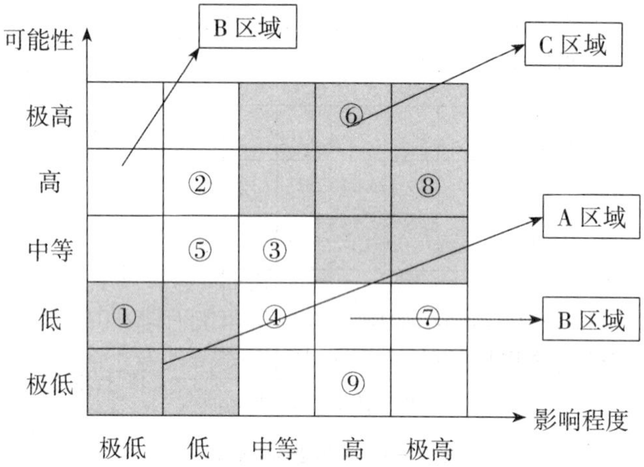

图 10-5　风险坐标图（3）

蒙特卡罗法于20世纪40年代美国在第二次世界大战中研制原子弹的“曼哈顿计划”的成员S. M. 乌拉姆和J. 冯·诺伊曼首先提出。冯·诺伊曼用驰名世界的赌城——摩纳哥的Monte Carlo来命名这种方法，为它蒙上了一层神秘色彩。在这之前，蒙特卡罗方法就已经存在。1777年，法国数学家布丰（Georges Louis Leclere de Buffon，1707—1788）提出用投针实验的方法求圆周率π。这被认为是蒙特卡罗方法的起源。

1）蒙特卡罗法的基本思想

当所求解问题是某种随机事件出现的概率，或者是某个随机变量的期望值时，通过某种“实验”的方法，以这种事件出现的频率估计这一随机事件的概率，或者得到这个随机变量的某些数字特征，并将其作为问题的解。

2）蒙特卡罗法的步骤

蒙特卡罗法在风险管理审计中主要是用来分析评估风险发生的可能性、风险的成因、风险造成的损失或带来的机会等变量在未来的概率分布。具体的步骤包括：

第一步：量化风险。将需要分析评估的风险进行量化，明确其度量单位，得到风险变量，并收集历史相关数据。

第二步：根据对历史数据的分析，借鉴建模方法，建立能描述该风险变量在未来变化的概率模型。

第三步：根据概率模型，计算概率分布初步结果。利用随机数字发生器，将生成的随机数字带入上述概率模型，生成风险变量的概率分布初步结果。

第四步：修正模型。根据第三步的结果，用实验数据验证模型的正确性，并在实践中不断修正和完善模型。

第五步：利用模型评估风险。

值得注意的是，蒙特卡罗法的使用高度依赖模型的运用，所以对模型的选择会对蒙特卡罗法的结果的精度产生很大的影响。同时，因为这个方法的数据运算量大，在计算的过程中需要借助计算机来完成相关的运算。

10.6.2.3 关键风险管理指标

关键风险管理指标可用于监测可能造成损失事件的各项风险及控制措施，并作为反映风险变化情况的早期预警指标（高级管理层可据此迅速采取措施）。关键风险管理指标的具体指标有每亿元资产损失率、每万人案件发生率、百万元以上案件发生比率、超过一定期限尚未确认的交易数量、失败交易占总交易数量的比例、员工流动率、客户投诉次数、错误和遗漏的频率以及严重程度等。

在企业风险管理过程中，一项风险事件发生可能有多种成因，但关键成因往往只有几种。而对关键风险指标的管理是对引起风险事件发生的关键成因指标进行管理的方法，关键风险管理指标的步骤主要包括：

第一步：分析风险成因，从中找出关键成因。

第二步：将关键成因量化，确定其度量，分析确定导致风险事件发生（或极有可能发生）时该成因的具体数值。

第三步：以该具体数值为基础，以发出风险预警信息为目的，加上或减去一定数值后形成新的数值，该数值即为关键风险指标。

第四步：建立风险预警系统，即当关键成因数值达到关键风险指标时，发出风险预警信息。

第五步：制定出现风险预警信息时应采取的风险控制措施。

第六步：跟踪监测关键成因数值的变化，一旦出现预警，即实施风险控制措施。

以易燃易爆危险品储存容器泄漏引发爆炸的风险管理为例。容器泄漏的成因有：使用时间过长、日常维护不够、人为破坏、气候变化等因素，但容器使用时间过长是关键成因。如容器使用最高期限为 50 年，人们发现当使用时间超过 45 年后，则易发生泄漏。该“45 年”即为关键风险指标。为此，制定使用时间超过“45 年”后需采取的风险控制措施，一旦使用时间接近或达到“45 年”时，发出预警信息，即采取相应措施。

该方法既可以管理单项风险的多个关键成因指标，也可以管理影响企业主要目标的多个主要风险。使用该方法，要求风险关键成因分析准确，且易量化、易统计、易跟踪监测。

10.6.2.4 压力测试法

压力测试法常应用于心理学，在风险管理审计中使用压力测试的方法，是在极端情形下，分析评估风险管理模型或内控流程的有效性，发现问题，制定改进措施的方法，其目的是防止重大损失事件的发生。其步骤主要包括：

第一步：针对某一风险管理模型或内控流程，假设可能会发生哪些极端情形。

第二步：评估在极端情形发生时，该风险管理模型或内控流程是否有效，并分析对目标可能造成的损失。

第三步：制定相应的措施，并进一步地修改和完善风险管理模型或内部控制流程。

例如，一个企业已经与一个信用良好的伙伴建立了合作关系，该交易伙伴一般不会违约。因此在日常的交易中，该企业只需“常规的风险管理策略和内部控制流程”即可。采用压力测试，是在假设该伙伴将来发生了如火灾等极端的情形，给企业带来的危害。如果企业购买了保险或开发了多个合作伙伴可以有效地降低重大损失事件带来的不利影响，而如果企业不存在上述措施，企业的常规的风险管理策略和内部控制流程在极端的情况下就会出现问题。

10.6.2.5 模糊综合评价法

现实生活中，很多概念都是模糊的，比如，某人是否漂亮就是一种模糊的表达。因为对于怎样是美，并无明确定义，有人认为瓜子脸好看，而有的人却认为方形脸更漂亮，不同的人有不同理解。此外对于个子高矮、胖瘦等概念也是模糊的，这些概念内涵是确定的，但外延是模糊的。因此，对于这些模糊的概念，利用模糊数学进行评价和决策就更为合适。在项目风险评价中，有些现象或活动界限是清晰的，有些则是模糊的。对于这些模糊的现象或活动只能采用模糊集合来描述，然后应用模糊数学进行风险评价。

1）模糊事件

在风险评价实践中，有许多事件的风险程度是不能精确描述的，如风险水平高、技术先进、资源充足等，“高”、“先进”、“充足”等均属于不清晰的概念，即模糊概念。诸如此类的概念和事件，既难以有物质上的确切含义，也难以用数字准确地表达出来，这类事件就属于模糊事件。

2）模糊综合评价法的基本思路

综合考虑所有风险因素的影响程度，并设置权重以区别各因素的重要性，通过构建数学模型，推算出风险的各种可能性程度，其中可能性程度高者为风险水平的最终确定值。

3）模糊综合评价法的步骤

模糊综合评价模型分为两类：一级模型和多级模型。此处仅介绍一级模糊综合评价。

一级模糊综合评价是指评价因素的每一类都是单一评价因素，即只有一级。利用一级模型进行模糊综合评价的步骤如下：

第一步：确定评价对象的因素集。因素集是影响评价对象的各种因素所组成的一个普通集合。例如某企业对新推出的一款风衣进行评价时，可以从舒适性、耐磨性、美观性和价格等四个方面进行评价，这四个方面就是评价的影响因素，构成因素集。

U = {舒适性，耐磨性，美观性，价格}

第二步：建立评价集。评价集是专家利用自己的经验和知识对项目因素对象可能做出的各种总的评判结果所组成的集合。例如，专家在对风衣四个因素进行评价时，评价结果可分为很好、好、一般、不好，构成评价集。

V = {很好，好，一般，不好}

第三步：建立模糊关系矩阵。模糊关系矩阵即建立从 U 到 V 的模糊关系 L。利用模糊统计方法，有若干专家对各因素 R_{ij} 进行评价，得到：

R_{ij} = 对 U 中某一因素，专家评价为某一结果的人数 / 评审专家人数

比如，若就风衣舒适型而言，假设有 30% 的顾客认为很好，60% 的顾客认为好，10% 的顾客认为一般，没有顾客认为不好，则对单因素“舒适性”的评价为 {0.3，0.6，0.1，0}。同样，得到对“耐磨性”的评价为 {0.3，0.6，0.1，0}；对“美观性”的评价为 {0.1，0.4，0.2，0.3}；对“价格”的评价为 {0.2，0.5，0.1，0.2}。则可得到模糊关系矩阵：

$$R=\begin{pmatrix} 0.3 & 0.6 & 0.1 \\ 0 & & \\ 0.3 & 0.6 & 0.1 \end{pmatrix}$$

第四步：确定权重集。权重集反映了因素集中各因素不同的重要程度，一般通过对各个因素 U_i（i=1，2，…n）赋予一相应的权数 A_i（i=1，2，…n），这些权数所组成的集合统称为因素权重集，简称权重集。权重的确定在风险综合评价中是一项非常重要的工作，同样的因素，如果取不同的权重，那么最终的评判结果将会不一样。比如，在对风衣的评价中，由于顾客年龄，性别和职业状况等的不同，他们对风衣舒适性、耐磨性、美观性、价格的重视程度就会不同，因此，不同的人会对这四个因素赋予不同的权重。权重的确定一般由人们根据实际问题的需要主观确定，也可按确定隶属度的方法加以确定。设顾客对舒适性，耐磨性，美观性，价格四个因素赋予的权重分别为 0.3，0.1，0.4，0.2，则权重集 A = {0.3，0.1，0.4，0.2}。

第五步：模糊综合评判。根据模糊综合评价数学模型进行模糊合成，就可得出综合评价结果，令 B 为模糊综合评价集。比如对风衣的模糊综合评价，采用 M（∧，∨）合成算法，结果为：

$$B=A*R=\{0.3,\ 0.1,\ 0.4,\ 0.2\}\begin{pmatrix} 0.3 & 0.6 & 0.1 \\ 0 & & \\ 0.3 & 0.5 & 0.1 \end{pmatrix}=\{0.3,\ 0.4,\ 0.2,\ 0.3\}$$

但因 0.3+0.4+0.2+0.3=1.2>1=100%，因此需要做归一化处理，将 B 的各项除以 1.2，得归一化矩阵 B= {0.25，0.33，0.17，0.25}。即，对风衣的评价隶属于很好、好、一般、不好的程度分别为 25%，33%，17% 和 25%，根据最大隶属度原则，对风衣的综合评价为“好”。

模糊评价主要应用于对概念的内涵明确，但外延模糊的事项评价。在风险评价实践中，有许多事件的风险程度是不能准确描述的，可以利用模糊数学的知识进行风险衡量和评价。

模糊评价可以把边界不清楚的模糊概念用量化的方法表示出来，为决策提供支持，是一种应用广泛的评价方法。主要缺陷在于评价要素以及确定其权重时具有主观性。

10.6.2.6 指标评价法

指标评价法是通过选择企业的某些风险评价指标体系与性质相同的指标评价标准进行比较，给出评价，最终通过风险评价矩阵来分析企业风险的大小并进行排序的方法。通常所选用的评价指标是财务指标，如评价流动能力、运营能力、偿债能力和盈利能力等。

风险的指标评价法简单实用，涵盖了企业的财务和非财务指标，而且可以根据企业自身情况随时更换指标和权重。但是其评价的过程难免带有主观成分，权重的设置也要谨慎，总的说来，不失为一种实用的风险评价方法。

10.6.3 审计实施

审计测试是审计实施阶段的主要内容，意味着通过将选择的项目变成证据。审计测试主要是通过抽样、观察、提问、分析、证实、调查与评估等方法获取有关风险的审计证据，并揭示出它们的内在品质或特征，以便为内部审计师形成审计意见提供基础。风险管理审计的测试中可以实施穿行测试和小样本测试两个阶段。其中穿行测试的实现途径主要包括："凭证穿行测试"，即根据组织的记录来追踪整个活动过程；"程序穿行测试"，即由审计人员对活动进行的每一步进行一次到两次的测试。穿行测试是从控制点的分析开始的，审计人员针对项目建设活动中的控制点，对项目建设活动分层进行测试。小样本测试的实质是选择少量的活动进行测试，检测风险管理策略及内部控制实施的有效性程度，即实际活动效果是否达到了预期的目标。

10.6.4 审计报告

因不确定性的存在，风险管理审计报告也存在风险，为了更好地实现风险审计报告的前瞻性和可用性，风险管理审计报告应该注意如下几点：

（1）提高风险管理质量。在实践中，常规的审计报告更加侧重微观层面，针对审计发现的问题提出审计建议，更加具有针对性。但风险管理审计报告应该在此基础上，侧重于战略管理层面以及方案选择等方面，以便指导被审计单位的高层领导在今后的工作中，关注企业的风险管理工作，为实现风险管理审计的增值功能奠定基础。

（2）披露风险表现和风险排序。与主要表达业务执行过程的真实性、合规性及效益性方面存在的问题及原因分析的常规审计业务相比，风险管理审计报告披露的内容还应包括被审计事项的风险点，并对这些风险点风险的大小进行排序，指出关键风险点和重要风险点。

（3）披露被审计单位利用风险、防范风险的制度、措施及执行情况。常规业务审计报告一般不涉及这方面，但风险管理审计的审计报告需要从公司治理、内部控制、全面风险管理的整体系统中寻找与具体风险防范、风险利用有关的规定并表达这些规定的执行情况。

（4）披露风险管理审计的方法、风险评价的条件和标准。结合被审计单位的特点，使用恰当的方法和标准，是风险管理审计的必然要求。为提高审计信息的对称性，风险管理审计报告应该对这些内容有所披露，这样也有助于降低审计报告的风险。

关键概念

风险管理审计　角色定位　审计内容　审计方法

本章小结

风险管理审计是审计主体通过对组织目标设定、风险识别、风险程度的评价等工作的审计，评价风险政策、措施的适当性、执行的有效性的过程。内部审计在企业风险管理审计过程中的核心作用是向董事会就企业风险管理过程的有效性提供确认服务，以确保关键运营风险得到恰当的管理，以及内部控制系统有效运行。内部审计机构和人员应当充分了解组织的风险管理过程，审查和评价其适当性和有效性，并提出改进建议。风险管理审计从审计工作的开始就需要考虑可能影响企业目标实现的风险，并且风险管理审计强调在整个审计过程中保持这种风险意识。审计人员在风险管理审计中，应正确使用相应的审计方法和技巧，为风险管理提供一定的帮助。

阅读案例

方太公司审计部案例①

宁波方太集团创建于1996年。18年来始终专注于高端嵌入式厨房电器的研发和制造，致力于为追求高品质生活的人们提供具有设计领先、人性化厨房科技和可靠品质的高端嵌入式厨房电器产品，倡导健康环保的生活方式，让千万家庭享受更加幸福的居家生活。

方太始终坚持“专业、高端、负责”的战略性定位，品牌实力不断提升，已成功在中国确立了“高端厨电专家与领导者”的地位。方太作为一家以创新驱动组织发展和成长的企业，建立了文化、管理和产品三大创新领域。公司致力打造中西合璧的企业文化，探索并提出现代儒家管理模式，创造性地在管理中融合中国传统文化，形成独特的管理风格。这也为我们审计工作的开展带来了新内容和挑战。

公司通过大范围的授权，来更快地应对市场变化带来的挑战。同时，对权力的监管也就显得尤为重要。在这样的背景下，公司审计部于十多年前就成立，目前有近20人的专业审计团队，拥有营销、职能/招投标两个审计中心。

为增加价值并改善公司运营，满足公司发展，设计出既满足业务发展需求，又能够很好实现风险规避的审计策略和内部控制体系，成为部门的重要任务。我们面临的第一个问题也是最重要的问题就是：审什么。为解决这一问题，方太集团审计

① 本案例资料由方太公司审计部部长周平先生提供。

部从2009年开始就全面推行风险导向审计。

应用中我们总结出COSO、资源、业务模块三维度风险分析法，分别从内控要素、重要性、业务固有和控制风险三方面进行风险剖析。

一、COSO的应用

我们通过COSO内控框架评估，找出公司内控的缺失环节，设定各环节内控风险容忍程度。我们公司2008年以前营销分公司在不同的业务模块都大量产生舞弊行为，最初的判断是总体控制都比较弱，不少业务模块内控都需要全面改造，但这样的大幅调整势必引起整个管理体系的变化，风险和影响都难以承受。我们通过COSO分析后，认为内控缺失环节与公司管理思维密切相关，一个控制要素缺失，往往在不同业务模块同时存在，舞弊多样性的背后，有着共同的根源。通过进一步研判，认为只需加强"建立适当保护措施，规范凭证、文件、记录的接触和保管"这一条，就可以解决相关问题。通过实践，杜绝了所有模块类似的违纪情况，以最小的代价和管理波动就实现了内控目标。

另外我们认为内控一定不是越严越好，必须讲求"中庸"即适度。过度的内控一定会加大管理成本，影响经营。传统的控制理念中控制活动和控制监督是最重要的主体，但我们的风险容忍程度却是中高。初看起来，一定会认为我们内控状况比较差，但从实践情况来看，这套内控体系起到很好的控制效果，且业务系统几乎感受不到内控对经营的影响。之所以达到控制和经营效果的平衡，我们认为也是基于COSO相对于以前的内部控制而言，更加强调以下几点：

（1）强调那些属于管理文化层面的软性管理因素。

（2）强调信息系统的作用。

（3）强调内部控制应与企业的经营管理过程相结合。

（4）强调内部控制只能做到"合理"保证。

我们利用五要素之间存在的有机联系，借助公司良好的控制环境、风险评估机制及信息系统的有利因素，给予了这两个环节较高却适度的风险容忍水平。COSO内控评分见表10-6。

表10-6 **COSO内控评分**

内部控制因素	2009年		2010年	
	均值	风险	均值	风险
控制环境	3.86	中偏低	4.14	低
风险评估过程	4.67	低	4.67	低
信息系统与沟通	3.33	中	4	中
控制活动	2.86	高	3.5	中
对控制的监督	2.6	高	3.33	中
总体内控风险	3.46	中高	3.92	中

□ 控制活动和对控制的监督分数较低，仍然是内控重点

□ 信息系统得到很大程度的改良

□ 部分关键业务环节内控仍需加强

二、风险资源和业务模块风险评估

审计部门人员和精力都是有限的，如何将有限的审计资源投入到最需要的地方，取得最佳的审计效果和质量，是风险资源和业务模块评估的价值所在。

首先我们对公司风险与非风险资源进行了划分，固有风险和内控风险高的为风险资源，反之为非风险资源。审计投入一定是集中于风险资源。那是不是风险资源都是审计重点呢，也不是。例如，以2009年评估为例，我们的服务收入，就是固有风险和内控风险双高，但由于其金额占比很小，我们仍未将其列为审计重点。因为我们的审计资源分配到了同样有着双高风险，而且金额更为巨大的其他业务模块，必须将他们的内控解决好，才宜将精力投入这些领域。风险资源评估见表10-7。

表10-7 **风险资源评估**

	资源	占比	固有风险	内控风险	检查风险	审计策略
风险资源（78%）	商场费用	31.3%	高	高	高	审计重点
	超价	17.1%	高	高	高	审计重点
	经销/代理商费用	9.4%	高	中	高	审计重点
	市场推广费	16.1%	高	中	中	审计关注
	工程	2.6%	中	低	中	审计关注
	服务收入	1.5%	高	高	中	非关注点
非风险资源（22%）	仓储物流	2.6%	中	中	低	非关注点
	工资及行政费用	19.4%	低	低	低	非关注点
	其他	0.0%	低	低	低	非关注点

通过我们有效的风险管理和内控设置，2012年营销公司舞弊数量和金额较2009年都下降了90%，所有业务模块内控风险均降低到中等水平。为公司的健康发展起到了重要的支持作用。

主要参考文献

［1］ Albrecht. 舞弊检查［M］. 李爽，吴溪等，译. 北京：中国财政经济出版社，2005.

［2］ 皮克特. 内部审计业务纲要［M］. 孙庆红，译. 北京：经济科学出版社，2006.

［3］ 贝利，格拉姆林，拉姆蒂. 内部审计思想［M］. 王光远，译. 北京：中国时代经济出版社，2008.

［4］ 西尔弗斯通，达维亚. 舞弊侦查技巧与策略［M］. 谢盛纹，译. 大连：东北财经大学出版社，2008.

［5］ 编写组. 世界主要国家审计［M］. 北京：中国大百科全书出版社，1996.

［6］ 财政部会计司. 企业内部控制规范讲解 2010［M］. 北京：经济科学出版社，2010.

［7］ 陈国荣. 我国企业内部审计机构隶属关系研究［D］. 太原：山西财经大学，2009.

［8］ 程娟. 内部审计机构在我国上市公司中的定位问题研究［D］. 北京：首都经济贸易大学，2009.

［9］ 丁陈锋，钟轩. 龙湾国有全资公司会计涉嫌贪污挪用公款 1 380 余万［EB/OL］.［2011-10-25］浙江在线.

［10］ 高月芬. 我国企业内部审计组织设置问题研究［D］. 上海：同济大学，2006.

［11］ 龚立群. 赴奥地利考察内审情况的报告［J］. 中国内部审计，2005（1）.

［12］ 胡鞍钢，胡光宇.《公司治理中外比较》［M］. 北京：新华出版社，2004.

［13］ 黄少军. 赴澳审计理论和实务信息管理培训体会［J］. 中国内部审计，2004（9）.

［14］ 计平. 德国内部审计业务介绍［J］. 中国内部审计，2005（7）.

［15］ 季大成. 美国通用电气公司的内部审计值得借鉴［J］. 中国内部审计，2004（12）.

［16］ 姜猛. 我国上市公司内部审计问题研究［D］. 苏州：苏州大学，2005.

［17］ 李三喜. 内部审计规范精要与案例分析［M］. 北京：中国市场出版社，2006.

［18］ 李树坤，王红梅. 舞弊的防范与审计策略研究［J］. 经济研究导刊，2010（13）.

［19］李维安．公司治理教程［M］．上海：上海人民出版社，2002.

［20］林英杰．中德内部审计制度比较［J］．中国内部审计，2005（3）．

［21］林钟高．会计再造［M］．北京：经济管理出版社，2004.

［22］马军，李若山．“螺丝钉”为何会生锈？——对某化纤公司5 000万元资金挪用舞弊案的思考［J］．财务与会计，2006（11）．

［23］苗密．管理舞弊导向审计在我国应用的对策分析［J］．内蒙古电大期刊，2010（6）．

［24］潘和平．企业绩效评价指标体系研究［J］．安徽农业大学学报：社会科学版，2006（15）．

［25］潘晓梅．基于风险管理的企业内部控制框架构建［M］．北京：经济科学出版社，2010.

［26］企业内部控制研究组．企业内部控制配套指引——讲解与案例分析［M］．大连：东北财经大学出版社，2010.

［27］时现．内部审计学［M］．北京：中国时代经济出版社，2009.

［28］王宝庆．现代内部审计［M］．上海：立信会计出版社，2007.

［29］王宝庆，张庆龙．基于EVA原理的内部审计绩效评价研究［J］．中国内部审计，2011（9）．

［30］王宝庆．内部审计管理［M］．上海：立信会计出版社，2012.

［31］王宝庆．审计工作中的三个管理方法［J］．中国内部审计，2011（8）．

［32］王道成．中国内部审计规范［M］．北京：中国时代经济出版社，2005.

［33］王小龙．浙江内部审计转型创新实务经验与案例汇编［M］．北京：中国时代经济出版社，2011.

［34］王学龙．管理舞弊的种类、成因及其治理［J］．研究，2008（5）．

［35］温州市内部审计协会．现代内部审计实务［M］．北京：中国时代经济出版社，2007.

［36］席酉民，赵增耀．公司治理［M］．北京：高等教育出版社，2004.

［37］叶雪芳．舞弊审计［M］．北京：经济科学出版社，2008.

［38］俞杰．企业内部审计外部化研究［D］．苏州：苏州大学，2006.

［39］袁小勇．内部审计怎样才能有所作为［M］．北京：经济科学出版社，2012.

［40］张国亮．浙江温州国企会计贪污1 300余万被判死缓［EB/OL］．［2011-10-31］中国广播网．

［41］张红英，陈东，等．中国内部审计准则：阐释与应用［M］．上海：立信会计出版社，2007.

［42］张红英．内部审计［M］．杭州：浙江人民出版社，2008.

［43］张慧．舞弊及舞弊审计的理论分析与现实思考［J］．时代金融，2011（9）．

［44］张俊民．内部控制理论与实务［M］．大连：东北财经大学出版

社，2012.

［45］张龙平，王泽霞．美国舞弊审计准则的制度变迁及其启示［J］．会计研究，2003（4）．

［46］张庆龙．内部审计价值［M］．北京：中国时代经济出版社，2006.

［47］张玉．中国企业应对“萨式”挑战方略［J］．中国审计，2006（4）．

［48］张玉，等．赴英法内部审计考察报告［J］．中国内部审计，2004（4）．

［49］赵建平．现代内部审计理论与实践［M］．镇江：江苏大学出版社，2008.

［50］中国内部审计协会．国家内部审计专业实务框架［M］．北京：西苑出版社，2011.

［51］中国内部审计协会．内部审计职业道德规范［J］．财会月刊，2003（6）．

［52］中国内部审计协会．中国内部审计规定与中国内部审计准则［M］．北京：中国石化出版社，2004.

［53］中国内部审计协会．中国内部审计规范［M］．北京：中国时代经济出版社，2005.

［54］中国内部审计协会．内部审计实务标准：专业实务框架［M］．北京：中国时代经济出版社，2005.

［55］中审网校．CIA 国际内部审计师考试红皮书［M］．北京：中国时代经济出版社，2011.

［56］Sawyer，Dittenhofer，Scheiner. 索耶内部审计：现代内部审计实务［M］．北京：中国财政经济出版社，2005.